# 企業向けマーケティングと組織購買行動

黒川和夫 著

五絃舎

## 出版にあたって

　日本の「企業向けマーケティング」に関する研究と教育は，消費者向けマーケティングのそれと比較すると，非常に遅れていると言われています。事実，日本語で作成された企業向けマーケティングの論文の数は極めて少ない。また，大学のマーケティング関連の科目を見ると，消費者マーケティング関連の講義は多く見られますが，企業向けマーケティング関連の講義はほとんど見受けられません。

　しかし，消費者マーケティングと企業向けマーケティングの重要性にそれほど大きな差異はありません。自動車業界を例に説明すると，この業界は自動車メーカーを頂点として一次部品加工組立メーカー，二次部品加工組立メーカー，などがピラミッド構造を形成しています。自動車メーカーは顧客が消費者なので消費者向けマーケティングが必要となりますが，それ以外のメーカーは顧客が企業なので企業向けマーケティングが必要となる訳です。原材料から複雑で高機能な部品になるまでの製造過程において，多くの加工・組立メーカーが介在するので，それらの企業間取引の総額は，消費者への販売総額と比較してもそん色のないと容易に想像できます。経済的視点から見ても企業向けマーケティングがもっと重視されるべきなのです。このことはものづくり業界だけでなく，流通業界や建設業界においても同様です。

　本書は，「売り手企業が効率的に受注確率を向上させるためにはどのように営業活動をすべきか」というテーマを「組織購買行動論」からアプローチし，面談調査やアンケート調査を実施して検証し，これらの研究成果をまとめて鹿児島国際大学に提出した博士請求論文を加筆したものです。

本書の記載事例の多くが生産財に関連するものですが，整理した先行研究や著書の主張の内容が「企業マーケティング」の範囲です。そこで，あえて書名を『企業向けマーケティングと組織購買行動』としました。

本書は，序章と結章を含めて7章で構成しました。序章では，「組織購買行動論」に関する先行研究をまとめ，本研究の概要を示しました。第一章では，ものづくり企業がどのように購買しているかを関連企業に対して行なった面談調査の結果をまとめました。ものづくり企業の購買実態を理解しやすくするために建設関連企業と比較しながら記述しました。第二章では，購買の本質を整理し，トラックメーカーの内外製戦略の事例を紹介し，最後に納入企業選定戦略の類型化の考え方について論じました。第三章では，「納入企業選定プロセスにおいて，買い手企業は人間関係の親密化が進んだ売り手企業に対して有利な行動をとる」という仮説を立ててアンケート調査を実施し，その結果をまとめました。第四章では，買い手企業の「納入企業や商品の選定基準」を達成するために，売り手企業が技術等をどのように向上させるかをまとめました。第五章では，効率的な営業を行なうために，買い手企業の担当者との人間関係の親密化を加速する方法を説明しました。

序章，第一章，第二章，及び第三章については，企業向けマーケティングをこれから研究する学生・院生の方々に読んでいただくために，引用文献を出来るだけ記載し，それらの原本にアクセスできるようにしました。また，第四章と第五章については，新たに営業担当者として実務を担う方を念頭に置いてまとめてあります。

本書を完成できたのは鹿児島国際大学大学院経済研究科教授原口俊道先生の公私にわたるご指導と激励の賜物と感謝申し上げます。また，本書作成にあたり種々のご指導をいただいた鹿児島国際大学大学院経済研究科教授竹内規浩先生，長崎県立大学名誉教授安部文彦先生にここに甚大なる感謝の気持ちを申し上げます。そして，鹿児島国際大学大学院経済研究科教授渡部恒夫先生，並びに鹿児島国際大学大学院のワークショップにおいてコメントやアドバイスをい

ただいた方々に心から御礼申し上げます．また，株式会社五絃舎代表取締役長谷雅春様の種々のアドバイスに感謝申し上げます．

2013年7月16日

黒川和夫

# 目　次

出版にあたって ………………………………………………………… i

## 序　章 ——————————————————————— 3
第一節　研究の背景 ……………………………………………… 3
　［1］製造業の概要 …………………………………………… 3
　［2］製造業が置かれている経営環境 ……………………… 4
　［3］買い手企業の購買活動の変化 ………………………… 6
　［4］第一節のまとめ ………………………………………… 9
第二節　研究分野の概要 ………………………………………… 10
　［1］企業間のマーケティングの概要 ……………………… 10
　［2］組織購買行動に関する先行研究の概要 ……………… 12
第三節　先行研究の整理と問題点の抽出 ……………………… 14
　［1］買い手企業の購買動機の差異による商品分類 ……… 15
　［2］購買行動包括モデルに関する研究 …………………… 18
　［3］購買センターに関する研究 …………………………… 24
　［4］購買プロセスに関する研究 …………………………… 27
　［5］買い手企業と売り手企業との相互関係に関する研究 … 29
　［6］企業イメージ・商品イメージなどのブランドに関する研究 ……… 30
　［7］先行研究の問題点 ……………………………………… 31
第四節　研究の概要 ……………………………………………… 34
　［1］研究の最終目標 ………………………………………… 34
　［2］研究の対象 ……………………………………………… 34
　［3］分析の視角 ……………………………………………… 35

［４］研究の課題 …………………………………………………… 36
　　［５］研究の方法 …………………………………………………… 36
　　［６］本書の構成 …………………………………………………… 38

## 第一章　面談調査による購買行動の現状把握 ───────── 39
### 第一節　面談調査の概要 ………………………………………… 39
　　［１］面談調査の目的 ……………………………………………… 39
　　［２］面談調査票 …………………………………………………… 39
　　［３］被面談企業 …………………………………………………… 39
### 第二節　商品作りから販売までの過程 ………………………… 41
　　［１］最終商品の量産型メーカー ………………………………… 41
　　［２］受注生産型メーカーと建設業者 …………………………… 43
　　［３］第二節のまとめ ……………………………………………… 45
### 第三節　納入企業選定 …………………………………………… 46
　　［１］納入企業の選定方式 ………………………………………… 46
　　［２］納入企業選定プロセスについて …………………………… 52
　　［３］納入企業選定プロセスにおける業種による相違点 ……… 55
　　［４］第三節のまとめ ……………………………………………… 57
### 第四節　購買状況 ………………………………………………… 57
　　［１］取引先と購買品について …………………………………… 57
### 第五節　購買組織 ………………………………………………… 59
　　［１］購買センターの構成メンバー ……………………………… 59
　　［２］購買体制と購買組織 ………………………………………… 63
### 第六節　購買システムの変化 …………………………………… 65
　　［１］購買環境の変化 ……………………………………………… 65
　　［２］購買プロセスにおける透明性の強化 ……………………… 66
　　［３］売り手企業への要求 ………………………………………… 67

第七節　協調購買（取引上の系列化） ･････････････････････････････ 72
　［1］協調購買の狙い ････････････････････････････････････････ 73
　［2］価格を下げさせる方策 ････････････････････････････････ 74
第八節　売り手企業の営業担当者との関係 ･･････････････････････ 76
　［1］好まれる営業担当者 ･･･････････････････････････････････ 76
　［2］人間関係の親密度が納入企業選定に与える影響について ････････ 77
第九節　面談調査のまとめ ････････････････････････････････････ 81

## 第二章　経営戦略論からのアプローチ ──────── 83
第一節　経営戦略論の概要と購買の本質 ･････････････････････････ 83
　［1］経営戦略とは ･････････････････････････････････････････ 83
　［2］経営戦略論の流れ ････････････････････････････････････ 84
　［3］購買の本質 ･･･････････････････････････････････････････ 90
第二節　事例紹介 ･････････････････････････････････････････････ 92
　［1］自動車メーカーの技術領域 ････････････････････････････ 92
　［2］製品化技術の内製化について ･･････････････････････････ 93
　［3］内外製の考え方について ･･････････････････････････････ 94
　［4］内外製戦略を策定する審議体システム ･･････････････････ 95
　［5］内外製戦略の策定プログラム ･･････････････････････････ 96
第三節　購買戦略の類型化 ････････････････････････････････････ 98
　［1］組織購買行動の類型化の研究 ･･････････････････････････ 98
　［2］経営資源の視点からの納入企業選定の類型化 ･････････････ 102
第四節　経営戦略論からのアプローチのまとめ ･･････････････････ 106

## 第三章　アンケート調査による仮説の実証 ─────── 107
第一節　アンケート調査の概要 ････････････････････････････････ 107
　［1］アンケート調査の目的 ････････････････････････････････ 107
　［2］アンケート調査における仮説 ･･････････････････････････ 108

［3］アンケート調査票の作成 ………………………………………… 108
　　［4］アンケート調査票の事前調査 …………………………………… 109
　　［5］アンケート調査票の配布方法 …………………………………… 110
　　［6］回答者への主たる指示内容 ……………………………………… 110
　第二節　アンケート調査の結果 ………………………………………… 110
　　［1］回答者に関するデータ …………………………………………… 110
　　［2］商品・企業イメージに関するデータ …………………………… 111
　　［3］買い手企業の売り手企業に対する認識と行動に関するデータ … 112
　　［4］納入企業選定プロセスにおける買い手企業の行動に関するデータ … 114
　　［5］因子分析の結果 …………………………………………………… 116
　　［6］人間関係の親密度と納入企業選定に関連する質問項目の相関関係 … 118
　第三節　考　　察 ………………………………………………………… 119
　　［1］アンケート調査の回答データの信ぴょう性について ………… 119
　　［2］商品・企業イメージについて …………………………………… 119
　　［3］納入企業選定プロセスでの影響について ……………………… 123
　　［4］相関関係の強さについて ………………………………………… 126
　　［5］考察のまとめ ……………………………………………………… 128
　第四節　アンケート調査のまとめ ……………………………………… 130

第四章　買い手企業の購買戦略への対応策に関する考察 ──── 133
　第一節　企業の強み ……………………………………………………… 133
　　［1］企業の強みの特性 ………………………………………………… 134
　　［2］企業の強みの棚卸プロセス ……………………………………… 135
　第二節　ロードマップの策定 …………………………………………… 136
　　［1］貸与図メーカーのロードマップの方針 ………………………… 137
　　［2］承認図メーカーのロードマップの方針 ………………………… 139
　　［3］買い手企業が求める経営資源からのロードマップの方針 …… 140

第三節　QCD水準向上策 ……………………………………… 141
　　［1］素形材産業とは ………………………………………… 142
　　［2］素形材産業への国のビジョンと支援施策 …………… 142
　　［3］技術開発の枠組み ……………………………………… 145
　　［4］素形材企業が主体的に取り組むべき研究開発テーマ … 146
　第四節　戦略の枠組み …………………………………………… 149
　　［1］戦略的枠組みの必要性 ………………………………… 149
　　［2］優良な買い手企業と有力な協力企業の抽出 ………… 151
　　［3］戦略的枠組みにおける重要なコア・コンピタンス … 152
　第五節　第四章のまとめ ………………………………………… 155

**第五章　効率的な営業活動に関する考察** ──────── 157
　第一節　営業活動に関する考察 ………………………………… 157
　　［1］営業活動の概念の整理 ………………………………… 157
　　［2］営業方式の変遷 ………………………………………… 158
　　［3］新たな営業方式の提言 ………………………………… 159
　第二節　人間関係の親密度について …………………………… 161
　　［1］人間関係の親密度とは ………………………………… 161
　　［2］人間関係の親密化プロセスについて ………………… 162
　　［3］ビジネス上の人間関係の特徴 ………………………… 162
　第三節　ビジネス上の親密化プロセスモデルの提言 ………… 165
　　［1］モデル化の目標と状況設定 …………………………… 165
　　［2］業務上の親密化プロセスモデルについて …………… 166
　　［3］親密化プロセスにおける傾聴の重要性とその技 …… 168
　　［4］モデルの活用方法 ……………………………………… 170
　第四節　効率的な営業活動 ……………………………………… 177
　　［1］効率的な営業活動の必要性 …………………………… 177
　　［2］買い手企業の層別 ……………………………………… 178

［３］情報共有化の仕組みの構築……………………………………… 181
第五節　事例：営業戦略と営業情報による効率化 ……………………… 181
　　［１］事例の概要 …………………………………………………………… 182
　　［２］営業活動の概要 ……………………………………………………… 182
　　［３］営業情報の収集・発信 ……………………………………………… 184
　　［４］優良な買い手企業との関係 ………………………………………… 188
　　［５］第五節のまとめ ……………………………………………………… 189
第六節　第五章のまとめ …………………………………………………… 190

**結　　章** ──────────────────────────── 191
　　［１］研究の背景と課題 …………………………………………………… 191
　　［２］研究方法とその結果 ………………………………………………… 192
　　［３］研究の主な成果 ……………………………………………………… 194
　　［４］今後の研究課題 ……………………………………………………… 196
　　［５］最後に ………………………………………………………………… 199

【引用文献・参考文献・注釈】………………………………………… 201
【図表リスト】……………………………………………………………… 227
【索引】……………………………………………………………………… 230


〔番号の付記方法について〕
　・本書は，章⇒節⇒［１］（大カッコ）⇒（１）（両・小カッコ）⇒１）
　　（片・小カッコ）⇒①（囲い数字）を付記して階層化されている。
〔引用文献の表示について〕
　・引用箇所を原文のまま引用したときはかぎカッコ「　　」で括った。
　・引用箇所を要約して引用したときは山カッコ〈　　〉で括った。

# 企業向けマーケティングと
# 組織購買行動

図表Ａ-01　本書の枠組み

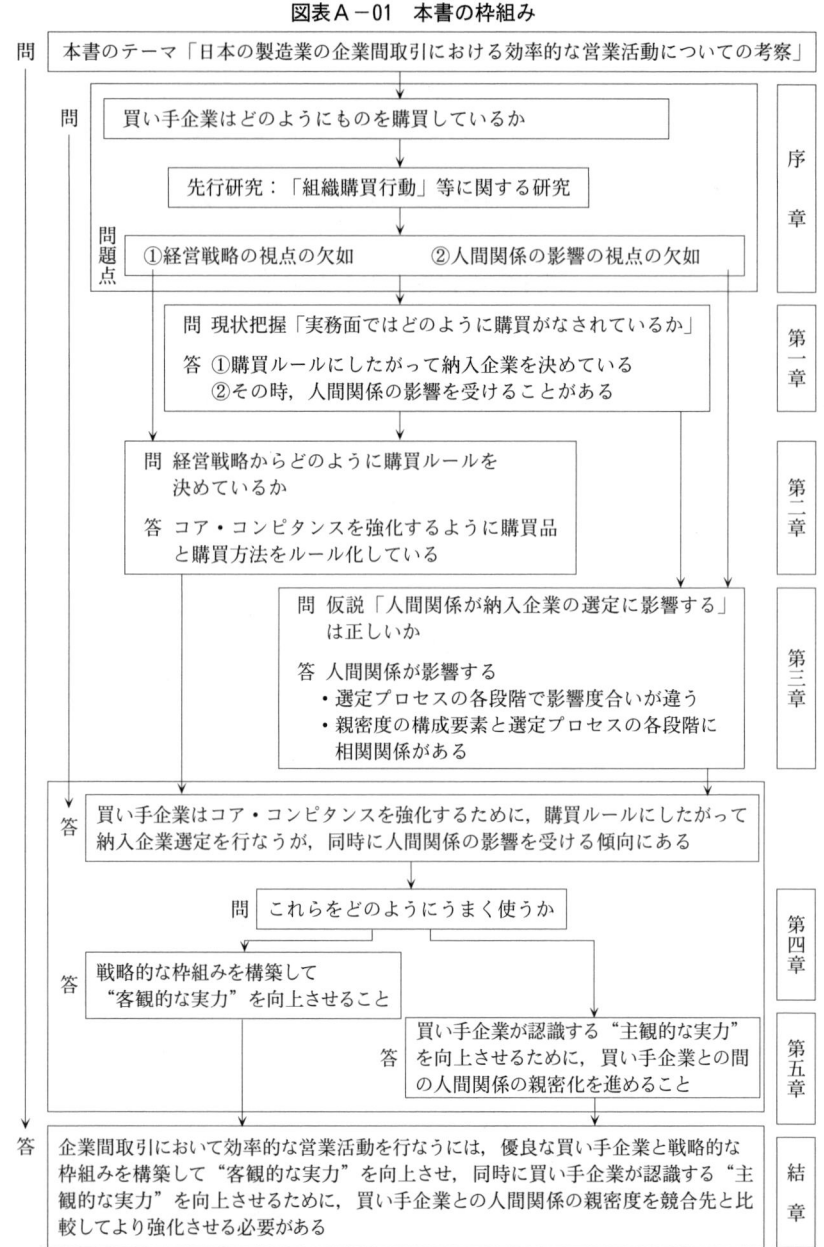

# 序　章

　売り手企業は，効果的に営業活動をして効率的に受注するためには，買い手企業がどのように購買しているかを知り，それに基づいた対応策を採る必要がある。

　序章では，本研究のテーマである「企業間取引における効率的な営業方法」に関する研究の必要性を説くために，製造業の企業間取引の概要を説明すると同時に，ものが売りにくくなった原因をまとめる。次に買い手企業がどのように購買しているか（組織購買行動）に関する先行研究を整理してその問題点を明らかにする。最後に本研究の全体像を記述する。

## 第一節　研究の背景

　メーカーが置かれた経営環境の変化によって，多くの買い手企業は，従来の購買方針や購買方法を見直さざるを得なくなった。そこで，第一節では，まず研究の対象である製造業の概要を説明する。世界に対する日本の製造業の競争優位性の源泉やその特徴について説明を加える。次に製造業の経営環境の変化と購買方法の変更点を整理する。

[１] 製造業の概要

　日本の製造業は，2008年の世界同時不況で生産が減少したが，2009年に入るとその生産が持ち直し始めた。2010年夏からの急激な円高と資機材の高騰の影響を受けながらも，2011年には回復への兆しが見え始めた。その矢先に東日本大震災が発生し，大きな影響を受けた。その回復の目処が立たないうちに，タイ国での洪水や欧州での財政不安によって景気が悪化した。このような状況の

なかで,「世界においては,先進国市場の成熟化と新興国市場の急拡大が進み,また,韓国や中国をはじめとするアジア諸国における製造業競争力の向上が顕著になっている[1]」。今後も,日本の製造業は厳しい経営環境に置かれることが危惧される。

日本,中国,台湾,及び韓国の四ヵ国で,〈工作機械投資額が世界の45%を超えている〉[2]。工作機械の投資額が大きいということは,これらの国々においてものづくりが盛んに行なわれていることを意味しており,今後もこれらの地域は世界の工場地帯であり続けるであろう。日本の国内においても工作機械の投資額は増加する傾向にある。

日本のものづくりの特徴は,〈市場ニーズを分析して多品種・高品質・低価格の商品をタイムリーに市場投入していることである。それを可能にさせている要因のひとつは,戦後,日本が品質や生産性の向上のため,欧米から経営技術を導入し,それらを集団活動に応用したことである〉[3]。

日本のものづくりの成功を支えた要因は,〈人間性を尊重した組織と生産現場の絶え間ない改善活動であり,その活動の特徴は,低い公式性,低い集権制,水平的コミュニケーションなど〉[4] である。つまり,中井節雄が定義した「有機的組織構造」[注0-1] を有する組織である。Abegglen（2004）は「経営システムを特徴づけているのは,人間にかかわる部分であり,日本企業の文化はこの部分に基づいている[5]」と評している。もうひとつの要因は,〈買い手企業が有力な部品メーカー（売り手企業）との間でそれぞれのコア技術に基づいた「分業的開発体制」を構築し,それら部品加工組立メーカーに対して商品開発に関する技術指導や必要に応じて経営支援までもしている〉[6] ことである。

日本の取引の特徴は,「関係先固定化（Membership Fixation）の原理に支配された[7]」「長期的な取引関係によって結ばれていること[8]」である。

[2] 製造業が置かれている経営環境

製造業の経営環境は,グローバル化の進展で急速に変化している。Allemand（2002）は,〈グローバル化を企業経営という視点から見ると,「規制緩和」と

同意語であると見なすことができ,グローバル化の進展の推進力は「市場原理」にほかならない〉[9]と主張した。日本のグローバル化とは,〈貿易摩擦解消や海外現地生産という意味であり,更に自動車産業の場合は,これに加えて,日本の自動車メーカーに対する欧米資本の参入をも含む〉[10]。

情報通信技術(IT)の浸透は,〈研究⇒開発⇒設計⇒試作⇒生産準備⇒調達⇒生産⇒販売の各段階において甚大な影響を与えている〉[11]。企業間(例えば,自動車メーカーと部品メーカー)のネットワークで見ると,〈社内ネットワークが1960年代～1970年代に整備され,続いて企業間でのオンライン・システムが構築され,それを通じて受発注が行なわれるようになった。更に,1980年代末～1990年代初頭には生産・販売一体化システムが整備された。そして,これらのネットワークを通じて研究開発段階から量産段階に至るすべての段階において,受発注に関連する情報がやり取りできるようになった。IT化は,「技術的にどんなビジネス・プロセスでもサポートできるような状況となり,上記の様な部品メーカーの課題の解決のために,業界全体でビジネス・プロセスの改革に向けた検討が必要」〉[12]となった。

企業は,地球環境への配慮が社会的なニーズとなり,CSRの立場からこれを取り組まざるを得ない状況となっている。地球環境への配慮を拡販の機会と捉え,企業イメージ向上や安全・安心の提供などを目的に積極的に取り組む企業も現れている。

また,バブル経済崩壊後の景気低迷で多くの買い手企業は,顧客への販売で価格競争に陥り,収益構造が悪化した。これを改善するために納入企業に対してさらなる価格を下げるよう要求するという悪循環に陥っている。

以上をまとめると,日本の製造業の経営環境の主要な変化は,ものづくりのグローバル化の進展,情報通信技術(IT)の浸透,地球環境への配慮,及び世界的規模の経済低迷である。

## [3] 買い手企業の購買活動の変化

### (1) 買い手企業の全面的体制の見直し

　買い手企業の経営環境における変化を見ると，①買い手企業同士の競争が激化したことと，②買い手企業のニーズ及び買い手企業の顧客のニーズが多様化したことが分かる。具体的には，グローバル化の進展で対象市場が広がり，必然的に競合先が増加した。その中に，より手ごわい競合先が存在する危険性が増大した。更に，新規に対象となった買い手企業が所在する国や地域では，従来と異なった法律，習慣，生活水準などを有しているので新規ニーズが生じ，その対応が必要となった。同時に買い手企業は，ターゲット市場の地理的範囲が広がったことにより，商品の物流，部品や点検整備サービスの提供，販売促進活動などに従来と異なった多様なニーズが生じた。その結果，買い手企業は，手ごわい競合先に対して競争優位性を確保し，多様化したニーズに対応した商品やサービスを提供するための新たな仕組みを構築する必要性に迫られるようになった。パートナーとの共同開発体制による分業関係を含む商品開発体制，生産及び物流（素材・部品，及び商品）体制など，社内外の全ての体制を見直すことになった。真の意味でのリストラクチャリングを実施するわけである。

### (2) 購買政策の変更

　買い手企業は，商品を購買する際「良いものをつくる」ことと「上手につくる」ことを売り手企業に期待している。〈「良いものをつくる」とは，品質，コスト，納期，及びサービスなどの商品価値の創造である。すなわち，商品価値を向上させるための創造性のある技術力である。また「上手につくる」とは，情報通信技術を活用して生産を管理し，部品モジュール化へ対応することである〉[13]。

　具体的には，最終組立メーカーや一次部品組立メーカーは次のような評価基準で納入企業を選定している。〈①取引実績による信頼関係があること，②品質が優れていること，③専門技術及び特殊な加工設備を持っていること，④コスト対応力があること，⑤納期を厳守すること，⑥技術開発力と提案力がある

こと，⑦距離的に近いこと，⑧資本関係及び人的関係などである〉[14]。このほか，前項で述べた買い手企業の経営環境の変化により設計から生産の各段階において，3次元CAD導入やEDI[注0-2]への参加などを要求することがある。また，〈グリーン調達や環境問題対応型の新しい生産システムへの対応なども取引条件とすることが多くなっている〉[15]。

これらに加えて，買い手企業は，次のような購買施策を実施するようになった。すなわち，外注先の絞り込み，海外生産の拡大，海外からの部品調達の拡大，部品の共通化，部品点数の削減，事業部門の統廃合などである。事実，買い手企業は，より有力な納入企業を得るために従来の系列の枠を超えて，〈①系列納入企業の見直し，②未取引の売り手企業からのインターネット調達，③価格以外の購買基準（例えば，短納期や高品質）の設定など，購買政策を変更してきている〉[16]。海外での生産拡大と海外からの部品調達の拡大も積極的に進めてきた。また，買い手企業が工場を海外に移して，地元（海外）のメーカーから資機材を調達するようになった。バブル経済崩壊後の長期間にわたる経済低迷がこれらの動きを更に加速させた。

同時に，買い手企業は購買業務を一本化（集中購買化）する方向にシフトしている。このほか，M&A，合併，OEMなどを実施することも多く見られる。これらによって，部品メーカー（売り手企業）への発注窓口が減少している。これらに加えて更に，〈買い手企業は次のように購買政策を変更している。

・系列の見直しで下請系列的取引を縮小させている。
・グローバルな供給体制等において最も有利な部品メーカーとの取引を求めている。
・技術力のある部品メーカーにアウトソーシング（コア・コンピタンス調達）する。

最近では，多くの買い手企業は売り手企業に対して「企業規模にかかわらず，自分から開発提案を行ったり，複数の工程を一括して受注すること等で，これまでは発注企業が果たしてきた役割の一端を担うこと」〉[17]を期待している。

(3) 購買方法の変化に伴う新たな営業方式の導入の必要性

　売り手企業側の視点から見ると，買い手企業の購買政策などの変更の中に営業活動に大きな影響を与える項目がある。それらは，買い手企業が納入企業の選定対象の範囲を拡大させ，価格以外の項目に対してもより厳しく要求するようになったことと，同時に納入企業選定において透明性を向上させたことである。

　買い手企業は，〈従来の系列の枠を超えて，より有力な売り手企業を求めている。その結果，売り手企業に対して多面的な能力評価基準に基づくコンペティションを行なうようになった〉[18]。また，グローバル化の進展で買い手企業が海外メーカーから資機材や部品を調達するようになったことが，それまで日本の売り手企業の敵ではなかった海外企業の部品加工メーカーを活性化させてしまった。更に，工作機械の技術的な進歩は，それまでは長い年月をかけて習得してきた熟練工の技を簡単にやってのけるという事態を派生させた。これらのことが日本の製造業の経営環境の厳しさに拍車をかけた。買い手企業は，自社商品の実勢価格が年率1～3％下落し続ける状況の下で収益を確保するために，売り手企業からより良いQCDの商品を入手する必要に迫られている。一方，中小企業の売り手企業の視点から見た過去10年間の取引構造の変化は，買い手企業が「少数の取引先に密接に依存したものから，多数の取引先との薄く広い多面的な取引へ[19]」と移行したことである。

　日本の大手の買い手企業は，〈1990年代のグローバル化の進展に伴い，海外拠点づくりを展開していったが，最近，国内の売り手企業の技術力を再評価し，国内を研究開発型の高付加価値品の生産拠点として位置づけるようになった。したがって買い手企業からの国内の売り手企業（製造企業）への要求条件は価格以外にもある。しかもその条件は容易には達成できないものである〉[20]。これらのことは，超一流の売り手企業にとって有利な環境変化であるが，当然ながら，トップレベル以外の売り手企業が置かれている環境は益々厳しくなっている。

　売り手企業の営業活動を考える上で，もうひとつの特筆すべき点は，買い手

企業が一担当者の主観的判断を排除する仕組みを構築し始めたことである。すなわち，買い手企業の納入企業選定において透明性が増したということである。従来は，担当者の個人レベルの判断で既取引企業を中心に納入企業が選定されてきた。しかし近年，特に1990年代後半からは，買い手企業は，納入企業を選定する規則をつくり，納入企業選定プロセスの透明性を更に向上させた。①商品と売り手企業の実力を項目別に評価基準を設け，その重み計数を決めて評価するようになったこと，②評価・選定する仕組みを構築したこと，及び③その選定が決められた通り実施されたかを確認するための仕組みまでも創り上げたことである。それに加えて，多くの買い手企業では「虚礼廃止」を掲げ，納入企業から金品を受け取ってはならないという規則を設けたことである。同時に，接待も受けてはならないという原則を打ち出した。しかし，品物を贈ったり，接待したりする営業慣習は，売り手企業が買い手企業との間に親密な人間関係を構築したり業務に関連する情報を得たりする目的で，昔から行なわれてきた最も一般的でかつ効果的な方法であった。

このような環境の変化を考慮すると，新たな営業方式の導入が必要となってきていることは明らかである。

[4] 第一節のまとめ

従来，売り手企業は，買い手企業への訪問回数をノルマとして営業担当者に課したり，営業担当者の人数に増やしたりして販売量を確保してきた。しかし，前述の通り買い手企業の購買方針や購買方法が変化したことで，単にやみくもに買い手企業に対して営業活動をかけても，従来の方法だけでは効率よく受注することができない。

売り手企業は，効率的な営業活動を展開するためには買い手企業がどのように納入企業を選定しているかを知ることが不可欠となってきている。

## 第二節　研究分野の概要

　この節では，企業間のマーケティングの概要とビジネス市場（企業間取引）の特徴をまとめ，次に「組織購買行動」に関する先行研究の概要をまとめる。

［１］企業間のマーケティングの概要
（1）企業向けマーケティングについて
　マーケティングは，消費者向けマーケティング，企業向けマーケティング，及び非営利組織マーケティングに大別できる。本研究では「企業向けマーケティング」について議論を進める。

　図表０−01　マーケティング名称の全体像

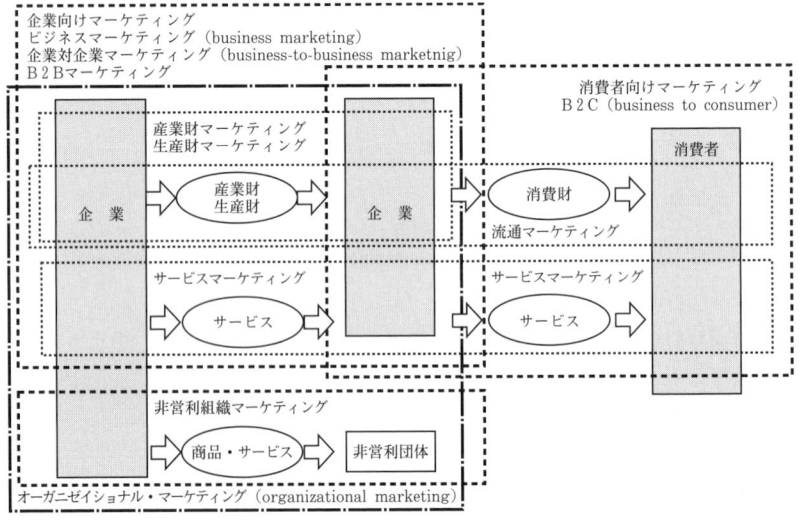

（著者作成）

かつて企業向けマーケティングの最も一般的な名称は,〈「産業財マーケティング（industrial marketing）」であり，産業財[注0-3]の購買者に向けたマーケティングの意思決定に言及することに使われていた〉[21]。

　しかし「産業財マーケティング」は，しばしば農業や鉱業などの第一次産業と製造業の第二次産業に限定して使われていたので，1980年代から1990年代にかけて第三次産業が台頭すると，より幅広い分野に使用できる「企業対企業マーケティング（business-to-business marketing）」が徐々に取って代わるようになった。現在は，企業向けの「商品やサービスのマーケティングに対する最も広く受け入れられている言葉は，企業対企業マーケティング[22]」である。〈企業対企業マーケティングという表現はビジネスマーケティング（business marketing）を連想させる。Ｂ２Ｂという言葉も使用されているが，これは企業対企業マーケティングの短縮形である。Ｂ２Ｂは，対消費者向けビジネスという意味の「Ｂ２Ｃ（business to consumer）」と対比されて使われ，ネット上での企業間のマーケティングや販売であることを意味している〉[23]ことが多い。

　また,〈オーガニゼイショナル・マーケティング（organizational marketing）という言葉も使用されることがある。これを，民間企業以外にNPO，慈善団体，公的機関などのすべての組織体を含んでいるので，企業対企業マーケティングよりも優れているとする専門家もいる。しかしながら，オーガニゼイショナル・マーケティングはまだ一般的ではない。〉[24]このほか,「生産活動目的と組織的利用の製品需要に対する企業・組織向けのマーケティングを生産財マーケティング[25]」と呼ぶこともある。

　以上，企業間取引に関するマーケティング（企業向けマーケティング）に対してはいろいろな言葉が使用されている。


(2) ビジネス市場の特徴

　ビジネス市場の特徴は，多くの研究者によって整理されている。例えば，Brennan, Canning and McDowell（2007）[26]はビジネス市場と消費者市場との差異を整理している。このほか，Pacenti（1998）[27]，高嶋克義・南知恵子

(2006)[28] などによって企業向け取引と消費者向け取引との違いが整理されている[注0-4]。

ビジネス市場の市場構造で特筆すべきは，需要の性質が派生的であること，買い手（企業）の性質がより異質的であること，及び営業担当者の一人当たりの買い手の数が少ないことなどである。購買行動上の差異に関しては，契約一件当たりの取引額が大きいこと，買い手と売り手との相互依存並びに相互作用の程度が高いことが指摘される。マーケティングの実務上の差異は，人的販売が広く行なわれていること，買い手企業との人間関係が構築・活用されていること，システム的な販売を行なわれていることなどである。加えて，販売促進の戦略が買い手企業別に策定されることである。

以上をまとめると，ビジネス市場は①買い手企業を個々に識別して管理できる市場であり，②人的販売を行なえる市場であると要約できる。

[2] 組織購買行動に関する先行研究の概要

組織購買行動に関する先行研究を時系列的に整理すると，この研究の初期においては，消費財マーケティングの知見を援用したり，消費財と産業財との差異を対比したりすることで研究が進められた。「その差を購買意思決定に関わる特質の差に求めるアプローチ[29]」があり，その研究は1910年代に遡ることができる。〈1910年から1930年にかけての「初期行動心理学」の研究者は，人間行動に関する多くの心理学理論で記述されていた「ブラックボックス」を援用して「この中で起きているものに少しも仮説を創らず，複雑な行動であっても単純な刺激と反応のユニットに分析できると信じていた」〉[30]。そして，同年代にCopeland（1924）は著書の中で産業財を5つのカテゴリーに分類して，カテゴリー別にその商品の特性，買い手企業の購買方法，及び売り手企業の販売促進方法について記述した。〈産業財の購買動機においても，愛顧動機は合理的な動機である〉[31]とした。この研究がその後の組織購買行動の研究に大きな影響を与えることになる。

1960年から70年代にかけて，産業財の買い手企業が合理性や経済性のみに影

響を受けているわけではなく「社会的,心理的要因の影響を強く受けるという前提の基に,消費者購買行動を産業財購買行動の分析に援用した研究が多く行われた[32]」。1967年にRobinson, Faris and Wind (1967) が産業財の購買プロセスとバイグリッド・フレームワークの研究を含む『*Industrial Buying and Creative Marketing*』を出版し,その5年後に,Webster and Wind (1972) は組織購買行動を理解するための一般モデルを発表した。それに続いて,Sheth (1973) は産業財購買行動のモデルを発表した。これらのモデルの核心は「組織購買行動はプロセスである[33]」というコンセプトである。このほか共通する構成概念は,〈①政治的,経済的,技術的,法的,売り手企業,競合先などの環境的影響と,②企業規模や構造,技術力,報酬,業務,目標などの組織的影響を含み,そして,③教育,動機づけ,理解力,人間性,リスク減少,及び経験などの個人としての納入企業選定の参加者の特性,④購買(商品)の特性,⑤売り手企業の特性,及び⑥納入企業選定のグループの特性などを含んでいることである〉[34]。彼らは,組織購買行動に影響する変数を定義・解明する先駆的な研究を試みたので,当然,記述,定義及び分類に焦点が当てられた。〈「購買センター」,「意思決定ステージ」,「コンフリクトの解消」などの構成概念は,いまでも組織購買の関連語彙として認められている。そして彼らは,この分野の研究者によって行なわれる"問題を構造化する方法並びに変数の定義や作業の方法"に対して明らかに影響を与えている〉[35]。上記三件の研究がその後の組織購買行動の研究の概念的な基礎となり,〈関連する研究が数百件報告された〉[36]。

　組織購買行動は多様なフェイズ,多く担当者や部署,及び多様なプロセスで構成されている。更に個人レベル,部署・部門レベル,及び企業レベルから構成されている。すなわち,組織購買行動が複雑でかつダイナミックな特性を持っているので,これをモデル化することは難しい。しかし,多くの研究者が組織購買行動に関するモデル化を試み,また同時にそれに関連するテーマを研究した。組織購買行動の研究の方法論に関する研究(例えば,Möller, K. E. Kristian, 1985[37])がなされ,並行して組織購買行動の構成要素に関する研究も進んだ。

その主要な構成要素である購買センターに関する研究（例えば，Johnston and Bonama 1981[38] Spekman and Stern 1979[39]），購買プロセスに関する研究（例えば，Choffray and Lilein 1978[40]，Jackson, Keith and Burdick 1984[41]）などがある。これらの研究に共通していることは，商品や納入企業に関する選定プロセスを中心に意思決定するための影響要因や決定要因に関して論じていることである。

　1980年代以前の研究のアプローチは，おもに刺激－反応という論理構造であり，買い手企業を受動的反応者と認識して，研究の対象を離散的かつ単発的取引であるとしていた。しかしその後，商品の差別性や市場での競争優位性を獲得するために，買い手企業はアイデアや知見を売り手企業の経営資源に求めざるを得ない状況となった。そのような実務面での変化に対応する中で，研究のアプローチも変化した。すなわち，〈相互作用，相互問題解決という論理構造に変わり，また，売り手企業を積極的問題解決者として認識するようになり，分析対象も長期継続的な関係に焦点を当てるようになった〉[42]。買い手企業と売り手企業との相互関係に関するカスタマー・リレーションをテーマとする研究（例えば，Campbell 1985[43]，Eriksson and Sharma 2003[44]）が盛んに行なわれるようになった。

　更に，1990年代に入ると，従来は，消費者向けマーケティングでしか取り扱っていなかったブランドが企業間の取引においても研究されるようになった。買い手企業が売り手企業に対して抱く企業イメージなどに関する研究（例えば，高嶋克義・竹村正明・大津正和1996[45]，Lynch 2004[46]，余田拓郎2006[47]）が行なわれるようになった。

## 第三節　先行研究の整理と問題点の抽出

　この節では，まず，組織購買行動の研究の原点となったCopeland（1924）の「商品の分類と，その商品に対する買い手企業の行動」に関する研究を論述する。次に組織購買行動の研究の基礎となった購買行動包括モデルについて説明する。そしてこれらの構成要素については，「購買プロセスと購買センターの

概念化だけを議論すれば十分である[48]」とのMöller（1985）の指摘にしたがって，購買センターと購買プロセスを中心に記述することにする。更に買い手企業と売り手企業との関係の差異によって買い手企業の購買行動が大きく異なるので，両者によって構築された事業システムにおける組織購買行動に関する研究をまとめる。そして最近，にわかに研究されるようになったブランド（企業イメージ，商品イメージなど）の研究について記述する。そして最後に，先行研究の整理と問題点を抽出する。

## [1] 買い手企業の購買動機の差異による商品分類

### (1) Copeland（1924）の研究

Copelandは，消費財マーケティングで開発された理論や技法を産業財に援用して，工業の目的に使われている財としての産業財（industrial goods）を〈買い手企業の購買動機の差異を基準にして，①設備機器，②付属機器，③操業補給品，④加工材料・部品，及び⑤原材料の5つのカテゴリーに分けた〉[49]。

### 1）設備機器

設備機器はプラントの主要装置であり，個々のプラントや産業のニーズに適合した，限定化された装置である。設備機器が購買の主要品目である場合，プラントの現場担当者や担当の役員が納入企業選定に参加する。そして，最終的な意思決定は経営トップによって行なわれることが多い。多くの場合購買頻度が低いがその購買単位は大きい。売り手企業は，買い手企業の特別なニーズに適合させた設備機器を製造するので，在庫を持たないことが多い。しかし設備機器の寿命が長いので，売り手企業は買い手企業の設備を修繕するための部品を在庫しておく必要がある。設備機器の取引の特性は，好不況によって販売量が影響されることである。その販売量は，市場が不景気になったとき，ほかのタイプの産業財や消費財と比較して，より大きく減少する。

図表0－02　産業材とその購買方法

| 分類 | | 設備機器 | 付属機器 | 操業補給品 | 加工材料・部品 | 原材料 |
|---|---|---|---|---|---|---|
| 説明 | | ・プラントの主要装置に相当する。 | ・補助・補足の装置に相当する。そして主要装置を操業するために使用される。 | ・プラントの操業に使われる材料である。しかし、それは直接的に製品に使われない。プラントの操業の中で消費される。 | ・最終製品の部品のための製造物である。 | 製造工程処理されていない、また製造の初期段階を通過した天然のまま、また未加工の物質である。 |
| 具体例 | | ・旋盤、印刷機、タービン、ボイラー、クレーン、製粉機、機関車<br>・メンテナンス用部品を含む。 | ・タイムレコーダー、ロッカー、ベルト、計測器、小型モーター、金銭出納機、トラック、工具。 | ・潤滑油、燃料、ブラシ、文房具、タイプ用リボン、ファイリング用品、電球。 | ・鉄鋼棒・鉄管、化学品、皮革、木材、写真機用小型モーター、バッテリー。 | ・毛、木綿、絹、皮、生ゴム、小麦、砂糖、タバコの葉、鉄鉱石、銑鉄、錫や銅の塊。 |
| 購買方法 | 購買単位（ロット） | ・大きい（長納期）。 | | ・少量（短納期）。 | ・大きい（契約までに時間がかかる）。 | ・大きい。 |
| | 購買頻度 | ・まれ | ・間欠（断続）的<br>・設備機器より頻繁 | ・しばしば | | |
| | 評価ポイント | ・修理部品のサービス（素早い対応） | | ・価格（評価ポイントとしては安さ）<br>・品質 | ・品質の信頼性 | ・価格<br>・品位と品質 |
| | 購買意思決定者 | ・現場担当者や幹部社員の進言を得て、経営トップまたは取締役会が決定する。 | ・工場の管理者、現場監督、部門長（もし意思決定しない場合でも、そのアドバイスは重視される） | ・現場の班長が仕様を決める。<br>・購買部門は仕様を標準化する。<br>・役員や部門の管理者の直接の関与はない。 | ・経営トップ | ・経営トップ |
| | その他 | ・市場の景気（全需）の影響を敏感に受ける<br>・在庫を持たない（オーダーメイド）。 | ・消費者向け市場とオーバーラップする。 | | ・消費者向け商品とかぶる。 | |

（出所）　Copeland（1924,/pp.130-154.)[50] を筆者が表にまとめた。

## 2）付属機器

　付属機器は，プラントの補助的または追加的な装置であり，設備機器に多様な機能を付加させるための及び設備機器の操業を促進するための，又は設備機器の管理的・補助的な役割を担うための装置である。これらの機器は，商品を生産するのではなく，経済的・効果的な操業に寄与する。付属機器に含まれる品目の大部分は標準化された商品であり，個々の買い手企業のニーズに合わせて製造された商品ではない。多くの場合，工場長，班長または部門長が付属機

器の仕様及び納入企業の選定を意思決定する。一般に，付属機器は設備機器より頻繁に購買される。

3）操業補給品

操業補給品は，プラントの操業を促進する材料である。商品の一部を構成することはなく，プラントの操業に伴って継続的に消耗されるので，頻繁な補充が必要である。ただし，一回の購買量はそれほど大きくない。大量に補給品を購買する場合を除いて，日常の補給は定型的な購買となり，補給品の仕様はそれを使用する現場の責任者によって指定される。納入企業選定基準は価格だけであることが多い。

4）加工材料・部品

加工材料・部品は，最終商品の部品に使われる商品で，中間材料，最終部品，最終材料などが含まれる。加工材料・部品は，購買単位が大きい。買い手企業では，高度な役員交渉の結果，経営トップが正式契約することが多い。

5）原材料

原材料は，製造工程で処理されていない，あるいは製造の初期段階の天然のまま，又は未加工の物質である。原材料は加工材料の生産又は消費財の製造に利用される。品位と品質が同じ基準で評価され，大きなロッドで購買される。買い手企業が売り手企業に要求する希望価格は，原材料市場での状況と価格の将来の成り行き予想に基づき決定される。最終的な仕入れ価格は最終商品を販売できる価格と在庫政策も考慮される。

(2) その他の商品分類に関する文献

Copeland（1924）と同じようにBrennan, Canning and McDowell（2007）は，〈産業財を大きく6つに分類した。その違いはビジネス・サービスを追加したことである。更にビジネス・サービスをメンテナンス，修繕サービス，経営顧問サービスなどに分けた〉[51]。

高嶋克義・南知恵子（2006）は，〈生産財を部品，原材料，機械・設備，業務用供給品，サービスに分類して，購買頻度，価格帯，サプライヤーの数，カ

スタマイズの程度，受注生産の程度，などの項目で分類して生産財を説明している〉[52]。

## [2] 購買行動包括モデルに関する研究

組織購買行動の研究に影響を与えた組織購買行動包括モデルは，Robinson, Faris and Wind（1967）のモデル，Webster and Wind（1972）の組織購買行動モデル，Sheth（1973）の統合モデルである。これら3件のモデルを紹介した後，同様の購買行動モデルに関する研究を概観することにする。

(1) Robinson, Faris and Wind（1967）のバイグリッド枠組み[53] 注0-5

Robinson, Faris and Windは，産業財の購買状況の分析のために，3つのバイクラス（buyclass）と8購買フェイズ（buyphase）を結合したバイグリッド枠組み（buygrid framework）を提言した。このモデルは〈組織購買行動の最も代表的な研究である〉[54]とされる。

バイクラス（buyclass）は，新規購買（New Task），そのままの再購買（Straight Rebuy），修正の伴った再購買（Modified Rebuy）の3つのタイプに分類される。「新規購買」とは，新規ニーズを解決するためにはじめて購買する際の状況である。初めての問題（ニーズ）であるので，過去に関連した購買の経験がない。したがってこれらの問題解決には，問題解決の代替案や別の供給者（売り手企業）を捜し求めなければならない。すなわち，新規購買においては，問題の新規性が高く，必要な情報が多く，かつ対案の考慮が重要となる。「そのままの再購買」とは，日常的な仕事の中での連続または繰り返しのニーズを解決する購買である。このとき，買い手企業は，多くの関連した購買経験を持っており，そして，新たな情報の必要性は少ない。企業における購買の多くは，この「そのままの再購買」である。すなわち，「そのままの再購買」においては，問題の新規性，必要な情報，かつ対案の考慮の重要性は少ない。「修正の伴った再購買」とは，「新規購買」又は「そのままの再購買」の状況から生じるニーズに対する解決のための購買状況である。ニーズは，連続又は繰返しであるか，

又は操業が大きく拡大したかのどちらかによる。買い手企業は関連する購買の経験を持っている。すなわち,「修正の伴った再購買」においては,問題の新規性と必要な情報は中程度であり,かつ対案の考慮の必要性は限定的である。

次に,購買フェイズは,8フェイズからなる一連の意思決定プロセスである。フェイズ①は問題(ニーズ)の先取り又は認識で,問題の認識と購買を通じて特定のニーズを満たす解決策の認識から構成される。フェイズ②は必要とされるアイテムの特性と数量の確定である。フェイズ③は必要とされるアイテムの特性と数量の記述である。フェイズ④は可能な供給源を探索して,それへの格付けである。フェイズ⑤は提案書(見積書)を入手して分析する。フェイズ⑥は提案書を評価し,納入企業を選定する。フェイズ⑦では,必要なアイテムを受け取るまでの発注手順を選択する。フェイズ⑧は納入されたアイテムの性能をフィードバックし,評価する。この8つのフェイズの購買プロセスは,これに続くWebster and Wind(1972)やSheth(1973)のモデルに引き継がれている。

このバイグリッド枠組みにおいては,購買状況がすべての購買活動に応用可能なように設計されている。バイグリッドの概念は産業財の売り手企業の営業担当者が買い手企業の購買行動を調べて,そして重要な意思決定ポイントや情報の要件を認知するための分析ツールである。

(2) Webster and Wind(1972)の組織購買行動モデル[55] 注0-6

このモデルは,組織購買行動が他のメンバーと相互作用する中で,メンバーの個人によって実行される意思決定プロセスであり,その組織購買行動プロセスを問題解決の一つの形として捉えている。

組織購買行動は,実に複雑なプロセスであり,多くの関与者,多様な目標,及び矛盾する意思決定の基準さえも含んでいる。このほか,購買センターの構成メンバーが行なう購買状況の規定,購買品,納入企業の評価・選定などのすべての行動が含まれている。

購買品や納入企業の選定プロセスは，①購買行動の環境的規定要因としての環境，②購買行動の組織的規定要因としての組織，③購買行動の対人関係的規定要因としての購買センター，及び④購買センターの構成員としての個人などによって影響を受ける。

環境としては，物的環境，経済の環境，法律的な環境，技術的な環境，政治的な環境，文化的な環境である。具体的には，納入企業（売り手企業），買い手企業の顧客，政府，労働組合，業界団体，専門家グループ，他企業，他社会的機関などである。これらの環境によって，売り手企業に関する情報，商品やサービスの利用可能性，一般的な取引条件，及び価値や規範などが規定されるとした。そして，購買行動において，この環境が大きな影響を与える。

組織的規定要因は，物的，技術的，経済的及び文化的組織風土である。具体的には，購買に関連する技術を規定する組織技術，購買センターと購買機能などを規定する組織構造，購買タスクを規定する組織目標と組織タスク，購買センターのメンバーを規定する組織内関係者である。この組織的規定要因は，購買センターに影響を与える。すなわち，購買センターが受ける技術的な制約と利用可能な技術，購買センターのグループ構造，購買センターのタスク及び購買センターの構成メンバーの特性と目標，並びにリーダーシップである。これらの要因が購買センターのタスクとノンタスクを実行する上で，活動，相互作用，及び感情に影響を与えるとした。

最後に，このとき購買センターに参加している個人は，動機づけ，認知構造，個性，学習プロセス，及び役割の認識などに影響を受けながら意思決定する。そして，個人としてまたはグループとして意思決定を行なうとした。

以上のように，Webster and Wind（1972）は，納入企業選定の意思決定に関連する要因を抽出して，それらの要因の関係を明らかにした。

(3) Sheth（1973）の組織購買行動の統合モデル[56] [注0-7]

Sheth（1973）は，〈組織購買行動に関する研究データは膨大な量が存在するが，実務の管理業務に役立つデータが少なく，データを収集する前にすべき研

究は，産業財購買の意思決定プロセスに関する現実的な概念化とその理解である〉[57]と指摘して，現存する組織購買行動に関する知見を記述的なモデルに盛り込むことを試みた。すなわち，組織購買行動は，3つの側面で構成されている。第一の側面は，組織購買の意思決定において個人の心理学的な世界である。第二の側面は，これらの単独の意思決定において共同意思決定の促進に関連する状況である。第三の側面は，意思決定者の中で避けることのできないコンフリクトと，多様な戦術に頼ることで解決できる合同の意思決定プロセスである。そこで当然ながら，このモデルは，購買の意思決定を基軸にこれら3つの側面から成り立っている。

第一の側面において，消費者心理学と社会心理学における研究を基に，購買品や納入企業を選定する意思決定者の心理のいくつかの側面をこのモデルに盛り込んでいる。その主要な要素は，「期待感」である。その期待感を説明する変数は，個人の予備知識（background），情報源，積極的探索，知覚的歪み（perceptual distortion），及び過去の購買での満足度などの変数である。第二の側面には，産業財購買プロセスにおいて，単独意思決定にするか共同意思決定にするかを決定する変数がある。それは，時間的な圧迫感，知覚的リスク及び購買タイプの商品詳細の要因並びに組織の志向，組織の規模，中央集権化の程度などの企業詳細である。第三の側面は，共同意思決定プロセスの最も重要な要因である。それらは，情報の共有化，その討議，及びその結果から生じるコンフリクトである。このコンフリクトの解消には問題解決，説得，取引，及び政治的解決などがある。

このモデルは，「情報探索，期待形成，意思決定に際してのコンフリクトといった変数を新たにモデルに組み込んだところに特徴[58]」があり，このモデルは「1969年のハワードとシェスの購買者行動モデルと対になるものと位置づけることができよう[59]」。

(4) Anderson & Chambers（1985）の報酬／測定モデル[60]

このモデルは「組織内の個人の行動は，その者の行動が報酬／測定されると

いう方法によって決定づけられる」という命題に基づいている。その命題はそれほど新しいものではなく，Webster and Wind (1972) やSheth (1973) の研究の中でも同じような考え方が見られるが，それらは十分に展開されていなかった。そこで，Anderson & Chambersは，報酬／測定システムが購買プロセスの参加者の行動に対して影響を与える要因の一つであると主張している。そして，彼らは，Webster and Wind (1972) やSheth (1973) の組織購買行動の統合モデルなどの初期モデルは首尾一貫した研究プログラムを構築できていないと批判し，報酬／測定モデルこそが，実務上の行動として組織的な購買行動を概念化させることができるとした。そのことが従来の研究の多くの知見を統合することを可能にし，購買プロセスを理解することに貢献できると主張した。

動機づけモデルにおいて，購買プロセスの参加者は内部報酬と外部報酬への期待感によって購買行動に従事することに動機づけられる。前者は，自分自身に与える報酬（自尊心，自己実現）であり，後者は，給与，昇進，二次的な手当などである。更に満足度は，内部・外部の報酬の水準と，認知される公平な報酬の水準が等しい時，最大となる。この動機づけは，努力水準，仕事，戦略，購買活動などの選択に対する変数となって購買のパフォーマンスを変えると説明している。

(5) Johnston and Lewin (1996) の組織購買行動の統合モデル[61]

Johnston and Lewin (1996) は，Robinson, Faris and Wind (1967)，Webster and Wind (1972)，及びSheth (1973) のモデルを援用しながら，意思決定プロセス，環境特性，組織特性，購買特性，参加者特性などの構成概念を抽出し，組織購買行動の企業内での任務のストレス（role stress）と意思決定ルールに関する構成概念を追加して統合モデルを構築した。

一方で，サブモデルとして買い手企業と売り手企業との関係性とコミュニケーションネットワークに関する構成概念をモデル化した。買い手企業内の組織購買行動は買い手企業と売り手企業との関係性から影響を受ける。関係性の変数は，力／依存，行動／実績のモニター，協調／信頼，融通性，及びコミットメ

ントであるとした。そして，コミュニケーションネットワークは，購買プロセスにかかわり合う担当者が購買センターのほかのメンバーやそれ以外の共同作業メンバーとの間でコミュニケーション（社内的に）し，同時に売り手企業の担当者ともコミュニケーション（対外的に）することである。サブモデルにはこれらが盛り込まれている。

(6) Robinson, Faris and Wind（1967）のバイグリッド枠組みに関連する研究

Bellizi and McVey（1983）[62]は，バイクラスの有効性を実証するために，建設業の買い手企業の行動において，商品タイプと購買経験に対する効果を測定した。その結果，購買経験の変数とバイクラスの変数は産業財の購買行動に関連していないが，商品タイプは購買行動に関連して有意義な変数を示すとした。Leigh and Rethans（1984）[63]は，産業財購買の行動を分析するために，コンピューター端末の購買において認知スクリプト（cognitive script）理論を応用した。そして，新規購買プロセス，初期の引き合い，交渉や打合せ，及び修正の再購買状況のための買い手企業のスクリプトを立証した。Anderson, Chu and Weitz（1987）[64]は，バイグリッド枠組みを研究するために営業管理者へインタビューし，多くの営業担当者がバイグリッド枠組みの理論に対応していることを検証し，更に「問題の新規性」と「情報のニーズ」の特質が強く関連していることを実証した。Wilson, Lilier and Wilson（1991）[65]は，バイクラスの「修正の再購買」と「新規業務での意思決定」の2つの状況と，「認識されるリスク」の3つの水準を使って，購買センターによる選択のための偶発（contingency）モデルを展開した。Bunn（1993）[66]は，「情報の検索，分析技術の活用，問題点への焦点，及びコントロール仕組みの信頼性」を，実験を通じて確認された「4つの購買の意思決定からのアプローチ」で構成されているとし，購買パターンと状況の有効な分類を提示した。

## [3] 購買センターに関する研究

購買センターという言葉を最初に使用したのはRobinson, Faris and Wind (1967) だが，〈購買の意思決定において購買スタッフ以外にも幾人かのマネージャーが必ず含まれていることを最初に認識したのはCyert他（1956）であった〉[67]。そして，Robinson, Faris and Wind (1967) は〈マーケティング，製造，商品エンジニアリング，財務・経理，研究開発，管理者（経営者を含む）及び購買の各部門の担当者が，購買の特定状況に影響を与えているとした。そして各々の部門の間には成果に対する利害関係があり，また特定の"責務や購買"が自部門に与える影響の違いが，問題の認識や多様な対案に影響を与えている〉[68]と指摘した。

Johnston and Bonama (1981)[69]は，購買センターに関する研究をレビューして，多く引用された論文での購買センターのサイズ，人（地位）の責任とそれらの機能，各購買プロセスでの参加者，機能や人（地位）への影響，機能のかかわり合い頻度，かかわり合いの相互関係，垂直的・横断的影響の特質，コミュニケーションのプロセス，グループの特性などを表[注0-8]にまとめた。この表は〈ビジネス／組織購買行動を分析するための適切なユニットとして，購買センターに関する考え方を発展させることに大いに役立っている〉[70]。

### (1) 購買センターの構造に関する研究

購買センターは，組織の行為者の部分集合であり，①ユーザー，②購買者，③インフルエンザー，④意思決定者，⑤ゲートキーパーの5つの役割からなると定義されている。購買センターの構成メンバーが組織の中で購買関連業務を担うので，その構成メンバー個人の行動は，購買の仕事（タスク）や組織の構造と同じように，ほかのメンバーからの影響を反映する。この相互作用は，各々の買い手企業の組織において，ユニークな購買行動を導き出すことになる。Webster and Wind (1972) は〈5つの機能を次のように説明している。

①ユーザー：購買された商品やサービスを使う。
②購　買　者：売り手企業との契約に対して，正式な責任と権限を有

する。
③インフルエンザー：対案に関する情報や評価基準を与えることで直接・間接的に意思決定プロセスに影響を与える。
④意 思 決 定 者：対案の中から権限を持って選定する。
⑤ゲートキーパー：購買センター内に関連情報を提供する〉[71]。

Robinson, Faris and Wind (1967) は，〈「産業財購買において組織化されたメンバーによる意思決定を，企業の行動理論から仮説化された意思決定プロセスの特別ケースと見なすことができる」とした。また先行研究によって詳細に解明されたように，企業の行動理論は，ビジネス意思決定の行動理論の中核を説明する4つの関連するコンセプト（コンフリクトの解決，不確実の回避，問題解決のための検索，組織的な学習）で説明できることを示唆した。そして，「購買センターは，異なった目標を持つメンバーの連合である」とも説明している〉[72]。

Spekman and Gronhaug (1986)[73] は，購買センターの概念について先行研究を整理・発展させ，その構造とプロセスの側面から議論した。購買センターの行動の主要な決定要因として，購買センターの構造と意思決定プロセスに関連する変数を抽出した。これらの構成要素は，購買センターの構成メンバーによる購買意思決定の行動を説明することに役立つが，購買センターの理論を提供することを試みたものではない。

Johnston and Bonoma (1981) は，購買センターを量化可能な次元 (dimension) にまで発展させた。購買センターの特質を記述するために，購買センターの意思疎通システムの見地から，購買センターの構造と相互作用に関して，31社で購買活動を検証した。そしてコミュニケーションネットワークの考え方の確実性を，その考え方に対する購買センターと経営管理的なかかわり合いにおいて分析し，〈次のような結果を得た。

・購買センターのコミュニケーションネットワークへの参加者の数は組織構造の変数と購買状況に影響を受ける。
・異なる部門（水平的）とのかかわり合いは，組織構造の変数と購買状況に影響を受ける。購買がより重要または新規であればあるほど，購買プロセ

スにかかわる部署の数は増加する。
- 垂直的（ヒエラルキー）なかかわり合いは，購買状況（バイクラス，購買の重要性，購買状況の複雑性など）に影響を受ける。
- 組織の形式化は，購買センターとのつながり合いに強く影響を与える。マニュアル（文書）化されている量が多ければ多いほど，購買センターとのかかわり合いは少ない〉[74]。

購買センターの構造に関連する他の研究として，Choffray and Lilien (1980)[75] は，購買意思決定プロセスの各段階において，機能的なかかわり合いに基づいて産業財市場のセグメント化のための方法論を提言した。そして，Woodside and Sherrell (1980)[76] は，製紙製造機械産業における装置の購買に関する研究を行ない，5つの意思決定ステージと5つの重複する購買センターを発見した。

### (2) 購買センターメンバーの影響に関する研究

Spekman and Stern (1979)[77] は，購買センターの多様なメンバーから組織購買行動を考察するための概念的・方法論的な枠組みを提案した。その枠組みを，購買グループ内での人間関係の相互作用の性質と程度を表現する主要な変数とみなし，購買グループの情報獲得とプロセスの特性の主要な決定要因でもあるとした。Silk and Kalwani (1982)[78] は，購買グループの構造を定義するために，産業財市場の調査において使用される測定の信頼性に関係する所見を報告した。同じ組織からの数対の情報者の間の購買に関するコンセンサス不足を発見し，意思決定プロセスにおいて，ステージでなく役割の中で識別するような評価付けを発見した。Thomas (1982)[79] は，組織購買において，個人の意思決定に影響する人間関係の特質を研究した。その中で，個人の拠り所である社会的・組織的基盤が意思決定者の商品評価を変化させると説明した。

Jackson, Keith and Burdick (1984)[80] は，購買センターの構成とそれに関連する影響に関する先行研究が存在するが，購買センターのメンバーに関連する影響は，商品のタイプ，バイクラス，及び購買決定において，どのように変

化するかが検証されていないと指摘した。そして，商品のタイプを高額な資本財（単価が1万ドル以上），低額な資本財（例えば，タイプライター，什器備品など），資材，部品，及び消耗品に分け，バイクラスを新規購買状況，修正を伴う再購買状況，及びそのままの再購買状況に設定して，更に購買センターのメンバーを調達担当者，生産担当者，エンジニア，経営トップ，及び第五のカテゴリー（その他）として分析を行なった結果，購買センターのメンバーに関連する影響がバイクラスにおいては一定であり，一方，商品のタイプと意思決定のタイプにおいては変化することを実証した。Berkowitz (1986)[81]は，新規商品の採用において，主要な影響者が誰であるかに関する研究を行なった。その結果，ユーザーは価格を重要と思い，技術スタッフは商品サンプルに興味を示し，そして，購買担当者は最終権限者を動かすことに努力することを発見した。Martin, Daley and Burdg (1988)[82]は，輸送方式を選択する購買センターにおいて，グループの期待内容を比較し，購買センターのメンバーが売り手企業に対して異なった認識を持つという示唆を支持した。McQuiston (1989)[83]は，納入企業選定の参加者間の人間関係に影響を与える要因に焦点を当て，購買に関する意思決定の構造的方程式モデルを提案し，新規性，複雑性，及び重要性などの購買状況が人間関係の関与とその影響の決定要因であると示唆した。Ronchetto, Hutt and Reingen (1989)[84]は，購買プロセスを特徴づける相互作用を探究するための組織購買システム（組織的な枠組み）の概念を導いた。そして，組織の行為者が購買システムの地位から影響力を得ることを示し，更に，フォーマルとインフォーマルの構造の特性から個人的な影響の要因を引き出した。

[4] 購買プロセスに関する研究

 Choffray and Lilien (1978)[85]は，組織購買行動の主要な変数を同定して，それらが組織購買行動の意思決定にどのように概念的に連結しているかを解き明かした。従来の組織購買行動のモデルにおいては，影響するであろう変数が余すことなく抽出されているが，すべての商品に影響する変数と，特別な購買状況でしか影響しない変数とが区別されていないと批判して，Webster and

Wind（1972）の組織購買行動モデルやSheth（1973）の組織購買行動の統合モデルよりも簡明なモデルを提案した。そのモデルは，購買センターの特質と，購買意思決定プロセスの3つの主要な段階との間の連結に焦点が当てられている。3つの段階とは，①組織の必要条件に合っていない代案の排除の段階，②意思決定者の選択の形成段階，及び③組織的な選択の形成段階である。この構造は購買センターの重要な特質と組織購買プロセスを連結している。そして購買品のすべての対案，可能な対案，個人の好み形成，組織の好み形成，及び組織の最終的な選択，などの購買品の状況に着目し，これらをサブモデルで記述した。すなわち，意思決定プロセスは，可能な商品，意識モデル（The Awareness Model），容認モデル（The Acceptance Model），個人による評価，グループ意思決定モデルで構成されているとした。そして，このプロセスに連結する変数を制御可能な変数（例えば，マーケティングの支援や設計の特性など）と外的尺度（例えば，意思決定者の認識，評価基準，グループのメンバーの部門（category））とした。

Bunn（1993）[86]は，購買の意思決定の分類を購買パターンと購買状況との図表に展開した。それは，実証的ベースの分類法で定義された6つの「購買の意思決定」からなる。その基礎となる購買活動のミックスは，情報の探索，分析技術の活用，課題の絞り込み，及び制御機構の信頼性などのカテゴリーに分けられる。そして，購買の意思決定への取り組み方は，購買の重要性，業務の不確実性，選択の広さ，及び購買力の4つの購買状況の特性に依存するとした。更に，実務で活用できるように，思いつきの購買（casual purchase），日常の低い優先（routine low priority）購買，簡易な修正の伴った再購買（simple modified rebuy），判断を必要とする新規業務（judgmental new task），複雑な修正の伴った再購買（complex modified rebuy），及び戦略的な新規業務（strategic new task）などに分類し，これを提言した。

このほかに，Dempsey（1978）[87]は，納入企業選定プロセスを取り扱うために5つの評価基準（売り手企業の安定性，基本的な経済基準，地理的な近さ，付随しているサービス，及び保証の仕組み）と，4つのカテゴリー（売り手企業が保有する

外部情報, 買い手企業志向の外部情報, 営業担当者, 及び買い手企業志向の内部情報) を定義した。Vyas and Woodside (1984)[88] は, 18商品の購買プロセスの研究結果から「イベント, 相互作用, 及び意思決定」のサブルーチンを記述的かつ合成的なモデルに組み入れた。Brown (1995)[89] は, 売り手企業のマーケティングミックスと, 売り手企業が納入企業であるかあるいは非納入企業であるかの影響に対する, 買い手企業の考え方と態度における関係性の概念モデルをテストし, 納入企業と非納入企業の状況による影響があるという仮説を, 社会心理学における中心的な行動理論のひとつである「態度理論」から実証した。

[5] 買い手企業と売り手企業との相互関係に関する研究

Sheth (1976)[90] は, 買い手企業と売り手企業との間の相互作用の質がその相互作用スタイルに関して適合するということを前提として, 相互作用のプロセスに関する包括的な概念を提供した。買い手企業と売り手企業の相互作用のプロセスにおいて, 個人, 組織, 及び商品の要素を, コミュニケーションのスタイルとその範囲を決定する要因として描いた。

Dwyer, Schurr and Oh (1987)[91] は, 継続的な取引における買い手企業と売り手企業との関係進展のための枠組みを描いた。Hallen, Johanson and Seyed-Mohamed (1991)[92] は, 社会的交換理論と経営資源依存モデルに基づいて, 企業間の適合に関する構造モデルをまとめ, 両者間のアンバランスな依存状態から生じる一方的な適応と, 同時に信用の構築による相互の適応を説明している。そして, 企業間の適応が社会的交換の一要素であるという考え方を報告している。Heide and John (1992)[93] は, 企業間において経済的に効果のある関係の構築が重要であることを示した。また, Heide and Miner (1992)[94] は, 136社の買い手企業と売り手企業に対して, 両者の共同作業に関する「相互作用の効果」と「契約の頻度 (frequency)」を調査した。彼らは, 将来の相互の影響または活動範囲の広さ並びに契約の頻度がチャンスを増加させるが, 実績のあいまいさがチャンスを減少させることを仮説して,「繰り返されたゲームの枠組み (the iterated games framework)」を活用して買い手企業と売り手

企業との間の協調性を検証した。そして，Han, Wilson and Dant (1993)[95]は，買い手企業と売り手企業が企業間取引の市場において直近の取引をどのように知覚しているかを研究して，少数の売り手企業を活用する要因が，より高性能，コストのさらなる圧縮，より多くの技術的協力などのニーズを含んでいることを検証した。更に，好ましい関係が相互信頼と満足の交換によって特徴づけられることを強調した。

## ［6］企業イメージ・商品イメージなどのブランドに関する研究

ブランド理論は消費財市場の中で発展してきた。もともとは消費財を消費者へ販売するために，ブランドが研究されてきた。消費者は情緒的に購買するのに対し，企業（組織的）の購買は合理的であるという見方があったので，これまで企業間取引における企業イメージや商品イメージなどのブランドに関する研究はあまり行なわれて来なかった。しかし，企業と取引する売り手企業は，企業間取引の市場の競争が激化していく中で営業活動におけるブランドに対する興味を増大させている。

高嶋克義・竹村正明・大津正和（1996）[96]は，「産業広告の基本的な役割が営業活動のサポートである」という命題に対して，当該企業がどのような広告媒体（例えば，TV，一般新聞，専門雑誌など）にどのような評価をしているかのアンケート調査を分析して，広告効果を検証した。そして「オープン・ザ・ドア効果，問い合わせ効果，コンセンサス効果の三つの効果の考察が重要である」と強調している。

Gordon, Calantone and Benedetto (1993)[97]は，企業間取引の商品・サービスマーケティングに応用されるブランド資産に関するコンセプトを明らかにするために，購買頻度を通じて形成されるブランドロイヤリティー，品質への認識に対するブランド名の効果，ブランドの拡張性などに関する実証的な研究を行なった。

Lynch and Chernatony (2004)[98]は，組織内の購買者が合理的なブランド価値と情緒的なブランド価値の両方から影響を受け，そして，売り手企業の企

業ブランドが買い手企業との情緒的な接触を形成するための機能的な能力を獲得できるということを明らかにした。情緒的なブランド価値の発展とコミュニケーションは、価値創造を強化して差別的な有利性を進展させる方法となりうるとした。そして組織購買する買い手企業に対し、情緒的なブランド価値が効果的なコミュニケーションを必要とすると指摘した。

Munoz and Kumar（2004）[99]は、ブランド測定プログラムの主要な要素がどのように事業実績につながっているか、また技術系企業がそのブランドと企業戦略を策定することにどのようにブランド測定基準を活用しているかを検証した。

Webster and Keller（2004）[100]は、産業財ブランドの成功のためのガイドラインを10項目に整理して提言した。例えば、組織購買プロセスの中でのブランドの役割を理解すること、意思決定ユニットと意思決定プロセスにおける重要な参加者に対して妥当性を持つ基礎的な価値ある提案を発信すること、多様な媒体で相互作用する効果的なブランドコミュニケーションを構築することなどである。

余田拓郎（2006）[101]は、購買における企業イメージの影響に関してアンケート調査を実施した。それによると、買い手企業は、売り手企業の企業イメージ、例えば、「過去に満足度の高い取引実績がある」というイメージや「信頼できる」というイメージを持つと、面談の要請に応じたり、そうした企業であれば提案内容やその水準が確実だと思うといったアンケート調査の結果を得た。そして、買い手企業が商品のQCDの水準を、客観的な判断だけでなく、売り手企業の企業イメージを加えて判断すると指摘した。

[7] 先行研究の問題点

ここでは、先行研究の問題点をまとめる。すなわち、先行研究には、①経営的な視点が欠けていることと、②売り手企業との人間関係の影響の視点が欠如していることである。

(1) 経営的な視点の欠如

　先行研究において，Robinson, Faris and Wind（1967），Webster and Wind（1972）とSheth（1973）らによって行なわれた研究が〈その後の組織購買行動の研究の概念的な基礎となった〉[102]。組織購買行動の研究者に最も大きな影響を与えたRobinson, Faris and Wind（1967）は，〈購買プロセスの基礎的な活動の第一フェイズを問題（ニーズ）の認識とした〉[103]。すなわち，「購買」を，買い手企業が抱えている問題を解決するために売り手企業から必要なものを買い入れることとした。したがって，組織購買行動に関する多くの先行研究は焦点が日常の購買活動に当てられ，問題を発見・把握することから開始された。このことは，購買行動の研究者の多くがマーケティング分野の専門家であったので，商品やサービスなどの購買そのものに強い関心をもって，その研究の原点を購買の必要性（ニーズや買い手企業内の問題点）に求めたことは当然のことである。

　しかし，モノ（サービスを含む）を作れば売れる時代から，商品の差別性を創造しなければならない時代に変わり，いまや，差別化した商品もすぐにコモディティ化してしまう時代となっている。また，現在，買い手企業と売り手企業の両者は，市場での競争優位性を獲得するために力のある企業との関係を強化する必要があるとの認識を持っている。このような状況においては，買い手企業のニーズを単なる表面的なものと捉えるだけでなく，そのニーズの本質を見極める必要がある。売り手企業は，買い手企業の担当者（購買担当者，開発担当者，生産の担当者など）の目線に立って，今まで以上に買い手企業にとって価値ある提案を行ない，更に，競合先に打ち勝っていくためには従来にない価値の高い提案を行なう必要がある。企業経営にとって最も重要なことのひとつは，Porter（1980）[104]，Wernerfelt（1984）[105]やBarney（1986）[106]などが提唱した市場での競争優位性を獲得することにあるので，「購買」はこの優位性を獲得するためのものでなければならない。すなわち，買い手企業がお金を出して売り手企業からモノを購入しているように表面的には観察されるが，購買の本質を経営的な視点でみると，買い手企業が市場での競争優位性を獲得するために自社

の経営資源を効率よく売り手企業の経営資源と交換することなのである。ところが,「購買が問題解決プロセスである」という考え方でなされた従来の研究には,「企業経営の重要な機能である購買」という視点が欠けている。従来のマーケティングの研究範囲を超えて,購買を経営の視点で見直す必要があるということである。

(2)「売り手企業との人間関係の影響」の視点の欠如

先行研究では,購買行動に影響する要因を,経済的環境や法的環境などの環境的決定因子,組織的風土などの組織的決定因子,「購買センター内」の人間関係的決定因子,及び「メンバー(個人)」の動機づけやパーソナリティなどであるとした。すなわち,購買行動に影響する要因に関する先行研究においては,売り手企業の担当者との「対人関係」に焦点を当て,「対人関係」が購買行動に影響するか否かを含めて,どのように影響するかの実証・検証がなされていない。

確かに企業の購買行動は,企業が定めた購買の仕組みや運用規則によって規制されているので,どろどろした人間関係の中で行なわれることはない。しかし,実際には買い手企業は,競争優位性のある商品を顧客に提供するためには売り手企業が所有する製品化技術,製造技術,その他情報を活用する必要がある。そのために量産型メーカーでは複数の売り手企業との間で分業的開発体制を構築して,納入企業選定プロセスの中で複数の企業を競わせながら長期間をかけて納入企業を選定する。この間に買い手企業と売り手企業との担当者が接することで両者の人間関係の親密化が促進されることは容易に予測できる。このことは,売り手企業のノウハウやアイデアを必要とする受注生産型メーカーにおいても同様である。購買の意思決定を人間が行なっている限り,対人関係からの心理的な影響を排除することはできないはずである。

Johnston and Lewin (1996) は,統合モデルのサブモデルとして買い手企業と売り手企業との関係性とコミュニケーションネットワークに関する構成概念をモデル化し,買い手企業内の組織購買行動は買い手企業と売り手企業との

関係性に影響を受けるとした。ほかにも，買い手企業の担当者と売り手企業の担当者との人間関係の親密度が購買行動に影響するという記述は，古くから存在している。例えば，Copeland（1924）は「継続的な取引が売り手企業に対する好意を形成する傾向がある[107]」と指摘している。また，Webster and Wind（1972）は，購買意思決定を理解するために必要な3変数のうちの一つとして「購買センター内の人間の間，そして購買センターのメンバーと売り手企業のような社外の者との間，その人間関係上の相互作用を関係付けなければならない[108]」とし，更に「同等品を購買する場合，人に属する判断基準が採用されることはありうるし，複数の売り手企業が同等の品質と価格の商品を提示した場合，そのとき，買い手企業は特定の営業担当者との取引への個人的なひいき，または売り手企業から入手した特別な好意や恩恵のようなノンタスク変数によって動機づけられるだろう[109]」と指摘している。

これらの先行研究では，買い手企業と売り手企業との人間関係の親密度が納入企業を選定する際に何らかの影響があると指摘しているが，実証的には検証されていない。

## 第四節　研究の概要

ここでは，本研究の計画概要をまとめる。

[1] 研究の最終目標

買い手企業（日本のメーカー）がどのように納入企業を選定しているかを知ることを目的とする。そして，これをベースに売り手企業がどのようにすれば効率よく受注できるようになるかを提言することを最終目標とする。

[2] 研究の対象

企業が商品を販売する対象には「消費者」，「企業」及び「非営利組織」があるが，本研究では企業を対象とする。すなわち，買い手企業と売り手企業との

企業間取引を研究対象とする。具体的には，次の通りである。

(1) 対象とする営業方式

営業方式には大きく分けて，飛び込み営業などの「新規顧客開拓」と，前任の営業担当者が開拓した買い手企業との関係を維持・強化するための「ルートセールス」がある。本研究では，主に「ルートセールス」を対象とする。

(2) 対象企業の業種と規模

対象とする買い手企業は購買品を自社で使用する，または加工・組立する比較的規模の大きな企業（大企業，または中堅企業）とし，一方，売り手企業は，素材，部品，機械などを製造する，比較的規模の小さな企業（中堅企業，または中小企業の中の中企業）とする。

(3) 研究領域

最近，買い手企業は，売り手企業のアイデアや情報を活かすような購買方式を採用しているので，納入企業選定プロセスにおいて，売り手企業から種々のアイデアや情報を収集したり，逆に関連情報を提供したりして，コミュニケーションを頻繁に行なうことが多い。このような状況を研究の対象とする。

［3］分析の視角

次の2つの視角を持って本研究を進める。

(1) 購買活動は経営戦略上の重要な機能である。

企業の中で行なわれている購買関連業務には，経営トップ層が購買に関する方針や枠組みなどを定期的に見直す業務と，その購買の枠組みの中でその運用ルールに従って処理する日常業務がある。

(2) 納入企業選定に対人関係が影響する。

新入社員から社長に至るすべての者は，企業が決めたルールに厳格に従って

業務を行なう。しかし，買い手企業は，売り手企業から取引に関する種々の情報を収集しながら納入企業を選定する過程において，ごく自然に人間関係の親密化が進展し，いわゆる好意的な態度が形成されるので，その売り手企業に対して「無意識」に厚遇する心理的な動機づけが働く。

[4] 研究の課題

本研究の最終目標である「効率的な営業活動」を提言するために，次のような課題を明らかにしていく。

(1) 課題－1：「買い手企業はどのようにものを購買しているか」を検証する。①実務面でどのように購買がなされているか，②経営戦略からどのように購買ルールを決めているか，及び③仮説「人間関係が納入企業の選定に影響する」は正しいか，という3つのサブの課題を設定する。

(2) 課題－2：「買い手企業はコア・コンピタンスを強化するために購買ルールに従って納入企業選定を行なうが，同時に人間関係の影響を受ける傾向にある」ということを売り手企業はどのようにうまく使うべきかを提言する。
①客観的なコア・コンピタンスを強化する方法を提言して，その上で②買い手企業との人間関係の親密化プロセスを促進する方法を提言する，という2つのサブの課題を設ける。

[5] 研究の方法

研究方法については以下の通りとする。
(1) 課題－1
1）サブの課題－1「実務面ではどのように購買がなされているか」の検証
買い手企業がどのように購買しているかを，いろいろな業界の企業に対して面談調査を行ない，実務面での現状を把握する。被面談企業の購買管理者または取締役（執行役員を含む）と面談を行なう。質問項目の狙いは次の通りである。

①買い手企業がどのように購買しているかの全体像を把握すること。
②買い手企業は，どのような購買の仕組みとその運用ルールを構築しているかを把握すること。
③納入企業の選定に影響する要素を洗い出すこと。

2）**サブの課題-2**「経営戦略からどのように購買ルールを決めているか」の検証

経営戦略論からアプローチし，企業経営の中での「購買」の本質を論証する。そして，関連する事例を研究して，サブの課題を解き明かす。

3）**サブの課題-3**「仮説『人間関係が納入企業の選定に影響する』は正しいか」の検証

仮説を検証するためにアンケート調査を行なう。アンケート調査の回答者は，量産型メーカーや受注生産型メーカーなどの買い手企業を販売対象とする売り手企業である。親密度に関連する質問項目と，納入企業選定において買い手企業が行なうであろう有利な取り計らいを仮説して質問項目を作成し，その相関関係を求める。このとき，同時に親密度に関連する行動や認識にどのような心理的因子が作用しているかを探るために因子分析を行なう。

(2) 課題-2

1）**サブの課題-4**「戦略的な枠組みを構築して客観的な実力を向上させる方法」の提言

中小企業のメーカーに焦点を当て，客観的な実力を強化する方法について整理する。自主開発に関しては，素形材メーカーに焦点を当てて官公庁の支援策などについての現状を把握し，それらをまとめる形でQCD向上策の提言を行なう。加えて，これらの向上策を効率的に行なうための戦略的枠組みを提言する。

2）**サブの課題-5**「買い手企業との人間関係の親密化を加速する方法」の提言

最近の営業方式について実務書を含む先行研究を整理する。古典心理学からアプローチしてビジネス上の人間関係の特徴をまとめ，サブの課題-5に対す

る提言を行なう。これらに関連する事例研究を行なう。

[6] **本書の構成**
　サブの課題の番号順に章を設け，最後に本研究のまとめとして結章を設ける。

# 第一章　面談調査による購買行動の現状把握

　第一章では，産業財を製造・販売している企業がどのように購買しているかの実態を把握するために面談調査を行なう。第一節では面談調査の概要を説明し，第二節以降で面談調査の結果をまとめる。

## 第一節　面談調査の概要

　第一節では，面談の目的，被面談企業など，面談調査の概要をまとめる。

### ［1］面談調査の目的
　買い手企業がどのように購買しているか，どのような購買の仕組みとその運用ルール（特に，購買状況，購買センター，納入企業選定過程など）を構築しているか，そして売り手企業との人間関係の親密度が納入企業選定にどのように影響するかなどを面談調査で明らかにする。

### ［2］面談調査票
　面談調査の際の質問項目については，購買の仕組みとその運用方法を中心に質問項目を作成した。面談の前半においてはこの面談調査票を活用して聞き取りを行ない，後半は被面談者の回答内容をベースに質問を行なう。

### ［3］被面談企業
　図表1－01の通り，被面談企業は17社で，内訳は大手企業（上場企業）9社とその子会社2社，ほかは中堅・中小企業である。業種としては量産型メーカー，受注生産型メーカー，及び建設業者（建設関連業者を含む，以下同じ）である。

建設業者を被面談企業に加えた理由は，量産型メーカーや受注生産型メーカーを建設業者と対比することで購買状況をより明確にするためである。

図表1-01　被面談調査企業

| 記号 | 業種 | 部門名 | 被面談者(代表者)の役職 | 被面談者の人数（名） | 実施日（年月日） |
|---|---|---|---|---|---|
| A | 土木事業（総合） | 調達部 | 部長 | 1 | 06.10.26 |
| B | 造船業（重工，プラント） | 資材部 | 課長 | 2 | 06.11.07 |
| C | 建築事業（総合） | 土木部 | 部長 | 1 | 06.11.07 |
| D | 建築事業（総合） | 購買管理部 | 部長 | 3 | 06.11.16 |
| E | 設備工事（電機設備） | 営業本部 | 副部長 | 1 | 06.11.20 |
| F | 設備工事（電機設備） | 購買部 | 副部長 | 1 | 06.12.04 |
| G | 設備工事（空調機器） | 資材部 | 次長 | 2 | 06.12.12 |
| H | 設備工事（空調機器） | 購買統括部 | 部長 | 3 | 06.12.12 |
| I | 電子機器製造 | 調達本部 | 部長 | 4 | 07.01.30 |
| J | 船舶用エンジン製造 |  | 社長 | 3 | 07.05.15 |
| K | トラック製造 | 購買部門 | 執行役員 | 1 | 07.06.19 |
| L | 石油開発 | 技術部 | 執行役員 | 1 | 07.09.15 |
| M | 電子機器製造（ソフト含む） | 事業部 | 執行役員 | 1 | 07.11.20 |
| N | エンジンカスタマイズ |  | 社長 | 1 | 07.12.11 |
| O | 電子部品製造 |  | 社長 | 1 | 08.02.05 |
| P | 食品メーカー | 管理本部 | 取締役 | 2 | 08.02.19 |
| Q | 精密機械メーカー | 生産本部 | 副本部長 | 1 | 08.07.01 |

なお，記号Aと記号Cの企業は同じ企業である。部門によって購買方法が大きく異なっているので，両部門に面談を行なった。

## 第二節　商品作りから販売までの過程

量産型メーカー，受注生産型メーカー，及び建設業者を比較しながら，商品作りから販売までの過程におけるそれぞれの業種の特徴を明らかにする。

### ［１］最終商品の量産型メーカー

最終商品の量産型メーカーは，商品企画の策定のために顧客からの取材情報や商品クレームに関する情報などを収集し，日常的に市場ニーズを分析している。更に商品力の評価項目（例えば，重量，大きさ，機能など）ごとに競合先の商品と比較し，自社商品のベンチマーキング[注1-1]をしている。同時に市場動向（技術動向，法規制など）を把握して将来の市場ニーズを予測している。商品の性能目標やその開発日程などを設定した中長期の商品開発計画を策定する。そして，この商品開発計画に記載した商品の性能目標を達成するために先行して製品化技術を開発する。大手企業の場合は中央研究所や開発部門の一部がその役割を果たしている。

新たに商品を開発する場合，まず商品企画書を作成する。一般的に商品企画書には，ターゲット市場の特性及び市場ニーズ，市場サイズ，計画販売個数及び目標価格，発売時期，販売（販売促進）方法などが記載されている。このほか，市場ニーズを設計できるように数値化した「市場要求品質（設計条件）」が記載されている。商品企画担当者は，策定した商品企画書をもって商品開発作業に入ることを会社に承認させる。この商品企画書を基に「商品化の可能性評価」「試作」「生産試作」「量産試作」の各段階を経て販売のための量産を開始する。量産までのプロセスは，企業によって更に細かく分けていることがある。各段階には次の段階に移行するための評価基準があり，その基準を達成していない場合は次の段階には進めない，所謂「登竜門方式」になっている。これらの評価基準は，商品企画書に記載されている目標コスト，目標性能などである。

図表1-02　商品化プロセス

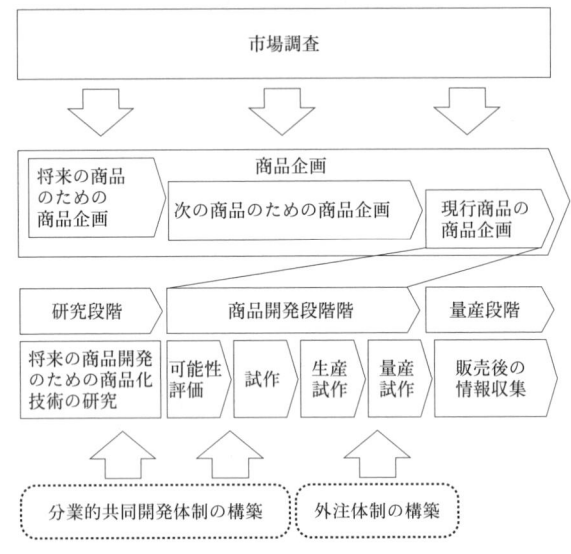

```
                          市場調査
          ┌──────────────────────────────────┐
          └──────────────────────────────────┘
              ↓            ↓            ↓
                       商品企画
    ┌将来の商品┐
    │のための  │┌次の商品のための商品企画┐┌現行商品の┐
    │商品企画  ││                        ││商品企画  │
    └──────────┘└────────────────────────┘└──────────┘

      研究段階        商品開発段階階        量産段階
    ┌将来の商品開発┐┌可能┐┌試作┐┌生産┐┌量産┐┌販売後の┐
    │のための商品化││性  ││    ││試作││試作││情報収集│
    │技術の研究    ││評価││    ││    ││    ││        │
    └──────────────┘└────┘└────┘└────┘└────┘└────────┘
                      ↑            ↑
              ┌分業的共同開発体制の構築┐┌外注体制の構築┐
              └────────────────────────┘└──────────────┘
```

（著者作成）

　商品開発は「商品化の可能性評価」段階からスタートする。この段階では市場要求品質を基に概略設計を行ない，目標とする商品を実現できるかの目処をつけ，加えて市場ニーズに対応する商品力を向上させるために発生するコストアップを顧客が持っている値ごろ感（企画書記載の目標価格）の範囲の中で実現できるかを検討する。この段階では，机上検討やテストピースの試験などを行なう。これらのデータや過去の知見などから，評価基準を達成できているかを予測する。

　次の段階は「試作」である。設計に基づいた試作部品を製造，又は購買して試作として加工・組立する。この実機（試作品）をもって性能試験などを行ない，市場要求品質を達成できるかを確認する。

　その次の段階は「生産試作」である。この段階では，試作又はこれに多少修正をした試作品を実際の製造ラインの中で組み立てる。これによって，組立の作業性を確認する。工具が使いにくいなどの組立作業上の不具合を発見する。

同時に，製造コストを削減する工法やモジュール化を検討する。更にこの段階で製造した試作品を各種の実機試験で使い，最終的に耐久性能などの総合試験に活用する。

　商品開発段階の最終段階は「量産試作」段階である。この段階では，量産段階での部品の供給手順，組立作業者の作業手順などを確認し，必要に応じて改良を加える。発売日までに所定の数量（必要な在庫）を製造するために量産を開始する。その後は販売状況に合わせて適切な在庫量を維持しながら製造していく。

　以上が量産型メーカーの商品開発プロセス（図表1－02に示す）である。

[2] 受注生産型メーカーと建設業者

　受注生産型メーカーは造船業であるB社，電子機器メーカーのI社やエンジン関連メーカーのN社である。また，建設業者は建築事業（総合）や設備設置事業（電機，空調）などを営むA社，C～H社である。

　買い手企業が顧客から受注する過程を，顧客，買い手企業そして売り手企業という枠組みで説明すると次の（図表1－03で示す）通りである。買い手企業は，顧客に対して新規取引を求めて営業活動を行なう。つまり，顧客のベンダーリストに加えてもらうために，顧客に働きかける。このリストに記載されることで，はじめて顧客との取引ができる。一般的には「口座を開く」とか「取引口座を取得する」と言う。そのためには，買い手企業は，顧客が求める水準でQCDの商品を提供できる企業であることを事前に証明する必要がある。この審査は，官公庁が行なっている業者登録や海外工事での事前資格審査と同じである。顧客は特に買い手企業に対して高品質を要求する場合は，書類審査のほかに現場審査を行なうことがある。

　ベンダーリストに記載される必要性は，受注生産型メーカーに限ったことではなく，量産型メーカーでも同じである。ある規模以上の企業と取引するためには，ベンダーリストに記載されて，「口座を開く」必要がある。

　買い手企業は，顧客に対して営業活動を行なう中で引き合い（見積依頼）を

図表 1 − 03 受注活動から商品引渡しまでのフロー

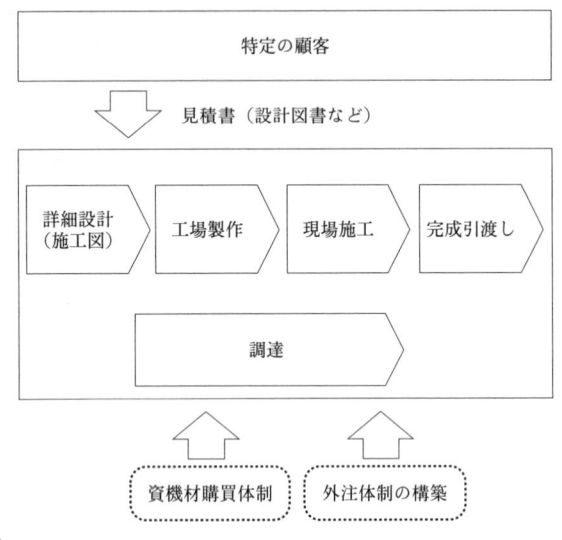

```
┌─────────────────────────────────┐
│           特定の顧客              │
└─────────────────────────────────┘
              ↓ 見積書（設計図書など）
┌─────────────────────────────────┐
│  詳細設計              完成     │
│ (施工図) → 工場製作 → 現場施工 → 引渡し │
│                                 │
│         調達                    │
└─────────────────────────────────┘
              ↑          ↑
        資機材購買体制   外注体制の構築
```

（著者作成）

　もらう。その見積依頼には，買い手企業からの事前の提案活動によって顧客がその必要性を感じて正式に見積依頼をしてくる場合と，顧客が既にその必要性を感じて自ら見積りに必要な書類や情報を揃えて見積りを依頼してくる場合がある。ちなみに前者が随意契約になりやすく，後者は競争入札や競争購買になりやすい。

　買い手企業は，顧客から見積依頼書や見積仕様書などの見積資料を受け取る。これらの資料から見積額算出に必要な数量を拾い上げて，社内にデータ化されているモジュール単価（トン当たり，かさ当たり，そのほか能力当たりなどの価格）を使い，概略の見積作業を行なう。このとき，特別なことがない限り，売り手企業から見積書を取ることはない（F社）。買い手企業の設計部（技術担当）や見積担当部署が営業担当者と共同して受注活動を行なう（G社）。大型の仕事の場合はプロジェクトチームを結成して見積作業を行なうこともある。

　見積段階において，顧客に対して合理化提案などをして自社の見積り内容を優先的に検討させるように働きかける。この見積段階では，量産型メーカーの

ように売り手企業から情報や提案を受けることはない（E社）。

　買い手企業は，受注すると，顧客が作成した仕様書や図面に基づいて詳細図面や施工図などを作成して，必要に応じて顧客の承認を得ながら事前に工場で製造できる機器の製造を進める。受注生産型メーカーの商品は工場内で製造され，そして，納入現場で設置・施工を伴うことが多い。納入現場は工場と比較すると作業環境が悪いので，コストが発生しやすい。そこで，現場での作業量を極力減らすために，これらのメーカーはできるだけ工場製作するように工程を組むようにしている。そして多くの場合，買い手企業は自社で製作できない，あるいは購買した方が合理的な資機材を売り手企業から購買して現場に設置する。最後に，顧客が作成した仕様書と図面の通りに製造・設置されているかを確認（立会検査）後，顧客に引き渡す。

[3] 第二節のまとめ

　量産型メーカーと受注生産型メーカー／建設業者と比較すると，それらの差異は図表1－04の通りである。

**図表1－04　販売までの過程における量産型メーカーと受注生産型メーカー／建設業者との比較**

|  | 最終商品の量産型メーカー | 受注生産型メーカー／建設業者 |
| --- | --- | --- |
| 市場ニーズの特性 | 不特定多数の顧客 | ターゲット顧客のみ |
| 顧客ニーズへの対応 | セグメント全体に対応する。 | 特定顧客のニーズに個別に対応する。 |
| 重要な技術 | 商品企画ノウハウと独自の製品化技術 | 汎用の製品化技術と管理技術 |
| 生産設備 | 専用設備 | 汎用設備 |
| 受注時期を基準に商品を作る時期 | 受注前。在庫をもって販売活動を行なう。 | 受注後。顧客から受注してから，仕入・製造を行なう。 |
| 顧客への提案 | 市場ニーズを事前に調査し，そのニーズに合致した商品の性能や機能を提案する。 | 顧客が抱えている問題・課題を解決するための提案を行なうことが重要。 |
| 先行投資の回収リスク | 高い。 | 先行投資が比較的少ないので，リスクも低い。 |

（著者作成）

受注時期を基準にすると，最終商品の量産型メーカーが商品を造ってから受注するのに対して，受注生産型メーカーや建設業者は受注してから商品を造る。この点が両者の最大の相違点である。

## 第三節　納入企業選定

ここでは納入企業選定方式を整理し，量産型メーカーと受注生産型メーカーがどのようなプロセスで納入企業を選定しているかをまとめ，相違点について記述する。

### ［1］納入企業の選定方式

納入企業選定方式の全体像を把握するために買い手企業に公的機関を加えて説明する。買い手企業や公的機関が複数の売り手企業の中から納入企業を選定する主要な方式は図表1－05の通りである。

図表1－05　主な納入企業選定方式

| 納入企業選定のための時間 | | | 売り手企業の数 | | 特定企業 |
|---|---|---|---|---|---|
| | | | 複数の売り手企業からの選定 | | |
| | | | 選定過程の透明性を外部から求められていること | | |
| | | | 有り | 無し | |
| 時間が十分ある | 詳細な仕様書の作成 | する（できる） | (1) 一般競争入札方式<br>(2) 指名競争入札方式 | (4) 見積合せ<br>(5) 折衝付き競争入札（貸与図メーカー） | (9) 随意契約 |
| | | しない（できない） | (3) プロポーザル入札 | (6) 提案付き見積合せ（承認図メーカー）<br>(7) 特殊なケース：開発体制のなかで選定 | |
| | 時間がほとんどない | | | (8) 特命方式（指値方式） | |

（著者作成）

## (1) 一般競争入札

　一般競争入札は，主に公的機関が納入企業を選定する方式として採用されている。その採用目的は納入企業選定過程の透明性を外部（第三者）に示すためである。例えば，公的機関は工事を発注する際，「業者と癒着したり，公的機関のOBや政治家から圧力を受けたりして特定企業を意図的に納入企業として，より多くの税金を使っているのではないか」と住民から疑われることを避けるために，納入企業選定に透明性を確保する必要がある。また，競争環境を強化するためにも，誰でもが応札できるようにして多くの応札者を集める必要がある。そのため，公的機関ではこの入札方式を採用することが多い。公的機関では，新聞や官報で入札があることを関連の売り手企業に知らせている。最近ではインターネットも活用されることがある。

　一般競争入札の手順は，買い手企業が応札の意思のある売り手企業を一堂に集め，現場説明会を開催して入札内容や見積要領を説明する。そして指定した日に見積額を記した入札票を入札箱に入れさせ，一番小さな金額の入札票を入れた企業を納入企業とする。最近では，現場説明会を開催しないことがある。その場合は入札書類に関して不明な点があれば個別に問い合わせられるようにしてある。また，入札期限までに入札書を郵送や持参させる方法がある。インターネットを通じて電子入札する方式も増えてきている。

　誰でもが参加できる「一般競争入札」のほかに，予定価格（予定入札額）が大きい場合は一定の資格要件を満たした企業だけが応札できる「制限付一般競争入札」方式を採用する。

　一般競争入札の特徴は，多くの応札者を集めて入札させ，入札額だけを選定基準として納入企業を選定することである。

## (2) 指名競争入札

　買い手企業や公的機関は，案件規模が大きい時，その案件の納入品に不具合や瑕疵が生じて完全な状態で完了しない場合，修復不可能な損害を受ける危険性を持つ。それを避けるために，売り手企業を事前に審査してその能力評価等

を登録しておく。その登録名簿の中から案件処理に必要な能力と財力を持つ企業を抽出して，どの企業を選定しても安心して発注できる企業だけを集めて応札させて納入企業を選定する。登録名簿から応札者を選定する以外に，売り手企業自身が応札者として申し込む「応募型指名競争入札」がある。

指名競争入札では，公的機関は落札予定額を予め決めておき，一回目の入札において入札額がこの額を下回らない場合は，入札を繰り返す。一般的に，三回目の入札においても最低額が落札予定額を下回らない場合は，最低額で入札した企業と交渉して，その企業が落札予定額以下の金額で受注することを了解すれば，その企業を納入企業として決定する。

指名競争入札では応札者数が少ないので，官製談合が起きやすくなるとの指摘がある。いずれにせよ，比較的大きな案件の納入企業選定において透明性が求められている場合，この方式が採用される。公的機関が発注する比較的大型の案件はすべてこの方式である。

### (3) プロポーザル入札

買い手企業や公的機関が購買品やサービスに関する詳細な仕様書を自ら作成できる場合や詳細な仕様書を必要としない場合，一般競争入札や指名競争入札が採用される。逆に購入物が複雑で比較的先進的な技術を必要とする場合は，売り手企業の高い技術力を活用し，費用圧縮，購入物の性能・機能の向上，納期の短縮などを図ることを期待してプロポーザル入札を採用する。

買い手企業や公的機関は，売り手企業が有する知見や能力を生かすために，入札要領書には購買する製品やサービスに関する基本機能や基本仕様のみを記載する。売り手企業は，それらの要求を応える際，自社が得意とする分野を活用して解決策をまとめる。例えば，買い手企業が河川に橋梁を必要とした場合，橋梁の素材を記述しない基本仕様を提示して入札すれば，鉄鋼メーカーは橋の素材を鉄製にするであろう。またゼネコンであればその素材をコンクリート製にするであろう。

買い手企業や公的機関は，売り手企業から提示されたプロポーザル（提案）

の内容を評価する方法や評価基準を事前に決めておき，現場説明会で必要に応じてその評価方法等を説明する。そして売り手企業は応札の際，解決策とともにそれを実現するために必要な費用（見積額）を見積書として提示する。

それらの見積資料を受け取った買い手企業や公的機関が納入企業を選定する方式は二つに大きく分けられる。その一つを「提案型競争入札」と呼び，期待する機能が得られるかを確認できた売り手企業の中から，提案内容を選定評価に加味せずにもっとも安い見積額を提示して売り手企業を納入企業とする。もう一つの方式は，入札額のほかに提案内容の評価を加味して選定する「提案型総合評価方式（総合評価落札方式）」である。

プロポーザル入札は，納入企業選定の透明性を確保し，かつ売り手企業の能力を十分に活用するための方式である。

### (4) 見積合せ

見積合せは，企業が納入企業選定する方式の中でもっとも一般的である。企業は，自社にとって最も有利なことや状況を自由に選ぶことができる。すなわち，企業は，納入企業の選定過程を内部に対してはその透明性を確保する必要があるが，外部の第三者に対してその透明性を示す必要がない。

見積合せは，買い手企業にとってもっとも合理的な選定方式であると言える。「借りを返すために」，「有益な情報をもらったことに対する返礼のために」，あるいは「営業部門からの圧力（売り手企業が重要な顧客の場合）に応えるために」などの意図を加味して納入企業を選定できる。

買い手企業は，見積依頼書を作成して複数の売り手企業を「個別」に招き，見積の依頼内容を説明する。そして，後日，売り手企業から見積書を個別に受け取り，不明な点を質問する。見積額とその売り手企業が記述した特記内容，いままでの取引実績やクレーム対応などを比較表にまとめる。見積額以外の内容も考慮するが，原則，もっとも低い見積額を提示した売り手企業を納入企業としている。しかし，更にこの売り手企業に対して減額を要求したり，発注したい特定の売り手企業に競合先企業の情報を流して指値したりすることもある。

外部の第三者に対して納入企業選定過程の透明性を示す必要がなく，売り手企業から追加の技術ノウハウを必要としない場合，適した方式である。

(5) 折衝付き競争入札

折衝付き競争入札は，見積合せを変形させた方式で，あまり一般的な方式ではない。買い手企業が詳細な仕様や図面を作成できる場合，インターネット上などで広く入札参加者を募集し，より多くの売り手企業に応札させ，より安価な購買を可能する。入札後，比較的安い入札額を入れた複数の売り手企業に対してさらに価格（値下げ）交渉し，最終的にもっとも低い金額を提示した企業を入企業とする。

一般競争入札や指名競争入札と比較すると，納入企業選定の透明性は確保されていない。折衝付き競争入札の主要な採用目的は，より多くの売り手企業間において競争環境を強化してより良くかつより安い購買品やサービスを獲得することである。

(6) 提案付き見積合せ

提案付き見積合せは，「見積合せ」の一種で，買い手企業が採用する納入企業選定方式で一般的な方式のひとつである。買い手企業は，売り手企業の能力を活用するためにこの「提案付き見積合せ」方式を採用する。購買する製品やサービスに関する基本機能や基本仕様のみを記載した見積依頼書を作成し，売り手企業に対して見積依頼する。それに対して売り手企業は，自社の強みを生かして買い手企業からの依頼内容を解決する。その内容とともにそれを実現するために必要な費用（見積額）を見積書として買い手企業に提示する。

買い手企業は担当者の前でプレゼンテーションをさせることもある。見積額，要求に対する解決策，その合理性などを比較表にまとめ，納入企業を決定する。このとき，「見積合せ」同様，もっとも低い見積額を提示した売り手企業を選定することが多い。

## (7) 開発体制のなかで選定

　提案付き見積合せの一種である。規模が比較的大きなものづくり企業が，次期商品の開発において大幅な商品力向上やコスト削減を図ろうとする場合，研究段階からその要求に応えることができるであろう売り手企業に対して目標を提示して開発体制の一翼を担うよう依頼する。その後，商品の開発段階ごとに開発体制に参加した売り手企業から見積額を含む要求水準の達成度に関する情報やサンプルの提供を受け，その潜在能力を含めて評価して売り手企業を絞り込んでいく。

　自動車メーカーにおいて，商品力向上を期待する部品の納入企業を選定する一般的な方式である。


## (8) 特命方式（指値方式）

　買い手企業は，入札や見積依頼をする時間がない場合，特定の企業に対して発注価格を示し，売り手企業がそれに応ずれば納入企業とすることがある。ある程度コストを把握できている案件で，目標コスト内に短時間で収める必要がある場合，取引実績のある売り手企業に対して行なう方式である。

　また，時間がある場合でも，見積合せの結果，発注したい企業が最安値を提示していない場合，その売り手企業に最安値情報を提供してその額よりも安くするよう誘導することもある。借りのある売り手企業や親密度の高い売り手企業に対して指値することもある。


## (9) その他（随意契約）

　随意契約は，買い手企業や公的機関が特定の売り手企業を競争環境に置かずに納入企業とする方式である。次のような場合，随意契約が採用されることが多い。

- 既発注案件に付属する仕事（商品）を発注する場合
- 購買金額が小さくその商品の購買経験がある場合
- 売り手企業から有益な提案を受けてその提案に基づいて業務（商品）を購

買する場合
・売り手企業の卓越した独自技術を活用する場合

［2］納入企業選定プロセスについて
　Robinson, Faris and Wind (1967) が提示した「8購買フェイズ」を援用し，面談調査の結果を加えて納入企業選定プロセスを説明する。

　**図表1-06　納入企業選定プロセス**

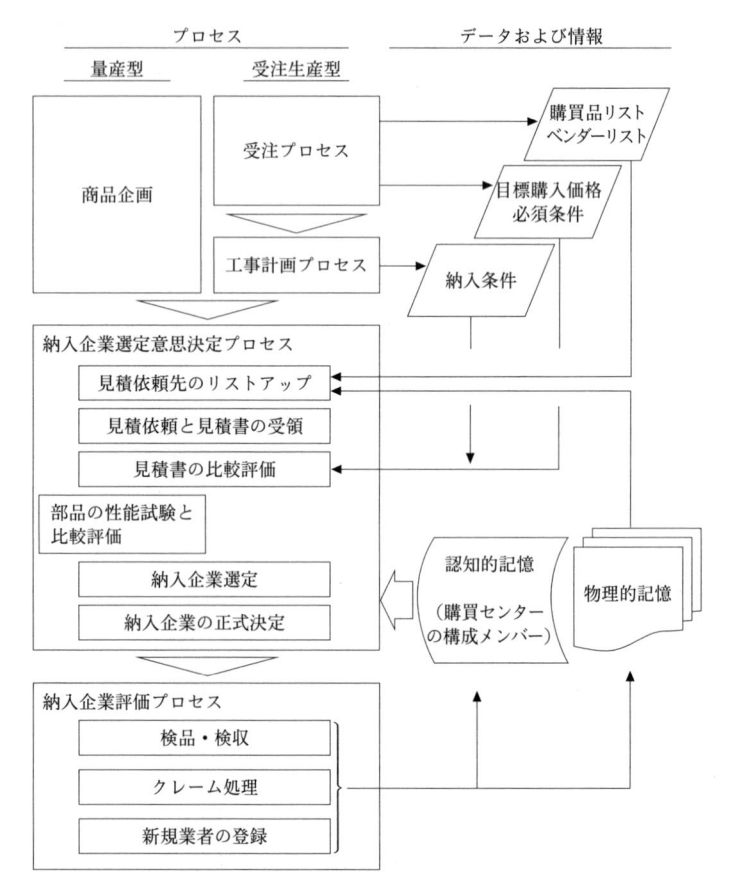

```
              プロセス              データおよび情報
         量産型    受注生産型
                  ┌─────────┐      ┌─────────┐
                  │受注プロセス│──→  │購買品リスト│
                  │          │      │ベンダーリスト│
         ┌──────┐ └─────────┘      └─────────┘
         │商品企画│        │         ┌─────────┐
         │      │        │    ──→ │目標購入価格│
         │      │        ↓         │必須条件   │
         │      │ ┌─────────┐      └─────────┘
         │      │ │工事計画プロセス│──→┌─────┐
         └──────┘ └─────────┘      │納入条件│
                                   └─────┘
         ┌──────────────────────────┐
         │納入企業選定意思決定プロセス   │
         │  ┌─────────────────┐     │ ←──────
         │  │見積依頼先のリストアップ│     │ ←──────
         │  ├─────────────────┤     │
         │  │見積依頼と見積書の受領 │     │
         │  ├─────────────────┤     │
         │  │見積書の比較評価      │     │ ←──────
         │  └─────────────────┘     │
         │  ┌─────────────────┐     │
         │  │部品の性能試験と     │     │
         │  │比較評価           │     │
         │  └─────────────────┘     │       ┌──────┐  ┌──────┐
         │  ┌─────────────────┐     │ ←── │認知的記憶│  │物理的記憶│
         │  │納入企業選定        │     │     │(購買センター│ │       │
         │  ├─────────────────┤     │     │の構成メンバー)│└──────┘
         │  │納入企業の正式決定   │     │     └──────┘
         │  └─────────────────┘     │
         └──────────────────────────┘
         ┌──────────────────────────┐
         │納入企業評価プロセス         │
         │  ┌─────────────────┐     │ ──────→
         │  │検品・検収         │     │
         │  ├─────────────────┤     │
         │  │クレーム処理        │     │ ──────→
         │  ├─────────────────┤     │
         │  │新規業者の登録       │     │
         │  └─────────────────┘     │
         └──────────────────────────┘
```

（著者作成）

## (1) 購買の必要性（ニーズ）の確認

　納入企業選定の役割を有する担当者は，購買すべき商品の必要性とその仕様や設計条件などを確認する。このとき受注生産型メーカーであれば，顧客からの注文書（契約書）に添付されている仕様書や図面から購買すべき商品の仕様や納期などを確認する。また，量産型メーカーであれば，商品企画書及び関連書類に記載されている部品リストの中から購買すべき部品を確認することになる。

## (2) 見積依頼書の作成

　購買すべき商品の仕様や図面，そのほか設計条件などに関する情報をまとめ，見積要領書を作成する。量産型メーカーや受注生産型メーカーの場合であれば，開発部門の設計担当者がその購買品の目標性能などの仕様や，納入日・納入場所を見積要領書に記載する。また，建設業者の場合であれば，工事部が施工要領書と工事計画書を作成し，見積依頼書（業者選定依頼書）を作成する（A社）。

## (3) 見積依頼先のリストアップ

　開発部門や工事部門が作成した見積依頼書を受け取った購買部門は，その中に記載されている購買品を製造・販売している売り手企業をベンダーリストから抽出し，見積依頼先とする。近年，品質の安定に対する市場ニーズの高まりや企業イメージ・商品イメージの維持向上のために，品質に対する要求が厳しくなってきている。顧客が品質管理チャートなどを作成して品質管理を徹底的に行なっている場合は，買い手企業は顧客から納入企業を指定されることがある。例えば，モジュールメーカー[注1-2]（買い手企業）の場合，最終組み立てメーカー（顧客）から，調達先の部品メーカー（売り手企業）に関して最終組み立てメーカーが承認した部品メーカーを使うように指示がある。受注生産型メーカーや建設業者の場合でも同様である。顧客が指定した以外の企業を使う際は，面倒な事前審査がある。多くの書類を作成したり，工場視察を受け入れたり，サンプルを提出したりするなどが必要となることもある。

(4) 見積依頼とその説明

　見積依頼とその内容を説明する方法は大きく二つに分けられる。一つ目の方法は入札方式を採用する場合である。買い手企業はリストアップした売り手企業を一堂に集めて説明する。多くの場合，その後入札日まで売り手企業が接することは原則ない。

　もう一つの方法は，見積合わせ方式である。買い手企業は，売り手企業を個別に招き，見積りを依頼してその内容を説明する。納入企業を決定するまでの間，より良いQCDを得るために売り手企業と何度か接することがある。そして買い手企業は見積期限までに見積依頼先から見積書を受け取る。このとき，見積金額だけでなく，仕様書やカタログ・図面などに記載された内容に関連する提案書を要求することもある。提案要求は，量産型メーカーでは以前から行なわれていたが，いまでは受注生産型メーカーや建設業者でも行なうところが現れている。


(5) 見積内容の比較検討

　競争入札以外の納入企業選定方式においては，見積依頼先から受け取った見積書の内容を比較表にまとめる。このとき，不明な点については，電話，メール，直接面談などして内容を確認する。量産型メーカー（買い手企業）は，部品を購買する場合，売り手企業にサンプル（供試品）の提供を求め，そのサンプルの性能や機能を測定したり分析したりする。

　比較表の比較項目ごとに評価基準を前もって設ける。この評価基準には絶対達成しなくてはならない基準（マスト条件）と，比較項目の内容がより良ければ良いという条件（ベター条件）がある。比較項目が複数ある場合は，数値データを含めてスケールポイント評価をする。更に，重要な比較項目に重み（評価ポイントに係数をかける）をつけ，合計点の高い企業を選択する。通常，こうしたプロセスを経て納入企業を選択する。

## (6) 納入企業の正式決定

前段階で選択された売り手企業を職務権限のある人物（例えば，購買の責任者）が正式に決定する。詳細は後述（第一章・第五節）する。

## (7) 購買手続き

量産型メーカー（買い手企業）が部品や材料を購入する際の多くは，選定した納入企業との間で商品の価格（単価），納入場所，支払条件などが記載された基本契約を購買部門が納入企業と正式に締結し，その後生産部門からその都度「購買品の納入日と納入数量」の依頼を受け，それを納入企業に納入指示して商品を調達している。受注生産型メーカーが汎用品を購買する場合も量産型メーカーとほぼ同じような契約と納入指示である。特殊な資機材や大型の設備の場合は，量産型メーカーも受注生産型メーカーも一件ごとの契約になる。

## (8) 情報収集活動

買い手企業は，納入企業に関する情報（例えば，納入商品の品質，市場での評価，クレームへの対応状況など）を収集している。更に，ベンダーリストに記載された企業（売り手企業）に提案活動を喚起するために，これらの企業を一堂に集めて，今後の経営方針，販売方針，生産計画，商品計画と商品動向，今後必要となる技術などについて説明会を定期的に実施している。こうすることで，これらの企業から提供される情報や提案を積極的に収集している。

購買担当者は，自分が担当している「売り手企業と商品」に関する情報を収集する。おもに価格，納品された品質などを中心に情報を収集する。一方，技術（設計）担当者は，おもに近い将来活用できそうな技術や技術動向の情報を収集する。営業担当者は，顧客からのクレーム内容とそれに対する納入企業の体制と動きに関する情報を収集するといった具合である。

## ［3］納入企業選定プロセスにおける業種による相違点

最終商品の量産型メーカーは，前述（図表1－02）のように商品化プロセス

の各段階において次の段階に進む前に複数の売り手企業を少しずつ絞り込み，最終的に1～2社の納入企業を選定していく。また，評価・検討段階において，重要部品や新規設計部品などを売り込む企業を評価する際は，サンプルを提供させてそれを評価し，納入企業選定の資料とすることが一般的である。

受注生産型メーカーは，特殊商品については顧客からの引合案件ごとに納入企業を選定する。一方汎用品に関しては，製品別に2～3社の納入企業者を事前に選んで納入単価を決めて契約を締結する。

このほかの違いは次の通りである。第一に量産型メーカーは，納入企業選定において受注生産型メーカーや建築業者と比較すると，現場担当者の意見があまり反映されていない。受注生産型メーカーなどは，受注案件ごとに作業環境が変わり，買い手企業と売り手企業間の意思疎通が工期の長短や発生する費用に多大に影響するので，納入企業選定過程において意思疎通できる企業であるかを見極める必要性が高い。特に外注（資機材，労務，及び施工管理を含む所謂「請負」）に関しては，工事責任者に購買権を委譲している企業が多い。最近は，量産型メーカーでも現場担当者の意見を参考にして納入企業を選定することがある。

第二に，量産型メーカーが部品を購買する場合，受注生産型メーカーと比較すると，営業担当者を通じて顧客から推薦された企業を納入企業に選定することは少ない。しかし，生産機械や付属設備，原材料を購入する場合は，納入企業を選定する際，顧客から推薦された売り手企業を考慮することが多い。このときの顧客は，売り手企業のなかで買い手企業の商品を大量に購入する顧客のことである。

第三に，最終商品の量産型メーカー（買い手企業）が部品加工組立メーカーや資材メーカー（売り手企業）に要求する納期は，受注生産型メーカーや建設業者である場合より長い。最終商品の量産型メーカーが長期間かけて商品開発を行なうので，売り手企業は納品のための準備に十分な時間を取れる。これに対して，受注生産品や建築物の場合，施主（買い手企業の顧客）は，受注生産型メーカーや工事業者（買い手企業）に対して契約金額を極力安くしようと価格

交渉に時間をかけるが，一旦発注すると一日も早く納品してほしいと望むことが多い。また，比較的大きな工事では，元請企業，下請企業，孫請企業で構成するピラミッド構造の体制で施工している。それぞれの企業は自社が正式に受注してから下位の企業，資材メーカーや商社（売り手企業）に発注することになる。したがってそのしわ寄せが下位の売り手企業に来ることになる。

### ［4］第三節のまとめ

量産型メーカーの納入企業選定の特徴は，商品開発プロセスの中で複数の売り手企業を篩にかけながら選定していくことである。このほか，受注生産型メーカー等と比較すると，サンプル評価の段階があること，現場担当者の意見があまり反映されないこと，部品購買の場合顧客からの推薦企業を選定することが少ないこと，売り手企業の要求する納期が比較的長いこと，などである。

## 第四節　購買状況

ここでは購買状況をまとめる。特に買い手企業が新規取引に対してどのような購買行動をとっているかを明確にする。

### ［1］取引先と購買品について

購買状況を取引先と購買品の視点で見ると，同じカテゴリーの商品を継続的に販売しているメーカーは，新規取引先が極めて少なく，また革新的な商品（部品・資機材）を購買するケースも少ない。B社（造船・重機）の購買責任者は「受注生産型メーカーであっても，船舶や大型ディーゼルエンジンなど，同一カテゴリーの商品を継続的に販売していれば，購買状況に大きな変化はない」と語っている。すなわち，受注する船の大きさが異なっても，必要な設備（資機材）は設備の寸法・重量，個数，能力などに違いがあるだけで，購買品のカテゴリーは同じである。既に取引している納入企業の品揃え（その企業の対応可能な範囲のカスタマイズを含む）の中で対応できることが多いので，同じ納入企

業から購買することになる。捨象すれば，顧客に対して同一カテゴリーの商品を継続して販売している受注生産型メーカーは，仕様が異なる同一カテゴリーの資機材を継続的に購買することになるので，量産型メーカーが行なっているカンバン方式で購買しているとも言える。受注生産型メーカーも量産型メーカーも，購買状況はほぼ同じである。

　新規取引企業と新規購買品についてみると，面談した17社の買い手企業は3社を除いて，それまで全く取引していない企業との取引を開始したことがない。残りの3社にしても全取引企業数に対して10％しかない。しかも，これらの企業は部品・資機材の購買品が同じで（つまりメーカーが同じ），中間に入っている販売会社（商社）が違うだけのケースも含まれている。この状況は，量産型メーカーと受注生産型メーカーとの間に差はない。ただ，受注生産型メーカーにおいては，新規取引が生じる多くの場合，顧客からの推薦で取引を開始するケースであることが注目される。

　買い手企業は，新規取引企業を開拓するために見積依頼先を増やす努力もしている。その一つがHPでの公募であること（F社）。また自社設備に関連する

図表1－07　購買状況

|  |  | 納入企業 | | |
|---|---|---|---|---|
|  |  | 現在、取引中 | 既取引 | まったく新規取引 |
| 購入品 | 同じもの |  |  |  |
|  | 多少修正 |  |  |  |
|  | まったく新規 |  |  |  |

現在、取引中・既取引: 90％～100％
まったく新規取引: 10％～0％

購入品 同じもの・多少修正: 90％～100％
まったく新規: 10％～0％

顧客からのベンダーリストや顧客からの強い要望で新規取引を行なうことが多い。

見積先を確保するために新規取引先に依頼することがある。

（著者作成）

購買の際に，新規取引先を求めて営業活動してきた売り手企業の中から有望と思われる企業を選定して，少額を発注してその企業の実力を測ることにしている（H社）。更にプロジェクトチームをつくって日常的に新規取引先を探しているケースもある（K社）。

バイクラスの新規購入の比率は，2社を除いて0%である。革新的な商品作りを特徴とする一部のメーカーを除いて，買い手企業が同じカテゴリーの商品を販売しているので，全く新規という購入品は極めて稀である。このことから，買い手企業は差別性のある商品を開発する場合であっても，その商品が同一カテゴリーの場合，既納入企業から部品・資機材を購買し，また，顧客の新たなニーズに対して新規の部品や資機材を購入する際であっても，従来品を修正したもので対応している。

## 第五節　購買組織

この節では，購買センターと購買品に関してまとめ，購買組織とメンバーがどのような機能を保有しているかを把握する。

[1] 購買センターの構成メンバー

Copeland（1924）が分類した購買品のうち，ここでは主要な購買品である「設備機器」と「加工材料・部品」に焦点を当て，それぞれの購買センターの構成メンバーについて記述する。

(1) 設備機器

設備機器は高額であるので，購買するために概略仕様，費用，生産開始日などとともに，大枠の予算承認を事前に取締役会で得る必要がある。その後，経営トップが参加する設備機器に関する委員会等で具体的に検討する。設備機器の設計担当者が設備企業（売り手企業）から情報や概略見積書を入手して費用を含む具体的な計画を作成する。その設備計画を，委員会又はこれに準じる決

裁権限を有する人物（例えば，生産部門の担当役員）が正式に承認する。それを受けて，設備の担当者又は購買担当者は，各設備企業に対して見積を正式に依頼し，見積書や関連図面を入手する。そして，設備ごとの比較表を作成し，納入企業を選定する。その後，購買担当の責任者（例えば，購買部長）が正式に納入企業を決定する。購買品が高額の場合は，より上位の役職者や組織（例えば，取締役会）がこれを行なう。

(2) 加工材料・部品

加工材料・部品の場合，購買センターの構成メンバーは業種や企業規模によって大きく異なっている。その概略を図表1－08にまとめた。

図表1－08　購買センターと担当者

| 役割 | 量産型メーカー | 受注生産型メーカー | 建設業者 |
|---|---|---|---|
| 使用者 | 開発担当者 | 設計担当者 | 現場担当者 |
| ゲートキーパー | 開発担当者，<br>生産現場担当者 | 設計担当者，<br>購買担当者 | 現場担当者<br>購買担当者 |
| 影響者 | 役員，営業担当者 | 役員，営業担当者 | 役員，営業担当者 |
| 決定者 | 委員会<br>プロジェクトチーム<br>購買管理者 | 役員<br>プロジェクト管理者<br>購買管理者 | 現場責任者<br>事業本部長<br>購買管理者 |
| 購買者 | 購買担当者 | 購買担当者 | 現場担当者<br>購買担当者 |

(筆者作成)

1）量産型メーカー

納入企業を選定するのは商品開発段階である。量産型メーカー（買い手企業）の商品力に大きく影響する部品であればあるほど，より早い段階から売り手企業に引き合いを出す。使用者である商品開発担当者は，担当する分野の設計を行なった後，複数の売り手企業から部品のサンプルを提供してもらい，その部品の性能を測定・分析する。マスト条件が未達の場合は，それぞれの売り手企

業にその結果をフィードバックし，未達を解決するためのコメントを渡し，再度サンプルを要求する。必要な条件を満たすまでそのサイクルを繰り返す。そして各段階の最後に売り手企業の部品の比較表（性能，価格，納入条件，品質の安定度，マスト条件達成の潜在能力などの項目）を作成して売り手企業を絞り込んでいく。

　重要な部品である場合は，委員会やプロジェクトチームなどを構成する複数の担当者が決定者となって納入企業を選定することが多い。これらの結果を基に職務権限を有する責任者（決定者）が正式に納入企業を決定する。多くの場合，これらは追認する形で行なわれるので，実質的には委員会等で決定したことになる。

　最近は，リスク分散のために納入企業を1社だけとするのではなく，2社を選ぶこともある。そして，最後に購買部門（購買者）で契約して必要量を発注する。

**2）受注生産型メーカー**

　汎用品の場合は，購買部門が事前に価格交渉を行ない，一定期間決定した価格で納品させる契約を結んでいる。量産型メーカーの部品供給契約と同じで，単価だけを決めておいて，顧客から受注したら必要な個数だけを納入させ，一定期間ごとに清算する方法を採っている（B社）。

　特殊な機器やカスタマイズの比率の高い機器については，買い手企業の顧客が作成した仕様書や図面を基に，買い手企業の設計担当者（使用者，ゲートキーパー）が購買品別に見積依頼書を作成する。購買部門（ゲートキーパー）は，ベンダーリストの記載されている，条件に該当する売り手企業を抽出して見積依頼書を渡し，その後見積依頼先から受け取った見積書を整理して比較表を作成する。このとき営業担当者（影響者）は，自分が担当している顧客が自社にとっての売り手企業である場合，顧客の意向を受け，その顧客企業を納入企業に決定するように関係者に働きかけることがある。その意向を，購買部門の担当者又はチームメンバーは出来るだけ考慮して納入企業を選定している。納入企業を決定する職務権限を持っている担当役員やプロジェクトの管理者（決定者）

が納入企業を正式に選定する。然る後に購買部門が正式に契約する。

3）建設業者

　建設業者は，受注生産型メーカーと同様に購買担当者が売り手企業から見積書を取り，比較検討後納入企業を選定する。しかし建設業者の多くは，事業部制やプロジェクト制を採用しているので，その責任者に対して収益確保の責任を課し，その責任に見合うように「購買品別と価格帯別」に職務権限をきめ細かく委譲している。

図表1－09　購買品別・部門別購買方法（A社，C社の例）

|  | 建　築 | 土　木 | 備　考 |
|---|---|---|---|
| 工事 | 工事別（例えば、基礎工事、躯体工事、鉄筋工事、内装工事など）に発注<br><br>すべて、材工込みの外注 | 各工事内を細分化して発注して施工管理している。<br><br>外注、資機材、労務の購買もある。 | 工事長(現場の責任者)が決定<br><br>現場での不確実性を補うために現場での十分なコミュニケーションを行ない、少しでも不確実性を少なくして、より良いQCDを得るために、責任者に決裁権を渡している。 |
| 資材 | 品目は、鉄筋、生コン | ①同等の品物が多い場合<br>　支店の購買は工事長が希望する仕様、数量、納期を聞き、決定。<br>②特殊品の場合<br>　工事長が仕様、数量、納期を決定し支店購買が納入企業と価格を決める。 | 各支店の購買部署が決定<br><br>ここでは、育成すべき協力企業に対しては、強い偏りがないようある幅で調整し、発注している。<br>特定の協力企業に対しては、安全教育や技術向上のため研修をしている。 |
| 共通性の高い資材 | 共通性が高い資機材<br>　高炉（鋼管杭、鋼矢板、H鋼）、セメント、火薬、PC鋼材<br><br>情報共有の必要な資機材<br>　支店レベルではスポット的購入になるような資機材 | | 本社購買が決定<br><br>営業施策上、販促ツールとして購買を活用するために、集中購買している。<br><br>情報の分析と提供 |

（著者作成）

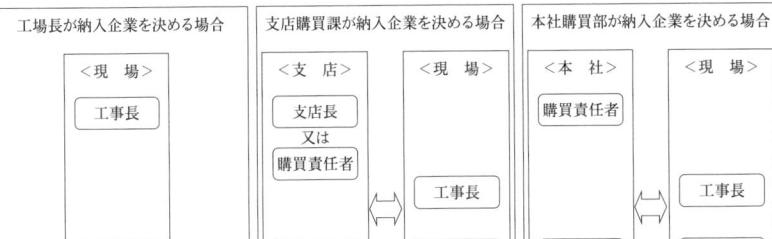

図表1-10　建設業者の購買センター（A社，C社の例）

| 工場長が納入企業を決める場合 | 支店購買課が納入企業を決める場合 | 本社購買部が納入企業を決める場合 |
|---|---|---|
| <現場><br>工事長<br><br>工事担当者 | <支店><br>支店長又は購買責任者<br><br>購買担当者　⇔　<現場>　工事長<br><br>工事担当者 | <本社><br>購買責任者<br><br>購買担当者　⇔　<現場>　工事長<br><br>工事担当者 |
| 1）不確実性が高い場合<br>2）現場での意思疎通が必要なものの場合 | 1）購入金額が高い場合<br>2）売り手企業の企業規模が小さく、地域密着で活動しているような場合<br>3）より良いQCDを継続的に得るために、売り企業を育成・強化する必要がある場合 | 1）購入金額が高い場合<br>2）より多くの情報を必要とする場合<br>3）購買力をより効果的に活用する必要がある場合（互恵の関係） |

（著者作成）

## ［2］購買体制と購買組織

　量産型メーカーと単一カテゴリーの商品を販売する受注生産型メーカーの場合は，購買品の金額やその重要度によって，担当する部署や正式決定する責任者が決められており，その組織（購買センター）が比較的単純である。一方，数多くのカテゴリーの商品を販売する受注生産型メーカー（B社）や建設業者は，事業部制を採用したり，独立採算的組織の支店を置いたりしているので，購買組織そのものが複雑である。これらの企業では同じ購買品でも事業本部や支店が異なれば，その購買方法も異なる。例えば，A社の場合は，建築事業本部では工事を一括して1社に下請けさせる方法で外注するが，土木事業本部ではひとつの工事を細分化してそれぞれの工種ごとをその専門工事業者に発注し，これらの企業の施工を管理している。

(1) 購買体制

　量産型メーカー及び単一カテゴリーの受注生産型メーカーでは，委員会やチームで納入企業を決定する方式を採用し，本社や開発部門又は生産部門の中に購買権限を集中的に持った購買部門を置くことが多い。例外的には，多品種少量の商品をカテゴリー別に生産する企業にあっては事業部制を敷いていたり，あるいは工場（開発部門・生産部門）が遠く離れているような場合，工場ごとに購買組織が置かれたりしている（M社）。一方，多数の商品カテゴリーの受注生産型メーカーや建設業者は，事業本部長，プロジェクト管理者，購買管理者などに，収益確保に関して明確な責任を持たせて購買権限を大幅に委譲しているので，本社の購買部署以外に支店や事業本部ごとに購買機能を持つ組織が設置されていることが多い。

　ただ，より良いQCD商品を購買するためには全社的に特定資機材に関する集中購買や購買情報の共有化などの課題もある。

(2) 購買方式（集中と分散）

　購買方式には，集中購買と分散購買があり，どちらのほうが「より良いQCD商品を購買できる」かという議論がある。「分散⇔集中」の議論の背景には，技術革新が急速に進んでいることがあげられる。これを考える際，建設業での購買における「集中と分散」に対する考え方が役に立つ。

　一般的には集中購買したほうが売り手企業を競争的な状況に置くことができるので有利である。しかし，建設業者では，納入企業選定の意見を現場から聴取して，すべて購買部が正式決定している企業がある。また資機材の高騰で本社での集中購買にメリットが期待できないとして，支店で購買するようになった企業もある（F社）。すなわち，納入企業は，工事を請け負っているので，たとえ契約時に予想していなかった現場状況で費用が余計に発生したとしてもその分を買い手企業に追加請求できない。そこで，買い手企業がより現場に近い場所に購買責任者（権限）を移せば，売り手企業は買い手企業との意思疎通を図ることができるようになるので，その分不確実（リスク）な要素を減らする

ことできる。その結果，売り手企業は見積価格を下げることができる。そのため買い手企業は現場責任者に納入企業を選定する権限を与えて，売り手企業に現場の状況をより詳細に説明できるようにしている。多くの企業では，現場やその周辺の状況に大きく影響を受ける一部の資機材と労務を提供する納入企業を現場責任者が現場で選択・決定し，現場での外注分を除いた残りの資機材を支店や本社が集中購買している。

このほか，それぞれの特徴をまとめると，図表１－11の通りである。

**図表１－11　集中購買と分散購買の特徴**

| 集中購買 | 分散購買 |
| --- | --- |
| ・購買力をうまく活用できる。<br>・クレーム処理が容易になる。<br>・売り手企業に営業経費を余計に発生させない。<br>・奨励金（期末協力金など）を納入企業に要求できる。<br>・ギヴ＆テイクが容易になる（政治的判断も容易にできる）。<br>・売り手企業側が大手企業である場合，本社同士が話し合ったほうが価格を下げやすい。<br>・汎用品やカタログで購入する商品の場合，集中購買のほうが安く購買できる。 | ・現場の状況を一番よく知っている担当者との意思疎通がよくなる。結果として，リスクと見積価格が小さくなる。<br>・責任が明確になり，担当者の動機づけに役立つ。<br>・組織が複雑になるという短所がある。<br>・特殊な仕様の資機材については，情報が，本社購買と比較すると少ないので，割高となる短所がある。<br>・売り手企業の規模が小さく，その商品（サービスを含む）の輸送コストが高い場合は，現地調達のほうが良い。 |

（著者作成）

# 第六節　購買システムの変化

ここでは，購買環境（企業の経営環境）の変化について概要をまとめ，次に買い手企業の購買システムの変更点を記述し，最後に，売り手企業への要求の変化についてまとめる。

[１] 購買環境の変化

1990年代に購買の仕組みや運用を見直すことが必要となった購買環境の変化

が三つあった。その一つ目は，バブル経済崩壊後の低迷した経済である。経済の低迷時期では，フォークリフトや建設機械の実勢価格が年率2～3％下がっていた。これらの機械のユーザー（顧客）は顧客の顧客（例えば，荷主や施主）から更に厳しい値引き要求がなされていた。当然，顧客は機械メーカー（買い手企業）に対して更なる値引きを要求した。同時に品質の安定についても価格同様に厳しく要求した。商品の不具合はコストアップに直結していたからである。この時期に商品の値下げと品質向上への要求が同時に強くなった（K社）。

二つ目は，自前のアイデアだけでは限界が生じてきた。買い手企業が顧客に対してより高い商品力（差別性）がある商品を提供することで販売量や収益を確保してきた。しかし，より競争優位性のある商品を提供するためには，自前のアイデアだけではそれを解決できず，売り手企業から情報やアイデアを提供してもらう必要に迫られるようになった。

三つ目は，調達のグローバル化である。国内の主要なメーカーが海外で生産するために現地で資機材や部品を調達するようになった。その結果，現地での調達を円滑に進めるために購買方法，特に納入企業選定基準を明確にして，運用もガラス張りにする必要に迫られた。最近では多くの企業ではHP上で購買方針，法律を遵守すること，取引先を公平に選定することや互恵取引をしないことなどが明記されている。購買の透明性が求められるようになったということである。

［2］購買プロセスにおける透明性の強化

従来は，担当者の個人レベルの判断で既取引企業を中心に納入企業を選定してきた。例えば，買い手企業の担当者は，あるプロジェクトにおいて利益が出ない場合，長期に渡って取引している売り手企業に対して赤字受注させ，その後，利益の出るプロジェクトがあった時に逆に大幅に利益が出る価格で発注するか又は指値をして発注するかして，借りを返すことが頻繁に行なわれていた。また，かつてはQCDが多少劣っていても資本系列の企業に発注することが通例であった。今では考えられないひどい事例を一つ上げると，購買担当者が社

長からの覚えを良くするために，その社長の親戚が経営する商社を通じて（ただお金を落とすためだけに）商品を購入することもあった（匿名希望）。

より良いQCDの商品を購買するための購買施策の変更の一つは，従来のしがらみから脱却して納入企業選定の透明性を一層向上させたことである。すなわち，多くの買い手企業は，売り手企業と人間関係の親密化が進むことで両者が癒着するのではないかと恐れて，定期的に購買担当者を配置変えしたり（G社），二重のチェックをするようなルールを決めたり（K社），内部通告制度を設けたりして透明性を強化してきた。また，複数の売り手企業に見積依頼をして競争購買を強化したり（G社），見積依頼は三社以上とルール化したりしている（D社）。これらを含めて，納入企業選定プロセスを，ISOなどを導入してマニュアル化している（A社その他）。また，内部監査室に財務的側面（業務プロセス）を中心に監査させて納入企業選定過程の透明性を確保している（B社）。

[3] 売り手企業への要求

買い手企業は，競争力をつける購買方法を模索している。「単にものを購入する購買」から「競争力をつける購買」に変化している。

(1) 買い手企業の購買方針

面談調査した多くの企業は，購買部門の方針に「より良いものをより安く，よりはやく（タイミングよく）購買して，企業収益に貢献する」を掲げている（D社）。すなわち，より良いQCDの商品・サービスを購買することを目指している。このほか，安定的に商品を確保することも重要視している（B社，G社）。

最近，特に大企業ではQCDにグリーン購買を加えて，QCDS（SはSafety）とする企業もある。更には，メンテナンス（M）と環境（E）を加えて，QCDSMEを購買の基本としている企業（H社）もある。

(2) コストと価格

買い手企業の顧客も，その顧客（顧客の顧客）から値下げを要求される。例

えば，K社の顧客である運送会社は，荷主（顧客の顧客）から運賃の値下げ要求以外にもコストを押し上げる種々の要求がある。トラックの運転士は，従来であれば荷物を指定された場所に運べば仕事を完了できたが，最近では，運んだ荷物を荷主が用意したフォークリフトを使って自ら荷物を荷主が指定した場所に下ろさなければならなかったり，スーパーへの荷物であれば荷下ろしだけでなく陳列棚に並べることまで要求されたり，運び入れる時刻に間に合わなかったときその荷物を買い取らされたりすることもあるという。運送会社はこのように荷主から要求される厳しい条件の下で仕事をしている。運送会社は，荷主からの要求に応じることができなければ，結果として競合先に負けてしまうので止むを得ずその要求を呑むことになる。そこで，荷主からの要求で経営が圧迫された運送会社は，人件費を圧縮する以外にトラックなどの高額な購入品の売り手企業に対して厳しく値引き要求をすることになる。一方，トラックメーカーは，競合先との間で技術的な差がほとんどないので，商品に競争優位性（商品力）をつけることは難しい。その結果，トラックメーカーの間に激しい価格競争が生じるようになる。K社はかつて商品力を向上させた場合，運送会社に対して価格を上げることができた。エンジンの出力（馬力，トルク）を10％上げれば，応分の価格に値上げするのが通例であった。しかし，バブル経済崩壊後は，競合先の価格との比較だけで，出力，耐久性などの商品力の向上分に対する評価はなくなってしまった。

(3) 契約後の価格

　買い手企業は契約時，平均購買数量（月，又は年間）を基に部品の単価を取り決め，その後，納入企業に納入数量を指示して部品を納入させている。そしてこの単価を所定期間ごとに見直していくことが一般的である。この「見直す」とは，売り手企業と協議して決めることを意味しているものの，買い手企業が一方的に価格を値引くこともある。また海外の大手買い手企業では，購買契約時（初年度）の価格を一定の比率，例えば年率3％（市場の実勢価格の動向）ずつ下げていく条項が見積要領書に記載されていることがある（K社）。

国内には期末協力金という古くからの慣習があり，買い手企業は，収益を出すことができなかった場合，その一部を補てんするために売上台数に比例した金額（一種の値引き）を納入企業に要求することがある。しかし，これは納入（売り手）企業にとってもある意味で若干のメリットがある。なぜなら，買い手企業が計画していた収益額を得られない場合だけに限られるので，恒常的な値下げにはなっていないということである。また，買い手企業は，特定の売り手企業に対して集中購買をし，その売り手企業に奨励金を要求することもある。これもまた，売り手企業にとっては同じ手間でより多く販売できれば経費比率が小さくなり，奨励金を買い手企業に払っても利益確保ができることが多い。

(4) 価格の安定

「ただ安いから購買するわけではない。むしろ，安定的かつ継続的に購買できること」（B社）が重要である。すなわち，売り手企業が攻略したい買い手企業に納入実績を作るために低廉な見積価格を提示することが通例だが，そのとき，買い手企業は，その後継続的にその価格で安定的かつ継続的に納品できるかを売り手企業に確認する。それができないようであれば，その企業とは取引をしない。もちろん価格は安いほうが良いが，多くの企業では購入単価を決め，その後は数量だけを注文する方式を採用しているので，購買するたびに価格が変動するのでは見積作業が煩雑になり，また取引先の管理も煩雑になるというデメリットがある（B社）。

(5) 品質の確保

従来は，クレームを速やかに処理さえすれば，多少の不具合発生があっても納入企業選定に大きな影響はなかった。しかし，最近，顧客の品質に対する要求が高くなり，買い手企業の多くは，クレーム処理に莫大な費用がかかることや企業イメージや商品イメージに悪影響が出ることなどから品質の安定に努力しはじめ，重要な部品や設備などの購入品の品質に対して，過去の納入品の不具合率の実績を納入企業選定の評価基準に加えはじめている。特に量産型組立

メーカーでは品質の安定を重要な評価基準にしている。例えば，公企業向けに機器（ハード）とシステム（ソフト）を販売しているM社は，その機器システムが何らかの原因で作動しなくなったら社会的に大きな影響を発生させる恐れがあるので，品質の安定確保にいろいろな対策を打っている。M社は，機器システムの核となる部品を製造する企業を3社に絞込み，それらの企業に技術者を派遣して常時生産を管理・監督したり，4M（材料，機械，作業員，生産方法）を変更する際は事前に申請させて，M社の承認を必要とするルールを課したりしている。機器や部品の購買の際は過去の不具合発生率とクレーム処理対応の速さを価格よりも重要な評価基準にしている。M社は，品質の安定を競争優位性の源泉と考えているし，M社の顧客もまた，多少価格が高くても機器システムの安定性を重視して納入企業を決定している。

　商品品質は従来と比較すると格段に向上してきているが，更に買い手企業は商品品質に対してより高いものを要求するようになっている。従来であれば許容された程度の不具合もクレームとしてあがってくるようになった。その対策のための費用が増大することが懸念されるので，品質の安定やその実績が従来と比較してより重要視されるようになった。


(6) 短納期とその工夫

　買い手企業は，生産効率向上のために不要な在庫を持たず，必要なものを必要なときに購買している。K社（売り手企業）は自動車用のディーゼルエンジンを建設機械，発電機やコンプレッサー，フォークリフトなどの動力源として販売している。それらを購買する大手の買い手企業からは1週間ごとに，1週間後の確定注文（曜日別注文数）のほかに3週間後の計画注文数，1ヵ月後の計画注文数，3ヵ月後の計画注文数などのデータがインターネットを通じて送られてくる。確定注文には買い手企業が指定する型式のエンジンの納入順序が記載されている。指定された順序に合わせて納入する必要があり，同時に買い手企業からの突然の変更依頼にも対応できることが要求される。

　一方，建設業者の場合は，従来と比較すると，施主（買い手企業の顧客）が納

入企業の選定により多くの時間をかけるようになり，受注から納品までの期間（納期）が短くなった。その結果，元請企業である買い手企業はその納期を守るために，売り手企業である設備メーカーに対して短い期間で納入することを強く求める。そこで売り手企業はある程度の在庫を持っている必要が生じるが，在庫量を増加させないために商品のコアだけを事前に製造しておき，確定注文を受けてからカスタマイズの部分を製造することで対応などの工夫することも求められる（O社）。

買い手企業が期待する日時に確実に且つ安定的に納入することが一層強く求められてきているということである。

### (7) 商品力向上のための有益な情報提供と提案

買い手企業は差別性のある商品を提供することが顧客から強く要求されるようになってきた。すなわち，QCD（品質・価格・納期）がより厳しい条件として求められてきている。そこで，競合他社と差別化するために顧客に対して提案をする必要がある。当然，買い手企業が単独でこれらの提案を行なっていくことは現実的に困難なので，買い手企業は，売り手企業が持っている情報やアイデアを提案という形で求めるようになってきた。量産型メーカーの場合であれば，売り手企業が創出した部品や機器の提案を日常的に受け付けている。特に，商品企画段階から複数の売り手企業に対して積極的にQCD向上のための提案を要求している。また，量産開始後でもコストダウン目標を設定してそれを達成するための提案を求めている。一方受注生産型メーカーや建設業者は，施工図（実際に工事で使う図面）を設計する際，納入企業である設備工事会社又は設備メーカーからコスト削減のためのアイデアを収集している。量産型メーカーは，QCD向上のアイデアや情報を日常的に要求しているが，建設業者の多くは契約以降である。つまりコスト削減のアイデアをもらう時期が異なる。しかし，最近では，建設業者が顧客から受注するための見積段階にアイデアや情報を要求することも増えている。

バブル経済崩壊以降，民間需要が大きく落ち込んで受注競争が厳しくなり，

たとえ受注できても収益を得ることが難しくなってきた。それに加えて建設業の場合は，公共事業において談合事件がマスコミに頻繁に取り上げられるようになり，入札方式は誰でもが参加できる一般競争入札が多くなった。その結果，以前の落札額は官公庁があらかじめ見積った落札予定額の95％〜99％であったが，最近の落札額は落札予定額の80％を下回ることも少なくない。一部の買い手企業はこうした現状の対応策として，従来にはなかった売り手企業からのアイデア，特にコスト削減の提案を受けるために新たに組織を設置するようになった。建設業者（E社）では，コスト管理部を創設して，VE活動を行なっている。VEの目的はコスト削減である。その提案を売り手企業に求めている。また，設備工事会社（F社）では，納入企業が保有するノウハウを活用するために，購買部門に技術（設計，現場）の経験のある人材を配置している。これらの人材は，複雑な機能を持つ購買品を正しく評価すると同時に，VE的な機能を持ってコスト削減を実施している。

　売り手企業への要求は，打ち合わせの際に技術の分かる担当者を同席させることと，当然ながら商品力向上やコスト削減ための有効な提案などである。

## 第七節　協調購買（取引上の系列化）

　近年，買い手企業は，受注環境が厳しくなってきているので安値受注の傾向を加速させている。その安値受注の付けを売り手企業に回すだけでは，売り手企業が疲弊してしまい，結果として売り手企業から安定的に商品を確保することができなくなる。そこで，購買機能を「単なる取引」から「関係性志向の取引」に移行させて，購買の役割，プロセス，及び戦略を変える必要性が高まっている。建設業界ですら既に売り手企業との協調購買が進みはじめている（H社）。組織や運用ルールを変更し，売り手企業からのVE提案を効率的に且つ効果的に受けたり，案件ごとに両者が協力して発生する総費用を圧縮する活動を行なったりする企業が増加している（F社）。

## [1] 協調購買の狙い

　買い手企業が，より良いQCDの商品を購買するためには，売り手企業を競わせてより有利に購買する所謂"競争購買"が必要であることは明白である。しかし，これだけではより良いQCDの商品を継続的かつ安定的に購買することはできない。その理由は4つある。

　一つ目の理由は，売り手企業は販売戦略を策定して営業活動するようになった。買い手企業を層別して重点顧客を絞り込んでいる。例えば，トヨタのような世界的にも優良な企業であれば，どの売り手企業も有能な人材を投入して全社を挙げて毎日のように訪問し，販売機会があれば実績づくりのために多少赤字でも受注したいと考えるであろう。しかし，売り手企業にとって戦略的位置づけの低い買い手企業となれば，積極的に営業活動せず，年末年始の挨拶などだけを行ない，売れなくてもよいと考える。むしろ，これらの買い手企業に投入できる経営資源があれば，重要な買い手企業に振り向けて受注確率を高めたほうが良いと考える。したがって，購買力のある業界トップ企業もしくはこれに準じる買い手企業でないと競争購買を効果的に活用することは出来ない。

　二つ目の理由は，売り手企業は経営戦略上不採算部門があればそれを切り捨てたり，商品戦略にメリハリをつけるために商品の種類と幅を減らしたりしている。したがって，買い手企業は，該当する購入先（売り手企業）の数が減っているので，従来のように複数の売り手企業に見積依頼をすることが難しくなっている（G社）。

　三つ目の理由は，買い手企業は自前のアイデアやノウハウだけでは競合先に対して競争優位性を確保できないので，売り手企業が持っているそれらを有効に活用する必要があることである。売り手企業（納入企業）は，一度受注すると買い手企業からの要求に対応するために種々のノウハウを創造し，それを蓄積することになる。有能な売り手企業に対してはむしろ継続的に発注して自社（買い手企業）のニーズを解決するためのノウハウを蓄積した企業に成長してもらった方が買い手企業にとって有利なのである。また，このノウハウを競合先に利用されると，折角得た競争優位性を失うことになってしまうので，有力な

納入企業を囲い込むために継続して発注する必要が生じ，競争購買を採用しにくい。

　四つ目の理由は，前述した通りQCDに対する顧客からの要求が益々厳しくなっている。これらの要求はトレードオフの関係にあり，納期を短くすれば，品質が悪くなる危険性があり，またコストが高くなる。特に受注生産型メーカーの場合，顧客から受注する仕事は納期が短いうえに予算額も以前より少額となっている。このような状況の中でも顧客を満足させるQCDを安定的に提供するためには，無理な要求を受け入れてくれる売り手企業を確保することが必須であり，そのため継続的に発注することが必要となり，競争購買を行ないにくい（G社）。

　以上の理由で，買い手企業は，商品のQCDを顧客が期待する水準以上に維持するために，結果として協調的な購買戦略を採用することが必要となる。

[2] 価格を下げさせる方策

　買い手企業が売り手企業の見積価格を下げる方法は，各社各様である。最も一般的な方法は，まず①図面や仕様書での過大設計をチェックして必要最小限の設計に修正する方法である。次に行なうことは②複数の売り手企業に見積りを依頼して競争購買の環境を創る方法である。競争購買環境を強化するためには，支店，事業部門，グループ企業などで分散して購買している仕入品を本社の購買部門のみが集中的に購買する方式に変えて購買力をつける方法である。そして③可能な限り納入企業に十分な納期を与え，競争購買することが有効である。これらは買い手企業側が購買ノウハウを十分に持っていない場合，特に効果的である。しかし一方で，背に腹は変えられない場合を除いて，売り手企業に逃げられない（見積依頼にいつでも応じてくれる）ようにするために必要以上に価格競争をさせないようにしている企業もある（G社）。更に④従来の契約価格を分析し，モジュール単価に関する情報を購買担当者に共有させて値下げ交渉を行なう方法である（D社，H社）。また，類似の見積りや関連情報を活用して値下げ交渉を有利にするために⑤社内の者であればだれでもが購買情報に

アクセスできるようにしている（D社）。そして⑥最終的に最も安い見積額で応札した売り手企業に対して更に指値することもある。

　このほか買い手企業は，今後も自社（買い手企業）に役立つと思われる売り手企業とは長期的な取引関係を維持したいので，売り手企業に負担がかからないようにしている。一つ目は，特殊な機器についてはできるだけ多くの売り手企業に見積りを依頼しているが，早い時期に売り手企業を絞り込むようにしている。一方，汎用品の場合は見積依頼先を抽出する際2～3社に止めている（F社）。そして納入企業選定前には施工図を描かせないようにしている（H社）。次回の見積りのために，売り手企業に意味なく作業負荷をかけて無駄なコストを発生させないようにしているわけである。特異な事例であるが，F社は，本社が大阪市内に所在し，本社内に購買部門があるが，売り手企業の事務簡素化や営業費用（旅費や交通費など）の軽減のために東京にも小規模ではあるが購買部署を置いている。

　二つ目は，売り手企業と一体となってコスト削減作業をしている。量産型メーカーは従来から行なっていたが，売り手企業から多くのノウハウを提案という形でもらうのである。近年，建設業界の中でも，購買窓口に技術職の担当者を配置して，売り手企業からのアイデアやノウハウを収集するようになった（D社）。更に前述のようにVE部署を設置している企業もある（E社，I社）。

　三つ目は，売り手企業と比較して，購買力のある買い手企業（例えば，買い手企業が超大手企業で，一方，売り手企業が中小企業の場合）であれば，買い手企業が資機材を購買し，それを売り手企業に支給する方法で買い手企業と売り手企業の全体のコストを削減している（K社）。更に資金力のある買い手企業は，工場の建屋や設備を用意して特定企業（売り手企業）にその設備を無償で貸し付けることもある（M社）。

　四つ目は，買い手企業は，ベンダーリストに記載されている納入企業を中心に協力会を組織して，売り手企業との関係強化を図っている。大手量産型メーカーの多くは，傘下に関連する納入企業の協力会をつくって，これらの企業との親睦を図るとともに，売り手企業にとって必要な情報を提供している。その

情報は，買い手企業の経営方針，営業展開，購買方針，今後の生産計画や商品開発の計画，今後必要となる技術動向などが中心である。これらの情報を提供することで，買い手企業の商品力アップの提案を促し，更に納入企業に生産準備をさせるなどの目的を持っている（K社）。また一部の買い手企業は協力会を設置していないが，購買方針説明会を一年間に2回程度開催している。また，建設業者の多くは，購買方針の説明のほかに安全教育や技術向上のための研修なども開催している。そして納入企業の中で買い手企業と比較して企業規模が著しく大きい納入企業には，社会的対面を気遣って協力会の会員とせずにその代りに協力会の賛助会員として入会させている例もある（H社）。

## 第八節　売り手企業の営業担当者との関係

　第八節では，買い手企業に好まれる売り手企業の担当者像についてまとめ，「人間関係の親密度が納入企業選定に影響があるか」の質問に対する回答をまとめる。

[1] 好まれる営業担当者
　買い手企業は，より良いQCDの商品を購買するために，有効な情報を集め，多くの時間を使って売り手企業と交渉を行なう。そして，買い手企業の担当者は自分が計画している日程で交渉を進めることを望んでいる。そこで，次のような営業担当者を好んでいる。「回答が早いこと，決断力があること，柔軟であること」などである（A社）。また，「QCDを確保するためには自分の意思どおり動いてくれること」（C社）。別の買い手企業は「納期を守ること，見積りを早く出してくれること，信頼（人間）関係があること，現場への対応が速いこと（現場からも好まれる）」と述べていた（H社）。

　このほかの被面談者からの情報を含め，まとめると，次の3点に集約できる。
・約束を守ること。
・対応が速いこと。

・人間的な魅力があること。

[２] 人間関係の親密度が納入企業選定に与える影響について

「人間関係の親密度が納入企業選定に影響があるか」を質問した。その結果，「全くあり得ない」と回答した企業が３社あった。しかし，残りの企業からは「何らかの影響がある」や「そのような印象を持っている」などの回答であった。

「全く人間関係の親密度の影響を受けていない」と答えた一つ目の企業（Ｌ社）は，石油開発の企業である。産油国の政府から石油の開発権を買って油田開発を行ない，そこから産出する石油を輸入する仕事をしている。その国に石油関連設備を提供することでその費用に応じた石油を得ている。油田開発にあたっては，Ｌ社は２～３社のパートナー企業（油田開発企業や石油販売企業）と組み，そしてリーダー企業として油田開発をする。産油国政府は油田開発に関連した設備費用が増加すれば，その費用に対する応分の石油量を渡さなければならないので，設備費用をできるだけ安価にしたいと考える。また，パートナー企業は，設備費が高額になれば，その分自分たちの取り分（利益）が減ることになる。そこで，産油国政府及びパートナー企業はできるだけ費用を安く済ませたいので，各段階で無駄な費用がないか，又はＬ社が不正をしていないかをチェックする。その一つの方法として10万円以上の購買品に対してすべて入札方式で納入企業を決定している。その入札において，Ｌ社は，設計コンサルタントに図面や見積資料を作成させ，その資料に基づいて入札参加者を募り，事前審査（評価）を行なった後，入札参加者を一堂に集めて，見積要領書を説明する。そしてその後，入札を行ない，最も低価格で応札した企業を落札者として（評価基準を価格だけとして）選定し，その企業を納入企業として正式に決定して契約の締結や注文書の発行などを行なう。

入札方式には，図表１－12に示すようにメリットとデメリットがある。入札方式は，その目的である「完全な透明性を確保する納入企業選定」を実現できるが，多くの企業が通常実施している「見積合せ」と比較すると，多少デメリッ

トが多い。

図表1−12 完全な入札方式（記載の事例）と見積合わせとの比較

|  | 完全な入札方式（記載の事例） | 見積合わせ |
| --- | --- | --- |
| 人間関係の影響 | ・なし | ・有り |
| 買い手企業の意思 | ・納入企業選定プロセスにおいて買い手企業の意思を入れることができないので，顧客からの意向に応えにくい。 | ・顧客からの意向や個々の売り手企業の状況を考慮した購買ができる（買い手企業の購買戦略を実行できる）。 |
| 売り手企業のノウハウの活用（契約前） | ・売り手企業のノウハウを入手できないので費用をかけて外部から入手することになる。 | ・複数の売り手企業から情報やアイデアを収集できる。 |
| 事前の性能確認 | ・売り手企業の能力や実績などを書類のみで事前評価する。 | ・売り手企業の状況を踏まえた種々の方法で確認できる。 |
| 業務遂行上の意思疎通に対するリスク | ・有り。 | ・日常での営業活動において意思疎通できているので，特段のリスクはない。 |
| 見積書類の詳細度 | ・より詳細に見積書を作成させないと買い手企業が必要とする商品を購買できない。 | ・不確定な部分は売り手企業との打ち合わせの中で詳細を決めていくことができる。 |
| QCD | ・作成する見積依頼書の記載内容以上にはならない。 | ・それぞれの売り手企業の強みを活かすことができる。したがって，より良いQCDを得る可能性が高い。<br>・価格交渉も可能。 |

（著者作成）

　二つ目の企業（M社）は，不具合が発生すると社会的に大きな影響がある，公共の場で使用される設備を販売している。したがって，顧客は価格よりも何よりも不具合が発生しないことを求める。そこでM社は，特定の企業を選定して継続的に発注することで部品等の品質安定を確保している。これらの特定の企業に対して全購入数量を順番に又はある比率で複数の企業に同時に発注するようにしている。したがって，見積書や性能試験結果などを比較検討して納入企業を選定することはしていない。取引上の系列化が進んでいると言える。

　三つ目の企業（K社）は，バブル経済崩壊後，購買部門で業務を見直し，そ

れまであった悪しき慣習の膿を出して，再出発した。K社の開発部門と購買部門は，商品力を向上させるために，商品，その構成部品，原材料，製造技術に関する情報を日常的に収集している。そしてときどき，プロジェクトチームを編成して，短期間に集中して商品や売り手企業の情報を集めている。商品企画後，開発部門は，複数の売り手企業から製品（原材料や部品を含む）に関する性能データやサンプルを受け取り，性能を確認したり，改良点の修正を指示したりする。これらの過程の中で企業を絞り込んでいき，最後に2〜3社を選定する。最終的に絞り込んだ売り手企業に関する情報を購買部門に渡す。そして購買部門は，開発部門に代わって絞り込まれた売り手企業と交渉を行ない，納入企業を正式に決定する。その決定に関連する資料を別の購買関連部署が第三者的にチェックするような仕組みを構築しており，多数の関係者のなかでガラス張りにしている。つまり，集団による売り手企業の絞り込みと二重チェックを特徴としている。K社の購買担当の執行役員は「バブル経済の崩壊後，納入企業選定において完璧な透明性を確保するために，購買の仕組みと運用方法を大きく変更した。現在は個人的な人間関係の影響は微塵もない」と胸を張るほどである。

　一方，上記の3社以外の企業は「何らかの影響がある」と回答した。納入企業を選定する過程に人間関係が影響することをむしろ肯定的にとらえている。納入企業との間のコミュニケーションが良く，自社（買い手企業）のニーズを正確に把握して対応してくれるのでトラブルもない（G社）。また，実質的に問題がないと感じている（J社）。

　特別な事情がない限り，納入企業の選定において人間関係の親密度が何らかの影響を与えていると言える。

### 図表1－13　納入企業選定における人間関係の親密度の影響について

|  | コメント |
|---|---|
| A社 | ・好ましい営業担当者とは，「回答が早い」「決断力がある」「柔軟である」こと。<br>・調達担当者と納入企業の営業担当者との相性（人間的関係）が業者選定におおいに影響を与えている。<br>・売り手企業や商品に対する評価は，属人的，感覚的である。決して数値評価ではない（数値評価はできない）。<br>・好ましい営業担当者へは，有利になるように行動することがある（意識的にも）。<br>・具体的には，発注したい企業に，見積書を提出期限ぎりぎりに提出させるようにして，それまでの他社の見積額を伝え，指値して納入企業として選定していることもある。 |
| B社 | ・好ましい営業担当者の企業への評価は高くなる傾向がある。結果，その営業担当者は受注活動が有利となることが多い。こうした状況を排除しようと考えているがむずかしい。<br>・購買戦略（納入企業と関係維持）のために一定量の仕事を出すようにしている。このとき影響が強く出る。 |
| C社 | ・より良いQCDを確保するためには自分の意思どおり動いてくれる売り手企業に発注することになる。勢い，人間関係の親密な担当者のいる企業に発注している。 |
| D社 | ・親密度の影響がないようにしているが，現実には存在している。 |
| E社 | ・当然，人間関係の影響がある。<br>・人間関係が良ければ，売り手企業からの情報が買い手企業側に良く伝わる。 |
| F社 | ・長期的な付き合いの中から信頼関係が構築されている場合，その企業に対して良いイメージを持つ。更に信頼関係が構築されている営業担当者がいる売り手企業に対して，業者選定において＋αの効果が存在していると思う。しかし，納入企業との間のコミュニケーションがよく，トラブルもない。 |
| G社 | ・売り手企業の営業担当者は，買い手企業（自社）全体，組織，意思決定やその他ルールなどを把握していることが必要である。<br>・打合せに訪問する担当者がその場で即決できることが望ましい。<br>・売り手企業の営業担当者は，社内（売り手企業）に対する影響力を持ち，買い手企業の要求に柔軟に応じてこことが必要である。<br>・自社（買い手企業）を長期間，担当している営業担当者の企業に発注する傾向がある。理由は，その営業担当者が自社の購買の行動パターンを読み，それに対して適切な対応をとるからであると理解している。 |
| H社 | ・納期を守る。<br>・見積りを早く出してくれる。<br>・信頼（人間）関係がある。<br>・現場への対応がよい（現場からも好まれる）。<br>・以上のことが納入企業の選定に影響がある。 |
| I社 | ・約束を守らないとか，依頼したことを実行しない売り手企業（営業担当者）について購買部門を通じて社内に公表している。<br>・営業担当者が買い手企業の技術担当者のみに対応を良くしても，購買担当者に対してきちっとした営業活動を行なわないと，受注できたとしてもその後継続的に受注できない。 |

| | |
|---|---|
| | ・売り手企業の営業担当者との人間関係が構築されていると，見積依頼先の選定や見積評価において，影響を受ける。 |
| J社 | ・当然あると思う。実質的に問題がないと感じている。 |
| K社 | ・委員会やプロジェクトチームで情報を収集して，サンプル評価をして集団で納入企業を選定しているので，人間関係の影響はないと思う。どろどろした関係が入り込まないようにしている。 |
| L社 | ・人間関係が入り込まないようにしている。売り手企業のノウハウは見積仕様書に活用していない。入札参加者を一堂に集めての入札方式。選定基準は入札価格のみ。第三者による監査を実施している。 |
| M社 | ・公共用機器を製造しているので，機器の不具合が社会問題となる可能性がある。品質の安定性を最も重視している。また，品質の安定性を確保するために，特定の売り手企業にある比率で発注している。競争購買はしていない。 |
| N社 | ・昔から取引している企業に発注している（親密になっている）。<br>・ほかの売り手企業に見積りを依頼していない。市場価格を把握するために定期的にほかの売り手企業に見積りを依頼している程度。 |
| O社 | ・購買担当者は，対人関係が良い営業担当者に有利な対応をしていることが多い。 |
| P社 | ・食品メーカーなので食の安全と安定供給が必要である。人間関係よりむしろ安心できる企業を選定することが多い。ただ，このような企業の営業担当者との間は人間関係が良好のような感じがする。 |
| Q社 | ・グループ企業内ですべて商品化しているので，外部からの購買品は汎用部品や資材である。<br>・見積価格のみで納入企業を選定している。<br>・2社から購買することでリスク分散を図っている。1社目は最安値の企業を選定していると明確に言えるが，2社目の選定にあたっては，見積価格を重視しながらもコミュニケーションの量の多い企業に発注することがあるような気もする。 |

（著者作成）

## 第九節　面談調査のまとめ

面談調査の結果をまとめると，次の通りである。

①量産型メーカーよりも受注生産型メーカーや建設業者のほうが，購買における責任と権限が明確である。同時に，受注生産型メーカーや建設業者は購買権限を支店長，本部長や現場責任者などの責任者に委譲しているので，購買構造が複雑となっている。

②購買状況については，納入企業の中に占める新規取引の納入企業の比率は小

さい。また，購入商品のなかで占める新規商品の比率も小さい。納入企業も購買品も実績重視の傾向にあると思われる。
③受注生産型メーカーや建設業者は，納入企業選定において顧客のベンダーリストの影響を受けている。
④買い手企業のベンダーリストに掲載されることが納入企業選定の前提となる。
⑤競争力をつける購買方法（仕組みや運用ルール）を模索している。「単にものを購入する購買」から「競争力をつける購買」に変わってきている。
⑥売り手企業の営業担当者との人間関係が構築されていると，納入企業選定過程に何らかの影響があるという印象を持っている。

# 第二章　経営戦略論からのアプローチ

　組織購買行動に関する先行研究の問題点の一つは，序章で述べた通り経営戦略の視点が欠けていることである。この章では，「購買の本質は何か」また「経営戦略からどのように購買ルールを決めているか」について論証する。

　第一節で経営戦略論を概観し，購買の本質を整理する。第二節でそれに関連する経営戦略の事例を紹介し，内外製戦略について論じる。第三節で購買の本質の視点から納入企業選定戦略をまとめる。

## 第一節　経営戦略論の概要と購買の本質

　第一節では，まず経営戦略を説明し，次に経営戦略論の全体像を理解するためにその流れをまとめ，最後に，企業は競争優位性の源泉を獲得するためには経営資源を有効活用する必要があり，その一つの方法として購買があることを述べる。

［１］経営戦略とは

　経営戦略の「戦略」はもともと戦争で勝利するための用語であった。「戦略は，戦場における勝利のためのリスクを最小限にするように事前に準備し，また戦場における勝利の果実を最大限に活用する策略であり，戦場における勝利の術は戦術である[1]」。

　その「戦略」という言葉が経営の用語に使われるようになり，経営戦略に関する多くの説明が存在する。例えば，「組織の発展プロセスを指導する新しい意思決定ルールとガイドラインを，＜戦略＞と定義する[2]」「戦略は組織行動の方向付けに対する意思決定ルールのいくつかのセットの一つである[3]」「戦

略は複雑な組織の成長に対する首尾一貫して方向付けを提供するシステム・コンセプトである[4]」「企業を取り巻く環境変化に適応して企業の長期的成長をはかり，競争上の優位性を得るために行動することが経営戦略であり，環境変化に適応する企業構造の変革である[5]」などである。そして，森田道也（1991）は「経営は組織運営に関する意思決定の考え方及び方法論一般をさし，そこで特定化された領域における意思決定を扱うのが経営戦略論である[6]」としている。更に「戦略は，設定される企業の有効性[注2-1]基準を念頭に置き，その達成に直接的に関わるような資源配分の考え方とその結果の配分パターン[7]」であるとし，「戦略では企業全体の有効性を直接的に考慮した視野からの資源配分を扱う[8]」とした。

　上記で共通するのは，企業の目的を達成するために環境に適合させて最も効果的な経営資源配分を行なう意思決定の方針である，としている点である。強いて付け加えるとすれば，企業の目的を達成するために経営資源の配分量とその効果を判断基準にして，優先順位の高い課題に経営資源を集中的に配分することである。

[2] 経営戦略論の流れ

　経営戦略の研究は米国で誕生して急速に発展してきた。その研究対象の推移を概観すると次の通りである。1950年代から1960年代に，米国の経済は急速に拡大した。そこで企業は新たな市場を開拓するために先を争って多角化を図った。商品を作れば売れる時代では，多くの経営者はいち早く事業を多角化してより良い市場に自社を置くことで企業目的を達成しようとしていたのである。このような背景の中で経営学・経営管理学に経営戦略論という新しい研究領域が米国で生まれた。この時代は経営戦略の概念形成期である。多くの企業で多角化が進めていたので，これに伴い，研究者も多角化に関心を持つようになり，経営戦略に関する研究の中心は有利な市場を選定するための多角化戦略である。代表的な研究はAnsoff（1965）が構築した『企業戦略論』である。彼は，戦略の構成要素を製品－市場分野，成長ベクトル，競争上の利点，及びシナジーで

あるとした。最初の三つを「いずれも外部環境におけるその企業の製品－市場の進路を示している[9]」とし，そして「企業が外部環境においてもともと収益性のある諸機会を探究しなければならないことを示している[10]」とした。そして競争上の利点を「企業に強力な競争上の地位を与えるような個々の製品－市場の特性を明確にしようとするものである[11]」とし，その例として，支配的な地位を獲得できるような合併，強力な特許保護，従来からの製品を破棄させるような"突破口"的な製品などを挙げている。シナジーは「新しい製品－市場分野への進出にあたって，企業がどの程度の利益を生み出す能力があるかを測定するものである[12]。」とし，これには2つの場合があり，その一つは既所有の優れた能力を活用する場合，もう一つは新たな分野に進出することで企業に不足する能力を獲得する場合である。シナジーは「多角化戦略を選択する場合の重要な変数的要因である[13]」とした。

　1970年代になると，経営戦略の概念や策定の研究（例えば，Andrews 1971[14]，Hofer 1978[15]）が進んだ。他方，大手企業で多角化が一段と進み，全社の事業を管理する手法や経営資源を効率的に配分する手法などに研究の関心が移った。The Boston Consulting Group（BCG）は米国の大手半導体メーカーのコスト動向を分析するなかで"エクスペリアンス・カーブ"の基本理論を確立した。"エクスペリアンス・カーブ"は，マーケット・シェアと収益性との関係を示したものであり，「インフレ効果調整後の"実質コスト"は，その製品の累積総生産量が倍増するごとに二〇～三〇％低下する，という経験的法則[16]」である。コスト低減の要因は，①作業者が仕事に習熟すること，②業務改善が進むこと，③改良された設備に投資されること，④技術的な進歩による生産性が向上すること，⑤省資源に努力することなどである。これは，製造現場のコストだけでなく，開発，販売，一般管理などでも，同様の効果が生じる。この理論から導き出される戦略策定における考え方は，競争力の最も重要な要素が競合先とのコスト格差であるので，競合先よりもコストを低下させるためには製品の累積総生産量を早期に倍増させる必要があり，そのためには市場でのシェアがより高いことが必要である。すなわち，市場での高シェアが企業の強みとな

り得るとした。これらを基にプロダクト・ポートフォリオ・マネジメント（Product Portfolio Management：PPM）を提言した。

　しかしその後，各企業の拡大戦略によって市場に商品が溢れるようになると当然の帰結として競合先との競争が激化した。その結果，どのようにして市場での競争優位性を確保するかが戦略の中心となった。必然的に研究者の関心も全社的な戦略よりも単一事業の戦略に移行した。そのような状況のもと，Porter（1980）は競争優位性を確保するための『競争戦略論』を発表し，この中で「昔から経営者の関心のマトであった（中略），どうすれば長期的にみてベストな競争上の地位を確保できるのか（中略）の質問の回答を出すための技法は，（中略）コストのビヘイビアといった業界構造の一側面だけを考慮に入れたものであった。これでは，業界の競争の複雑さや多彩さをとらえることなど，望むべくもない[17]」と批判し，業界の構造分析法としての競争環境の分析の枠組み（5つの競争要因），及び戦略グループというコンセプトとその戦略地位に対する移動障壁の原理を活用して，その業界内での競争の特性を分析する方法を提言している。「競争圧力の源泉がわかると，自社の長所短所が明らかになり，業界内での位置づけもはっきりとしてくるだけではなく，（中略）業界の傾向が自社に有利になるか脅威になるかいずれにしても，最も大切になる分野はどこかが明瞭になってくる[18]」と指摘した。その後，経営戦略論は商品を中心にした外部環境のポジショニングによって多くの議論がされるようになった。

　1980年代後半になると，経営戦略論の研究は内部環境である経営資源に基づいた視点に移った。そのきっかけを作ったのがWernerfelt（1984）[19]である。彼は商品化するにはいろいろな経営資源を活用する必要があり，しかも競争力のある一つの経営資源が一つの商品に活用されるだけではなく多くの商品や事業の多角化の中で使われるので，商品の視点からよりもむしろ経営資源からの分析の方が有益性が高いことを明らかにした。すなわち，経営資源の視点から企業を評価することによって戦略が策定されるべきであるとしたのである。更に「成長－シェア」のマトリックスに類似した「経営資源－商品」マトリックスを提言した[20]。彼が論じた戦略策定プロセスの中で注目すべきことは，〈ス

テッピング・ストーン（stepping stone）と命名して，経営資源のポートフォリオマネジメントにおいて，短期的なバランス効果に関する評価に加え，更に将来までの拡大をステップごとにその機能に対する長期的な能力に関しても評価すべき〉[21]とした点である。Wernerfelt（1984）が競争優位性の源泉における焦点を外部のポジショニングから内部の経営資源に移したことは，その後の研究に大きな影響を与えたことに留意すべきである。ほぼ同時期にBarney（1986a）[22]もまた同じように内部分析をすべきと提言している。彼は，競争戦略についてのそれまでの考え方は，企業がより多くの収益を得るために不完全競争製品市場をつくることができるかどうかという点に焦点を当てていたと指摘し，企業業績がこのような市場を創造する戦略であるかどうかによってではなく，戦略を実行するためのコストによって左右されると考えて，〈「企業は戦略的経営資源の将来価値について競争環境を分析する前に，既に社内で所有しているスキルやケイパビリティを分析するほうが期待値の精度を向上できる」と論じた。更に「戦略の選択は競争環境の分析より，むしろユニークなスキルやケイパビリティの分析から発する」〉[23]と主張した。Barneyは上記の考え方に〈Wernerfeltの造語である「Resource-based View」（RBV：経営資源に基づいた視点）という言葉をそのまま活用している〉[24]。

　その後，Prahalad 他（1990）は『*Harvard Business Review*』の誌上で，日本企業を含む多くの事例をあげ，〈真の競争優位性の源泉は，変化する機会に素早く対応できるコンピタンスに全社的な技術と生産スキルを合体・強化する経営者の能力にある〉[25]とし，更に，〈1990年代においてグローバル化に成功した企業はコンピタンスに夢中であると特徴づけることができる〉[26]とした。この論文がきっかけで，RBVの考え方が研究者以外の実務家にも知られるようになったことは特筆すべきことである。そしてその後，RBVに関する多くの研究がなされるようになった。つまり，競争優位性の源泉となるものを経営資源の中から抽出することが研究の対象となったのである。このときの経営資源は物的・人的などの有形資産とブランドや知的財産などの無形資産を含めて極めて広い意味で捉えられている。

1990年代になると，それらの維持・形成方法などに研究対象が移っていった。主な研究は次の通りである。先駆的にBarney（1986a）は〈「企業（組織）文化」が競争優位を維持することのできる源泉になりうるとし，価値があり，特に優れており，そして模倣しにくい文化を持っている企業は，更にこれらの文化を養育すべきである〉[27]と提言した。Hamel and Prahalad（1994）は，「顧客に対して，他社にまねのできない自社ならではの価値を提供する，企業中核的な力[28]」をコア・コンピタンスとした。そして「リストラチャリングとリエンジニアリングよりも，基本戦略の練り直しや産業の再創出を優先しなければならない[29]」とし，戦略を策定するには「今後十年間に提供してくれる新しい付加価値や機能，それをつくり出すために必要な新しいコア・コンピタンス，そして付加価値を最も効果的に顧客の手元に届ける方法[30]」を検討すべきと指摘した。次いでColllis and Montgomery（1995）は，RBVを「企業の経営資源がいかに業績の原動力になるかを解き明かした方法論である[31]」とし，「RBVでは，企業を有形，無形の資産とケイパビリティの異なる集合体[32]」として捉えた。そして，〈競争に耐えうる価値ある経営資源を，模倣不可能性，耐久性，充当可能性，代用可能性，そして競争上の優秀性〉[33]とした。Stalk, Eveans and Shulman（1992）によれば，〈ケイパビリティとは戦略的な意味を持つビジネスプロセスの組合せである。ここでは，ケイパビリティに基づく競争について四つの原則を提示している。すなわち，①経営戦略の要素をビジネスプロセスと見て，②カギとなるプロセスを顧客に優れた価値を提供するケイパビリティに変換させて，③その能力をインフラに投資して形成する。④そしてその主役はCEOである〉[34]とした。更に，〈勝者となるための5つの能力はスピード，一貫性，明敏性，機敏性，及び革新性である〉[35]と定義した。Leonard-Barton（1992）は新商品とプロセス開発プロジェクトとの相互作用に特に焦点を当て，企業の「コア・ケイパビリティ」の性格を検証した。そして，競争優位性を与える知識のセットをコア・コンピタンスと定義した。これらの知識は，〈4つのディメンジョンを持っており，コンテンツは①技術システムに組み込まれた従業員の②知識とスキルに具現化され，知識創造と制御プロセスは③経

営システムによって管理され，④具現化され，また組み込まれた知識の種々のタイプ，並びに知識創造とコントロールの過程に関連した価値観と企業内の基準とした〉[36]。Teece and Pisano（1994）は，〈グローバル市場で勝利した企業は内外のコンピタンスを有効的に調整・配置を意思決定する経営者のケイパビリティとともに，タイムリーで，感応性があり，素早くかつ柔軟な商品イノベーションを示しており，競争優位性の源泉であるダイナミック・ケイパビリティは，環境の変化する性質と戦略的経営の主要な役割との2つの側面を持っている〉[37]ことを強調している。更にダイナミック・ケイパビリティの枠組みが〈技術が急速に変化する環境の中で企業によって創造したり勝ち取ったりする富の創造の源泉とその方法〉[38]を分析できるとした。

RBVアプローチは，〈優れたシステムと構造をもつ企業を有益であるとみる。なぜならば，こうした企業はより低いコストを持つ，あるいはより高い品質や商品の性能を与えるからである〉[39]。そして，競争優位性の源泉を組織的・経営的プロセス，ポジショニング，及び方針としている点が重要である。しかし一方で，Winter（2003）は，「ダイナミック・ケイパビリティの概念は戦略分析のツールに有用なものとして追認されるが，戦略分析自身には，特定の競争の中での個々の企業の特異性が見込（期待）にどのように影響するかを理解すべき課題が残っている[40]」と指摘している。

「経営資源」は企業の財務・物的・人的・組織資本の属性のすべてを含み，「ケイパビリティ」は企業が経営資源を組み合わせたり活用したりすることを可能にする企業属性であり，「コア・コンピタンス」は経営者が企業の多角化戦略を構築したり実行したりする場合に限定されている傾向がある。しかし，〈これらは，経営の実際においては，非常にあいまいなものになりがちであり，また，現実のマネジャーや企業にとっては価値のないものである。意味する内容は，微妙に異なるものの，ほぼ同じと考えて良い〉[41]。

その後，Grant（1996）[42]は，企業が構成メンバーの専門家の知識を統合することを通じて調整の仕組みを探究する企業の知識ベース理論を提言した。すなわち，希少で模倣・代替えされにくい内部資源が競争優位性を決定するという

「資源ベース企業」の概念から「知識資産」というダイナミックな資源を基本とする知識ベース企業への変換が必要であると主張した。〈知識は個人内に存在しており、組織の主要な役割は知識の創造よりもむしろ知識の応用であると主張した。そして生産のための知識の特性とその知識の必要性について仮定すると、企業は統合された知識のための制度として概念化される。その上で、企業が構成メンバーの専門家の知識を統合することを通じて調整の仕組みを探究する企業の知識ベース理論を提言した〉[43]。野中・他（2003）[44]は、それまでの資源ベース企業の概念とし比較して、知識ベース企業を、自らが何をしたいのか・すべきかの認識の「絶対価値」に基づいた戦略の起点から、知識創造とそのための組織的システムが持続的価値をもたらす（競争でなく供創）という概念を持ち、知識資産と知識創造能力（知識資産）を生み出すメカニズムがより重要とした。そして企業の強みを「ダイナミックな資源（知識資産）」とした。

　以上で述べたことをまとめると、1950年代から1960年代にかけて経営学・経営管理学に経営戦略論という新しい研究領域が米国で生まれた。以来、企業が自社にとって有利な市場を選定する戦略の考え方が中心であった。その後1980年代になると既存の市場において競争優位性を獲得・維持することを戦略の柱とする考え方が提言されるようになった。つまり、企業が帰属する市場でのポジショニングを戦略選択の判断基準とした。その後、外部環境のポジショニングから内部環境であるRBVに研究の関心が移り、競争優位性を獲得・維持することに重要な役割を果たすアイテムとして、コア・コンピタンスやケイパビリティなどの経営資源を対象に研究が進んだと総括することができる。

[3] 購買の本質

　購買は、〈「生産活動に求められる資材に関する調達」であり、「製販統合の一機能」として捉えることができる〉[45]。そして、強力な購買組織を「自らの創意工夫により高品質で高付加価値な部材、サービスを継続的に低コストで買い続け、むだなコストの発生を極限まで抑える組織[46]」としている。すなわち、購買はより良いQCDの商品を調達することであると企業内で位置付けられて

いる。特に「低価格で購買することである」とされている。このように購買は日常業務として捉えられている。

　序章で記述した通り，組織購買行動に関する先行研究においては，経営戦略の視点が欠けている。第一節において概観した通り，Porter（1980）[47]は，『競争の戦略』のなかで外部環境のポジショニングによる競争優位性を論じた。1980年代後半になると，Wernerfelt（1984）[48]は，内部環境である経営資源の視点にたって経営戦略を提言した。そしてその後，経営資源に関する競争優位性の獲得についての議論が多くなされるようになった。以上をまとめると，企業は企業の目的を達成するために環境に適合させて経営資源（コア・コンピタンスやケイパビリティなど）を最も効果的に配分する必要がある。すなわち，買い手企業は，顧客ニーズに応えるために，自社内に保有していないコンピタンスを外部から導入するために，経営資源の一部（例えば資金）を使って，有力な売り手企業を買収して傘下にいれたり，有力な協力企業（売り手企業）から部品や資機材を購買したりする。購買は，外部のコア・コンピタンスを活用して自社の競争優位性を効果的に強化する一つの方法として選択されるものである。つまり，不足するコンピタンスを，資金という経営資源を使って商品やサービスという形で導入することである。結論すれば，購買は競争優位性を獲得する手段である。

　したがって，何を購買するかは，経営の基本的な事項である。しかも，購買は経営戦略及び下位の戦略との整合性が求められる。すなわち，経営ビジョンや長期経営計画，商品戦略や長期商品計画，及び将来必要となるコア・コンピタンス（例えば，製品化技術や製造技術など）に則って，外部に依存するコア・コンピタンスを戦略的な意思決定によって獲得する必要があり，つまり，どのカテゴリーの資機材や部品を購買するかを経営として意思決定する必要がある。経営戦略の中で意思決定される購買は，詳細な仕様や具体的な納入企業を決定するものではなく，あくまでも，どのカテゴリーを内製化し，どのカテゴリーを購買するか，又は垂直統合するか等の，より上位の概念での意思決定である。つまり購買は経営戦略の重要な要素の一つであり，これこそが購買の本質であ

ると言える。

## 第二節　事例紹介

トラックメーカーであるK社の内外製戦略策定の事例を紹介する。K社は，競合先のトラックメーカーと同様に2～3年ごとにマイナーチェンジを繰り返しながら，7～10年間ごとにフルモデルチェンジを行なっている。

[1] 自動車メーカーの技術領域

　車両全体に関する技術は，自動車メーカーが担当している。自動車メーカーの技術者は，外形のデザイン，構成部品の配置，性能などの車両全体を設計し，その車両の総合評価を行なう。そこで，自動車メーカーとして最小限必要な技術は，車両設計技術と総合評価技術である。次に，装置（システム）に関する技術は，自動車メーカーあるいはモジュールメーカーが担当している。ここでいう装置は，エンジン，エアバック，NAVI，追突警報装置などである。これらを開発するために必要な技術は，部品を組み合わせてシステム化する技術（システム設計技術）や商品力を向上させる技術である。最後に，部品に関する技術は，多くの場合，部品メーカーが担当している。部品メーカーには，特定部品の設計技術，切削や絞りなどの製造技術，油圧・流体・熱に関する専門技

**図表2－01　自動車メーカーの技術領域**

|  | 主なメーカー | 必要な技術 |
|---|---|---|
| 車両 | 自動車メーカー | 車両設計技術（車両全体の設計）<br>車両の総合評価技術 |
| 装置<br>（システム） | モジュール<br>メーカー | システム化技術<br>商品力を向上させる技術 |
| 部品 | 部品<br>メーカー | 部品の設計技術<br>専門技術・製造技術 |

（K社の資料）

## [2] 製品化技術の内製化について

　K社は，市場調査の結果から得た顧客ニーズに基づいて，「アイデア抽出とその絞り込み」から「量産開始」までのすべてのプロセスを自社内で行なう状況を，製品化技術が内製化されているとしている。この開発プロセスにおいて，特に「アイデア抽出と絞り込み」から「図面・要求仕様書作成」までの段階で特許取得の可能性があり，技術ノウハウが蓄積できる。その結果，独創的な技術を確保できたり，費用の把握やそのコントロール力を持つことができたりする。同時に構成する部品をバラ買い（より安く購買する方法）することが可能となったりする。

　部品の製品化が図表2-02の「技術の外製」のプロセスで行なわれると，技術を内製化できている状況で得ることができるメリットが，売り手企業に移ってしまう。

**図表2-02　製品化の過程と技術の内外製**

| 技術の内製 | 技術の外製 | |
|---|---|---|
| ニーズの確認 | ニーズの確認 | |
| アイデア抽出と絞り込み | アイデア抽出と絞り込み | 売り手企業内業務 |
| プロトタイプ設計 | プロトタイプ設計 | |
| プロトタイプ試作 | プロトタイプ試作 | |
| テスト・評価 | テスト・評価 | |
| 図面・要求仕様書作成 | 図面・承認図作成 | |
| | | 自社の承認 |
| 売り手企業-1／売り手企業-2 | | |
| 設計／試作 | 設計／試作 | |
| システムまとめ | システムまとめ | |
| 車両とのマッチング | 車両とのマッチング | 自社内業務 |
| 車両信頼性の確認 | 車両信頼性の確認 | |
| 量産開始 | 量産開始 | |

（K社の資料）

以上をまとめると,「製品化技術を内製している」と言えるのは,自社内で詳細図面を作成してそれをテスト評価して,その部品を自社として保証できる範囲である。また内製化のメリットは,①自社の独自の技術レベルを向上できること,②先端技術にアクセスする機会が増加すること,及び③コスト管理力を強化できることである。

[３] 内外製の考え方について

内外製の考え方について,横軸に製品化技術の内外製を,縦軸に製造の内外製を設定して,マトリックス表示すると,図表２－03に示した通りである。

第一ゾーンは,製品化技術も製造も内製化している状況である。このゾーンに分類される装置や部品は,高付加価値であり,同時に車両全体の商品力への寄与度が大きい。すなわち,商品の付加価値が拡大可能なものや自社の強みとなり得る「キー技術」を活用して開発する装置や部品である。

第二ゾーンは,製品化技術は内製化されているが,製造だけを外製している状況である。このゾーンに分類される装置や部品は,製造に特別な装置が必要か,あるいはその製造に関する人件費が自社より外部企業の方が大幅に安価なものである。一般的にこのゾーンの装置や部品に関する製造技術が徐々にその

図表２－03　技術の内外製と製造の内外製

|  | 外製 | 内製 |
|---|---|---|
| 製造の内外製　内製 | 第四ゾーン<br>製造のみを<br>受託製造 | 第一ゾーン<br>製品化技術と<br>製造技術ともに<br>独自（内製）技術 |
| 製造の内外製　外製 | 第三ゾーン<br>外注品，完材品<br>（競合先と共通資機材） | 第二ゾーン<br>製品化技術は<br>独自（内製）技術<br>外部への委託製造 |

技術の内外製

（K社の資料）

売り手企業に蓄積されていくので，自社（買い手企業）は，経営資源を潤沢に保有している場合，製造ノウハウを自社内に維持・蓄積することを目的に，あえてその一部を自社内で製造することがある。

　第三ゾーンに分類される装置や部品は，製品化技術も製造も外部に頼るものである。それらの装置や部品の多くは，その売り手企業が独自の技術や特別な設備などで製造したものであったり，車両全体の商品力にあまり大きな影響がないものであったり，これらを自社（買い手企業）で製品化して製造するよりも購買したほうが少ない経営資源でより高いQCDが得られたりするものである。

　第四ゾーンに分類される装置や部品は，大手の企業の場合では，極めて稀である。

[4] 内外製戦略を策定する審議体システム

　内製化技術のテーマは，技術を内製化する，あるいは維持・強化するための投資額とその効果とのバランスを検証しながら，投入できる経営資源を保有していることを前提として，審議体で戦略的に選定されている。

　その審議システムは，生産技術開発審議会と，将来技術研究会並びに5つの研究部会から構成されている。この審議システムの役割は，全社的（グループ企業を含めて）な製品化技術とそれに関連した生産技術の向上を目指している。

**図表2−04　審議体システム**

```
            上位会議体
           /         \
  生産技術開発審議会    商品企画会議
     |
   将来技術研究会
     |
  5つの研究部会
     |
  9つの研究テーマごとの
  ワーキングチーム
```

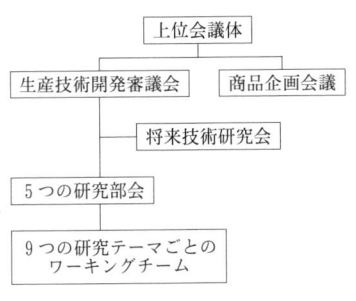

（著者作成）

生産技術開発審議会は，開発担当の役員全員と開発部門の部長で構成されている。開発部門の役付役員が主座となり，製品化技術向上のために審議を行なう。この審議体は意思決定した内容を上位の会議体に報告する役割を持っている。次に，将来技術研究会は生産技術開発審議会の事務局の機能を持ち，5つの研究部会のリーダー（開発担当の部長）と商品企画統括（部長）によって構成され，総合技術戦略や内外製戦略などを策定して上位の審議体である生産技術開発審議会に上程する。また，5つの各研究部会は，リーダーを中心に関連する部署の管理者がメンバーとなっている。そして，策定された総合技術戦略から研究部会で議論すべき個別戦略のテーマを決め，研究テーマごとにそれに関する組織（開発部門，中央研究所など）から担当者（専門家）を選出してワーキングチームを編成し，戦略を策定させる。

[5] 内外製戦略の策定プログラム

購買基本計画を策定する手順は，図表2－05の通りである。将来技術研究会のメンバーは商品企画会議のメンバーを兼任している。商品企画会議によって策定された「長期商品計画」と商品コンセプト（「信頼と安全」）の背景や決定

図表2－05　内外製の決定プロセス

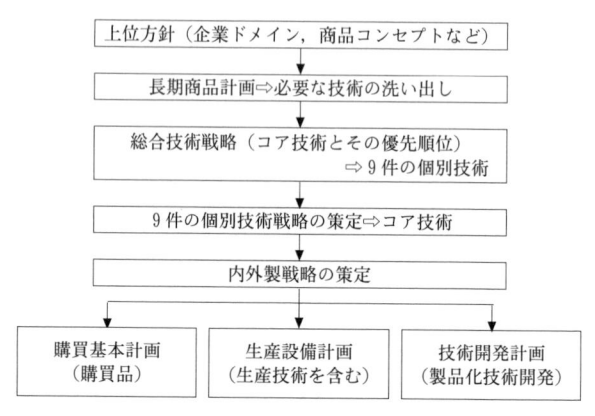

```
┌─────────────────────────────────┐
│ 上位方針（企業ドメイン，商品コンセプトなど） │
└─────────────────────────────────┘
              ↓
┌─────────────────────────────────┐
│ 長期商品計画⇒必要な技術の洗い出し       │
└─────────────────────────────────┘
              ↓
┌─────────────────────────────────┐
│ 総合技術戦略（コア技術とその優先順位）     │
│            ⇒9件の個別技術          │
└─────────────────────────────────┘
              ↓
┌─────────────────────────────────┐
│ 9件の個別技術戦略の策定⇒コア技術        │
└─────────────────────────────────┘
              ↓
┌─────────────────────────────────┐
│ 内外製戦略の策定                   │
└─────────────────────────────────┘
       ↓         ↓         ↓
┌──────────┐ ┌──────────┐ ┌──────────┐
│ 購買基本計画 │ │ 生産設備計画 │ │ 技術開発計画 │
│ （購買品）  │ │（生産技術を含む）│ │（製品化技術開発）│
└──────────┘ └──────────┘ └──────────┘
```

（著者作成）

経緯を確認するところからはじめた。次に，その研究会のメンバーは，それらの情報に加えて，中長期的な環境，例えば法的な規制の強化又は緩和，顧客の生活水準，技術動向，競合先との商品力の予測，将来の顧客のニーズなどに関するデータや情報を収集して，将来訴求すべき重要な商品力を洞察した。その研究会のメンバーはその結論を踏まえて，競争優位性を獲得するために重点的に強化すべき技術を優位技術分野と呼び，それを「安全・省資源技術」と決定した。そして，この技術分野の中から「優位技術」として，3の技術テーマを抽出した。更に「ベース強化技術」として2の技術テーマを選択した。これらの5つの技術を「コア技術」とし，これを総合技術戦略（案）としてまとめたのである。

次に，各研究部会は，この戦略（案）を議論して，上記の「コア技術」から9件の個別技術戦略のテーマ（例えば，燃費，安全技術，エンジンなど）を決めた。これらのテーマを生産技術開発審議会が審議して承認した後，それぞれのテーマに対応するワーキングチームがテーマに関する課題を抽出して技術戦略を策定した。9つの個別技術戦略は内部環境分析や外部環境分析を行なう通常の戦略策定の方法で策定された。特に，自社の強みが何であるかについては議論を十分に重ねた。個別技術戦略に加えてその実行計画（実行日程，推進体制，費用）を作成したことは言うまでもない。

すべての個別技術戦略に対する審議の終了後，前回策定した総合技術戦略（案）を見直すために，その間に変化した環境や追加すべき環境などを整理し，9テーマの個別技術戦略をまとめ，目標とした技術レベル及び長期経営計画（販売台数やシェア）が達成できる最終的な総合技術戦略とした。

次に，装置や部品の開発状況に関して現状調査を実施し，開発業務フロー（例えば，目標品質決定，システム設計，システム試験，実車試験など）の段階ごとに内外製をまず把握した。同時に総合技術戦略から自社のコア技術を定めて自社内で更に強化すべき技術（製造技術を含む）テーマを決めた。その上で，前述の内外製の考え方に則って，その装置や部品をどのように取り扱うことが理想（あるべき姿）であるかを検討した。

内製化にあたっては，①投資額（設備や開発費など）と内製化効果との収支，②人材の確保と育成並びに推進体制の確立，③それまで製造していたメーカーに対する既得権処理などの課題がある。これらの課題を解決したうえで内製化技術分野を特定し，その技術分野ごとに課題を検証していき，最終的に内製化技術分野の見直しを行なった。

次に，総合技術戦略で外部に頼ると決めた（内製化しない）装置や部品をどのように購買するかを決定した。売り手企業は大きく3つに分けられる。①自社の子会社（資本的），②取引上の系列化された売り手企業，及び③競合先も購買している売り手企業である。①の自社の子会社は，単純な製造委託ではなく，承認図メーカーであることが多く，また，準内製であるので，車両全体の商品力に大きく影響する装置や部品が多い。②の取引上の系列化された売り手企業は，独自の技術（製品化と製造）を持っていることが多い。これらの企業は競合先にもビジネスを展開し始めており，徐々に取引上の系列関係が希薄になっている。最後に③の売り手企業に対する買い手企業の要求は，装置や部品の性能が世間並みであれば良く，むしろ購買するための総費用が少ないことである。

## 第三節　購買戦略の類型化

第三節では，まず組織購買行動の類型化に関する研究をまとめ，次に経営資源の視点から納入企業選定戦略の類型化の考え方について論じる。

[1] 組織購買行動の類型化の研究

1970年代後半以降，買い手企業と売り手企業との相互関係に関する研究が進んだ。これらが近年における買い手企業と売り手企業との交渉行動をテーマとする研究に繋がっている。

(1) 主に買い手企業の視点からの研究

Clopton (1984) は，〈買い手企業と売り手企業の間のコミュニケーションが

重要であると指摘し,買い手企業による商談交渉を「競争的」「協同（cooperation)」及び「調整的（coordinative)」の3つに分類した。「競争的」購買行動は,交渉においてゼロサム,Win-Lose指向から生じると説明した。更に「調整的」購買行動は,問題解決指向を採用し,そして比較的高度な信頼と協調関係を有する場合,促進されるとし,最善の交渉成果を得るための買い手企業と売り手企業との間で行なわれる試行錯誤であるとした。また,「協同」購買行動は,交渉が停頓や決裂することを避けるために用いられるとし,買い手企業と売り手企業は通常,長期的な関係を求めて,有利な成果を伴った交渉を期待するとした〉[49]。

また,Perdue and Summers (1991) は,〈買い手企業のコスト感受性,売り手企業の競争状況,買い手企業の仕様のユニーク性,買い手企業の協調的志向,持っている情報,及びフォーマルな計画などを購買の特性と定義して,買い手企業によって選択される交渉戦略と購買の特性との間の関係についてのフィールド調査を行なった。彼らは買い手企業によって採用されるであろう交渉戦略を予測するための状況的変数を示し,交渉戦略を問題解決（統合的）と攻撃的購買（分配的）という2つの戦略に分類した〉[50]。「問題解決」とは買い手企業がコスト削減や商品力を向上させるために共同作業を行なうことを,売り手企業に対して奨励することである。「攻撃的購買」とは,買い手企業が売り手企業に対して脅したり,過度の要求を行なったりして多くの譲歩を引き出す購買である。ここで言う「問題解決」と「攻撃的購買」は,Clopton (1984) が提言した「調整的」購買と「競争的」購買にあたる。更に,Perdue (1992) は,〈部品の再購買を交渉する際,買い手企業が採用する攻撃的な交渉戦術に関するフィールド調査を行なった。その結果,買い手企業が売り手企業を説得（強要）して譲らせるためには,売り手企業に競争状況を認識させる戦術が有効であることを示唆した〉[51]。

Dabholkar, Johnston and Cathey (1994)[52] は,買い手企業と売り手企業との間に長期間取引関係が存在するという前提条件の下に,買い手企業の交渉行動を整理した。将来見通しとしての取引期間の長短をマトリックスのひとつ

の軸として設け，もう一方の軸に買い手企業と売り手企業の共同，又は個々の最大化利益を設けて，交渉行動を4つに分類し，それらを「命令的」「競争的」「協同的」「調整的」とした。

　余田拓郎（1997）は，〈ひとつの次元に買い手企業の購買担当者の品質判断力を採用している。価格や納期といった判断基準だけであれば，品質判断力が低い購買担当者でも評価できるが，商品品質や機能などの多様かつ非数値的基準において売り手企業間の軽微な差異を総合的に評価することはできないわけで，買い手企業の購買担当者の品質判断能力の高低によって，買い手企業の購買行動と売り手企業の営業活動に違いが現れる〉[53]とした。さらにDabholkar, Johnston and Cathey（1994）が提唱した"買い手企業と売り手企業の全体としての最大化利益"と"個々の企業の最大化利益"をもう一つの次元として捉えた。すなわち，この組織購買行動の類型化は，買い手企業の能力の高低から生じる取引上の力関係を第一の次元とし，売り手企業間の競争購買と特定の売り手企業との調整購買を第二の次元として類型化している。これら2つの次元における産業財に対する組織購買行動を「問題解決型」「業者依存型」「業者攻撃型」「購買企業主導型」の4つに類型化した。

(2) 買い手企業と売り手企業の両者の視点からの研究

　買い手企業と売り手企業の両者の視点からの研究がある。Campbell（1985）は，〈買い手企業と売り手企業との関係において，活用される相互作用戦略と購買の管理者のための指針を進化させた。両者の戦略は両者が採用する戦略による相互作用から生じると論じた。そして，買い手企業と売り手企業が採用する相互作用戦略を「競争的」「協同的」及び「命令的」に分け，縦軸に買い手企業の3つの相互作用戦略を取り，横軸に売り手企業のそれらを取り，9つの升目を作成した。これら升目ごとに買い手企業と売り手企業との状況を洞察した。9つの升目（状況）の中から現実の市場ではありえない3つの状況を除いた6つの升目に対応させて，買い手企業と売り手企業との「独立的」「相互依存的」及び「従属的」関係を図表2－06のように示した。Campbell（1985）は，

買い手企業と売り手企業との関係から生じる市場特性をモデル化した。彼は，買い手企業が競争的，協調的又は命令的な相互作用の戦略を使いこなす購買行動に影響を与える重要な変数を理解するためには，買い手企業の戦略選択基準に注目する必要があると説明している。そしてWebster and Wind の購買状況の分類を援用して，買い手企業と売り手企業との関係を分類し，その相互作用モデルを提言した。購買頻度，スイッチングコスト，商品の複雑性などの商品の特質，業界，企業，個人などの買い手企業と売り手企業の特質，及び買い手企業と売り手企業の相互作用の戦略，相互作用のメカニズムなどの相互作用プロセスに分けて論じている〉[54]。

図表2－06　買い手企業と売り手企業との関係の分類

| 購買戦略（買い手企業） \ マーケティング戦略（売り手企業） | 競争的 | 協調的 | 命令的 |
|---|---|---|---|
| 競争的 | 1．独立的関係　完全市場 | 2．ミスマッチ | 3．独立的関係　売り手市場 |
| 協調的 | 4．ミスマッチ | 5．相互依存的関係　家庭的な市場 | 6．従属的関係　キャプティブ市場 |
| 命令的 | 7．独立的関係　買い手市場 | 8．従属的関係　下請け市場 | 9．ミスマッチ |

（出所）Campbell 1985／p.37.[55]（一部を加筆した）

Perdue, Day and Michaels（1986）は，〈買い手企業と売り手企業との交渉における両者の交渉スタイルに関する実証的な研究を行なった。その結果，交渉スタイルを「協調的」「競争的」及び「分け合い（Sharing）」の3つが卓越している〉[56]と指摘した。

Frazier, Jaworski, Kohli and Weitz（1994）は，〈共同の意思決定における買い手企業と売り手企業との関係性の特質の影響について研究した。彼らが提案する概念的な枠組みは，3つの関係性の構成概念（信頼，コミットメント，関係の熟度）と，2つの意思決定（戦略と戦術）の間の関連に焦点が当てられている。戦略的（統合的）意思決定は，買い手企業と売り手企業の両者の「パイの拡大」であり，戦術的（分配的）意思決定は「パイの分配」である。そして，

共同の意思決定における両者の関係の効果は，売り手企業の特質と買い手企業の購買力によって和らぐであろう〉[57]としている。そして記述的に12項目を列挙している。例えば，「戦略的意思決定のプロセスにおいて，買い手企業と売り手企業との相互信頼がより大きければ大きいほど，より創造的になる[58]」「買い手企業と売り手企業との相互信頼がより大きければ大きいほど，売り手企業はより大きなリスクを取る[59]」「相互信頼がより大きければ大きいほど，戦術的意思決定の頻度が低くなる[60]」「売り手企業は，戦略的意思決定のプロセスにおいてより創造的になればなるほど，その買い手企業の事業内のシェアが高くなり，利益は大きくなる[61]」などである。

### (3) 主に売り手企業の視点からの研究

Håkansson (1980) は，〈買い手企業の問題やニーズを解決する売り手企業の能力は，売り手企業の競合先と比較・評価した「一般的問題解決能力」と，特定顧客の個々のニーズを解決する「適応能力」から構成される〉[62]と指摘した。売り手企業の視点に立って，この2つの能力を縦横軸で四象限にわけて，問題解決能力を「商品開発」「顧客開発」「低価格」「顧客適応」とし，マーケティング戦略を分類した。

これに対して高嶋克義（1998）は，〈Håkansson（1980）の買い手企業の問題やニーズを解決する売り手企業の能力のうち，適応的側面（特定顧客のニーズに対する解決を個々に取り扱う問題解決の適応能力）を，一般的側面（顧客問題を解決する能力を競合先と比較してその水準の高低を評価した一般的問題解決能力）より優先的に考えるべきである〉[63]と指摘した。更に，Håkansson（1980）が示した4つの戦略的類型の選択について，〈買い手企業と売り手企業との間の関係状況から自動的に決まるものではなく，売り手企業による戦略的意思決定として選択されると考えなければならない〉[64]と批判した。

### ［2］経営資源の視点からの納入企業選定の類型化

前述（第二章・第一節・［3］）した通り，ある程度の規模の企業であれば，経

営ビジョンや長期経営計画から長期商品計画を策定し，商品戦略と商品開発日程を作成している。競合先に対して競争優位性を獲得するためにはコア・コンピタンスとなる経営資源，特に技術（製品化技術と製造技術）の効率的な強化が必要である。そのために買い手企業は，自社内で育成強化する技術分野を戦略的に決め，それらの分野に経営資源を集中的に配分する。それ以外の分野を強化するために売り手企業の経営資源（技術，設備，労務など）を装置や部品などを購買する形で自社内に導入している。すなわち，上位方針に則って，売り手企業の経営資源を効果的に活用するために，売り手企業の経営資源の「何」を「どのように」活用するかが購買戦略となる。

　購買戦略の視点から購買目的を整理すると，大きく三つに分けることができる。一つ目は，大型設備投資の回避や人件費の低減のために，売り手企業が所有する高度な製造（加工・組立）技術や高価な機械設備並びに安価な労務を活用することである。買い手企業は，自社内で詳細設計と十分な試験を行なった後，売り手企業に図面どおり製造させる。二つ目は，買い手企業は商品力向上のために，売り手企業が保有する自社より高い製品化技術を活用することである。買い手企業は，基本設計だけを行ない，それに基づいて売り手企業に詳細図面を作成させ，性能試験を行なわせた後，それを承認してから製造させて購買する。ここで留意すべき点は，売り手企業に図面どおり単に製造させる場合と異なって，買い手企業が要求する部品性能を売り手企業に保証させることである。最後に，製品化技術，生産技術，設備などの利用に加えて，モジュールのQCD管理力を活用することである。その部品及びその周辺部品に関する高い製品化・生産技術とQCD管理力を有する企業の中から特定の企業を選定して，高度に組み合わせた機能部品を提供できるように育成強化する。これらを整理すると，購買によって活用する売り手企業の経営資源は，高価な設備や安価な労務，技術力（主として製品化技術），そしてQCD管理能力ということになる。これらが類型化のひとつの軸となる。

　次に，買い手企業は，次期商品開発の際，商品差別化や商品力向上のために顧客や市場のニーズを極力多く盛り込む必要がある。そのため，商品企画され

る商品は，比較的多くの売り手企業によって製品化されている汎用品的な部品と，現行技術では即時対応が困難であるより高度で特殊な部品によって構成されることになる。汎用品的な部品を購買する場合は，買い手企業が要求するQCD水準を達成している売り手企業の数が多く，見積依頼などに対して応札する企業が多くなるので売り手企業間での競争が激しくなる。買い手企業は，これらの競争をうまく利用して，より良いQCDを容易に得ることができる。逆に，より高度で特殊な部品の場合は，買い手企業のニーズを解決するのに必要なQCD水準が高ければ高いほど，それに応じられる売り手企業は限られる。このような場合，売り手企業が保有する潜在的な技術に期待して，共同してそのニーズを解決していくことが買い手企業にとってひとつの方法となり得る。そのために長期的な視点に立って売り手企業と協調関係を構築し，取引を継続していくことが必要となる。これらを勘案すると，買い手企業がニーズを解決するために必要とするQCD水準は，ひとつの軸となる。

　買い手企業が活用したい売り手企業の経営資源と，買い手企業が必要とするQCD水準を軸に買い手企業による納入企業選定戦略を類型化すると，図表2－07となる。

　第一ゾーンには，汎用の生産設備で特殊な生産ノウハウを必要としない比較的容易に製造される部品が層別される。見積依頼に対して応札する売り手企業の数が多い。また，買い手企業は，このゾーンに層別される部品を詳細設計しているので，部品の製造コストを十分に把握できている。そこで，これを武器に売り手企業を競争的環境に置きながら購買を行なう。

　第二ゾーンに層別される部品は，買い手企業が要求するQCD水準を達成しており，多くの売り手企業から提供されている。ここで考慮しなければならないことは，これらの部品が競合先にも納入されていることである。買い手企業は，自社商品の価格競争力という点からもより安く購買する購買施策が必要である。言うまでもなく，競争させて買い手企業の利益に結びつくようにClopton（1984）が定義した競争購買交渉をすることになる。更に，Perdue and Summers（1991）が定義した攻撃的購買を行なうことも必要である。

図表2-07　買い手企業の納入企業選定戦略

|  |  | 活用する売り手企業の主な経営資源 |  |  |
|---|---|---|---|---|
|  |  | QCD管理力 | 製品化技術力 | 設備と安価な労務 |
| 必要とするQCD水準 | 高い | [第五ゾーン]<br>イコールパートナー化を前提とした調整的購買 | [第四ゾーン]<br>育成・強化による調整的購買 | [第三ゾーン]<br>系列系を前提とした特命購買 |
| | 並み | ✕ | [第二ゾーン]<br>競争購買（2） | [第一ゾーン]<br>競争購買（1） |

（著者作成）

　第三ゾーンに層別される部品は，高度な生産ノウハウや特殊な設備を必要とするので，売り手企業は限られている。そこで売り手企業と共同して製造技術を開発していくこともある。買い手企業は，売り手企業に生産ノウハウを蓄積させて，それを有効に活用するために継続して特命購買（指値を行ない，納入価格を決める一種の随意購買である）する。

　第四ゾーンには，より高度で特殊な製品化技術と製造技術を必要とする部品が層別される。これらの部品は，買い手企業の商品の商品力を向上させるために不可欠な機能を有している。したがって，買い手企業は，これらの部品を企画どおりのQCDで購買することが必須となる。しかし，現行技術では即応することができないことが多いので，潜在的な開発能力（製品化技術と製造技術）を有する売り手企業との間で協調関係を構築して開発を進めることになる。このとき，開発初期段階において，複数の売り手企業とともに開発を開始し，その後，これらの売り手企業が達成するであろうQCD水準を評価・判断して開発段階の進展ごとに篩に掛けていくことで，売り手企業間に競争環境を作ることもある。納入企業選定後，Dabholkar, Johnston and Cathey（1994）や余田（1997）が指摘しているように，最大化利益を得るために売り手企業と協調的な作業を行なう。これは，Clopton（1984）が指摘した調整的購買である。

第五ゾーンに層別される部品を購買する場合もまた，第四ゾーンの部品と同様に協調的関係を構築して売り手企業の経営資源を最大限利用することを主目的としている。イコール・パートナーとして商品開発体制の中に組み込み，開発の一翼を担わせている。既取引で協調的な関係を構築した売り手企業であっても案件ごとに，新規引き合いの当初では複数の売り手企業を競争購買的な環境に置く。しかし，競争環境に置く期間は他のゾーンと比較すると短い。その後，調整的購買に移行する。

## 第四節　経営戦略論からのアプローチのまとめ

　買い手企業の購買活動は単にものを外部から購買しているだけではない。市場での競争優位性を獲得するために，ものを購買することを通じて売り手企業の経営資源を効果的に活用しているのである。そして，経営戦略が納入企業選定戦略を規定している。すなわち，コア・コンピタンスの強化を図るために購買品のカテゴリーと購買方法をルール化しているのである。

　買い手企業から見ると，より少ない経営資源で売り手企業の経営資源をより効果的に活用して競争優位性を獲得できるとするならば，現状の購買構造を見直すこともあり得る。他方，売り手企業から見ると，買い手企業が経営ビジョンや長期経営計画などから最終的に購買戦略を策定するので，売り手企業は買い手企業の経営に関連する情報をも収集して買い手企業の購買行動を予測し，買い手企業の経営に役立つ提案活動をすることが効率的である。

# 第三章　アンケート調査による仮説の実証

　この章では，仮説「人間関係の親密度が納入企業の選定に影響する」を検証する。人間関係の親密度について，多川・吉田（2002）は「2人で行う行動や活動の量と相手に対する信頼[1]」と捉えた。またその行動や活動量を，Bersheild他（1989）は〈Frequency（頻度），Diversity（多様性）及びStrength（影響力）の3つ要素で構成されている〉[2]と規定した。

　ところで，ビジネス上の実態としては，買い手企業の購買センターと売り手企業のフロントオフィス（買い手企業と接する売り手企業のすべての担当者）との間において，それぞれの担当者間の人間関係は，有機的であり，そして個々の人間関係はその親密度が異なる。更に，売り手企業の競合先と買い手企業との人間関係も存在する。極めて複雑な構造となるので，ここでは，買い手企業の購買担当者とその担当者ともっとも親密度が高い売り手企業の担当者との一対一の関係に単純化してアンケート調査を実施する。

## 第一節　アンケート調査の概要

　アンケート調査の目的，仮説，質問項目，アンケート調査票の配布，回答者への指示などについて記述する。

### ［1］アンケート調査の目的
　序章において先行研究の問題点として，買い手企業と売り手企業との間における人間関係の親密度が納入企業選定プロセスにおいて何らかの影響を引き起こすことが実証されていないことを指摘した。この点について面談調査を行なった結果，多くの買い手企業は「会社の購買ルールに則ってもっとも良いQCD

の商品を提供する企業を納入企業として選択している。しかし一方では，選定の結果を振り返ってみると考えると，親密化が進んでいる特定の売り手企業に対して発注確率が高くなる傾向がある」と話していた。そこで，面談調査結果から仮説を立て，これを検証することを目的にアンケート調査を実施した。

[2] アンケート調査における仮説

「納入企業選定プロセスにおいて，買い手企業は人間関係の親密化が進んだ売り手企業に対して有利な行動をとる」という仮説を立てた。更に具体的に以下の疑問を検証するための質問を設定した。

①納入企業選定に人間関係が影響するか。
②納入企業選定プロセスのどの段階に強く影響が出現するか。
③人間関係の親密度は，どのような因子によって構成されているか。
④「親密度の因子」と「納入企業選定プロセスの各段階」の間には相関関係があるか。

[3] アンケート調査票の作成

アンケート調査票は，①回答者の基本情報に関する質問項目，②売り手企業と商品のイメージに関する質問項目，③納入企業選定プロセスにおける回答者の行動についての質問項目，そして④特定の営業担当者との日常的な行動や認知に関する質問項目で構成した。

①の基本情報の目的のひとつは，どのような回答者がアンケート調査に応えているかを知るためである。もう一つの目的は，基本情報別，例えば，購買での経験年数，役職などによって，行動の特性が異なるかを確認するためである。②のイメージについては，親密度が高くなると売り手企業や商品のイメージが良くなるかどうかを確認するために作成した。次に，③の質問項目の目的は，親密度が高いことによる影響が納入企業選定プロセスの各ステップにどのように表れるか（影響がないことを含めて）を知ることである。そこで，人間関係の親密度に関連する質問項目を次のように設定した。行動に関しては松井（1990）

の"表2＝恋愛行動の経験の数量化Ⅲ類の結果"の質問項目[3]と山中（1994）の"Table 1 ＝友人関係行動チェックリストの例"[4]の項目を参考にして，ビジネスにおける状況に合うように質問項目を設定した。また信頼に関しては，Rampel, Holmes and Zanna（1985）の"Table 1 ＝信頼尺度"[5]の質問項目と多川則子（2002）の"Table 2 ＝信頼尺度（時点1）の主成分分析結果"[6]の質問項目を援用し，買い手企業と売り手企業の担当者間の人間関係の親密度の状況に合うように質問項目を設定した。最後に，④の行動や認知については，買い手企業の担当者が納入企業選定プロセスにおいて特定の売り手企業に対して有利な取り計らいをすることを検証するためである。そこで，まず納入企業選定プロセスを前述（第一章第三節［2］納入企業選定プロセスについて）の通り，「情報収集段階」「見積依頼先抽出」「見積依頼」「見積内容評価」「納入企業選定」「使用（納入後）の評価」に分けた。そして各段階において，買い手企業がその売り手企業に対して行なうであろう有利な状況や取り計らいを仮説して，質問項目とした。

そして回答者の基礎情報に関する以外の質問項目に対しては，5段階評価とした。

## ［4］アンケート調査票の事前調査

最初，84項目のアンケート調査票（案）を作成して，本格的なアンケート調査を実施する前にN社の2名の購買担当者（回答者）にアンケート調査票に記入させた。その結果，記入にかかった時間の計測の結果は1人が16分，もう1人は12分であった。平均で10［秒／質問項目］だったので，アンケート調査を企業に依頼しやすくするためにアンケート調査の記入時間を約10分になるように質問項目を60項目に調整した。最終的にアンケート調査票は，回答者の基礎情報に関する質問を4項目に，商品や企業のイメージに関する質問を5項目に，納入企業選定プロセスに関する質問を26項目に，人間関係の親密度に関連する質問を25項目の計60項目にした。

同時にN社の2名からアンケート調査票においてわかりにくい質問文やその

他コメントをもらい，それを参考に調査票を修正した。

### ［5］アンケート調査票の配布方法

アンケート調査対象者は，企業内で納入企業選定に係わっている人（購買センターに所属する人）である。例えば，購買部門の担当者，開発部門の開発担当者，生産部門の生産技術担当者などである。

D社（建築事業者）の購買管理部とI社（電子機器製造）の調達本部を通じて，それらの取引先にアンケート調査票を配布した。これに加えて，面談調査を実施した企業に対して個別にアンケート調査を依頼した。

### ［6］回答者への主たる指示内容

アンケート調査の回答者に対しては，日常取引している企業の中から「人間関係がもっとも親密」である営業担当者を思い浮かべ，回答するように指示した。更に「営業担当者」を，回答者の企業を担当している営業担当者，その管理者，その企業の社長など営業を目的に回答者の企業を訪問する人物であると伝えた。それらの人物を「その営業担当者」とし，更に「その営業担当者」が所属する企業を「その企業」として質問項目が作成されてあることを説明した。

アンケート調査票は同封した返信用封筒（鹿児島国際大学宛）で回収した。

## 第二節　アンケート調査の結果

ここでは，回収したアンケート調査票のデータを一次処理し，表にまとめた。そしてそのデータに関する知見を記述する。

### ［1］回答者に関するデータ

回収したサンプル数（有効回答数）は96サンプルである。その内訳は次の通りである。

図表3－01　回答者が所属する企業の業種

| 業　種 | 回答数 | 比率(%) | 業　種 | 回答数 | 比率(%) |
|---|---|---|---|---|---|
| 商社 | 12 | 13 | 部品加工メーカー | 12 | 13 |
| 最終組立メーカー（受注生産） | 6 | 6 | 最終組立メーカー（量産商品） | 16 | 17 |
| 素材メーカー | 10 | 10 | 工事会社 | 7 | 7 |
| 食品メーカー | 5 | 5 | その他 | 28 | 29 |
| | | | 合計 | 96 | 100 |

図表3－02　購買担当での経験年数

| 経験年数 | 回答数 | 比率(%) |
|---|---|---|
| 1年未満 | 4 | 4 |
| 1～2年間 | 6 | 6 |
| 2～4年間 | 18 | 19 |
| 4～8年間 | 22 | 23 |
| 8年間以上 | 46 | 48 |
| 合計 | 96 | 100 |

図表3－03　回答者の所属部署

| 所属部署 | 回答数 | 比率(%) |
|---|---|---|
| 購買部門 | 52 | 54 |
| 技術部門 | 11 | 11 |
| 生産（又は建設現場） | 11 | 11 |
| その他 | 22 | 23 |
| 合計 | 96 | 100 |

図表3－04　役　職

| 経験年数 | 回答数 | 比率(%) |
|---|---|---|
| 役員・部長 | 8 | 8 |
| 副部長・次長 | 21 | 22 |
| 課長 | 33 | 34 |
| 係長・主任 | 19 | 20 |
| 合計 | 96 | 100 |

［2］商品・企業イメージに関するデータ

　買い手企業は特定の売り手企業に対して親密度が高くなれば，その企業や商品に対して良いイメージを持つのではないかとの仮説を設けた。そこで，企業イメージと商品イメージに関する質問を設定した。その結果をまとめると，図

表3-05の通りである。

図表3-05 商品・企業イメージに関するデータ

| 質問番号 | 質問項目 | 平均値 | 標準偏差 |
|---|---|---|---|
| 1 | 「その企業」は,企業イメージが良いほうだ。 | 3.77 | 0.814 |
| 2 | 「その企業」は,技術力があるほうだ。 | 3.88 | 0.849 |
| 3 | 「その企業」は,小回りがきくほうだ。 | 3.63 | 0.932 |
| 4 | 「その企業」の商品イメージは良いほうだ。 | 3.75 | 0.696 |
| 5 | 「その企業」であれば,良いQCDの商品を提供してくれる。 | 3.83 | 0.691 |

すべての項目が5段階評価において3.63～3.88である。このことから言えることは,親密度が高くてもその企業,商品,サービスに対するイメージはそれほど良くないことである。

[3] 買い手企業の売り手企業に対する認識と行動に関するデータ

人間関係の親密度が高い特定の売り手企業に対する,回答者の認識や行動についての質問に関する結果を図表3-06にまとめた。

図表3-06 買い手企業の売り手企業への認識と行動に関するデータ

| 質問番号 | 質問項目 | 平均値 | 標準偏差 |
|---|---|---|---|
| 6 | 付き合いが長い。 | 3.64 | 1.116 |
| 7 | 「その営業担当者」との面談時間が長い。 | 3.36 | 0.872 |
| 8 | 仕事以外の世間話もよくする。 | 3.32 | 1.071 |
| 9 | 面談以外にも,電話やメールで連絡を頻繁に取り合っている。 | 3.22 | 1.113 |
| 10 | あなたは「その営業担当者」に自分のことをよく話す。 | 2.88 | 1.078 |
| 11 | 「その営業担当者」の個人的なこと(趣味,好みなど)を知っている。 | 3.02 | 1.066 |
| 12 | 面談の際,あなたのほうが長く話している。 | 3.00 | 0.834 |
| 13 | 一緒に食事をすることがある。 | 2.55 | 1.352 |
| 14 | 一緒にお酒を飲むことがある。 | 2.33 | 1.319 |
| 15 | 一緒にゴルフをすることがある。 | 1.75 | 1.076 |
| 16 | 面談の依頼があったとき,ほかに用事がなければ,すぐに会う。 | 3.96 | 0.905 |

| 17 | あなたができることを「その営業担当者」から依頼された場合，快くやってあげる。 | 3.91 | 0.796 |
| 18 | 「その営業担当者」は，信頼できる人物である。 | 4.11 | 0.694 |
| 19 | 「その営業担当者」との人間関係は今後も継続すると思っている。 | 3.86 | 0.902 |
| 20 | あなたは「その営業担当者」を頼りにしている。 | 3.90 | 0.747 |
| 21 | 「その営業担当者」が提案した内容をそのまま実行に移すことがある。 | 3.28 | 0.830 |
| 22 | 未経験の商品を購買しなければならない時，あなたは安心するために「その営業担当者」に相談することがある。 | 3.52 | 1.026 |
| 23 | 困っていることに対して提案してくれる。 | 3.64 | 0.809 |
| 24 | 仕事に直接関連してない情報でも提供してくれる。 | 3.34 | 0.904 |
| 25 | 約束した時刻を守る（商品の納期，面談，提案など）。 | 4.04 | 0.807 |
| 26 | 「その営業担当者」は，貴社よりあなたを重要視している。 | 2.99 | 0.900 |
| 27 | どんな場合でも，「その営業担当者」はあなたの立場を考慮している。 | 3.52 | 0.725 |
| 28 | 他社に発注することになっても，「その営業担当者」はあなたを恨むようなことはない。 | 3.53 | 0.725 |
| 29 | いまの営業担当者との関係に満足している。 | 3.80 | 0.763 |
| 30 | クレームなどへの対応がすばやいほうだ。 | 3.85 | 0.821 |

　親密度が高い売り手企業の営業担当者の特徴について，この図表から言える主なことは次の通りである。
・信頼できる人物である。
・今後も継続して付き合っていくと思っている。
・その人物を頼りにしている。
・約束を守る人物である。
・クレームなどへの対応が早い。

（13）「一緒に食事をすることがある」，（14）「一緒にお酒を飲むことがある」，（15）「一緒にゴルフをすることがある」については，買い手企業の多くが接待を受けないようにしているので，この程度のポイントが妥当であると判断できる。

しかし，次の質問項目の結果は予測を大きく下回ったポイントである。(10)「あなたは『その営業担当者』に自分のことをよく話す」，(12)「面談の際，あなたのほうが長く話している」である。自分の話を聞いてくれる人に対して人間関係の親密化が加速して進むということに反している。ただ，一般的に言われていることであるが，話し手は自分のほうがより多くの時間，話していても，聞き手の方がより多く話をしていると感じる傾向がある。そのような認知がアンケート回答者に現れたのではないかとも考えられるが，これらの質問項目については，話し手が話している時間を客観的に測定し，その話し手に対して話した時間を回答してもらうような方法を検討する必要がある。

(6)「付き合いが長い」の平均値が3.64ポイントであったが，親密度が付き合いの長さ（期間）に比例していないことを示している。これは(18)「『その営業担当者』は，信頼できる人物である」や(25)「約束した時刻を守る（商品の納期，面談，提案など）」のポイントが高いことから，ビジネス上の付き合いの特性である「仕事に関連する信頼」の方が，純粋な友人関係を親密化させる要素（例えば，付き合いの長さ）よりも強く影響を受けていると考えられる。

［4］納入企業選定プロセスにおける買い手企業の行動に関するデータ

5段階評価で回答してもらったデータの平均値と標準偏差を求めて，図表3－07にまとめた。

図表3－07　納入企業選定プロセスでの買い手企業の行動に関する質問の回答結果

| 段階 | 質問番号 | 質問項目 | 平均値 | 標準偏差 |
|---|---|---|---|---|
| 情報収集 | 31 | 「その企業」に関しては最新の情報を持っている（アップデートされている）。 | 3.60 | 0.761 |
| | 32 | 「その企業」の商品に関しては最新の情報を持っている。 | 3.50 | 0.834 |
| | 33 | 「その企業」に関する情報を書類として整理している。 | 3.23 | 0.923 |
| | 34 | 「その企業」に関する情報を頭の中に記憶している。 | 3.47 | 0.767 |

| | | | | |
|---|---|---|---|---|
| 見積依頼先抽出 | 35 | 購買しなければならなくなったとき，「その企業」を最初に思い出すことがある。 | 3.89 | 0.752 |
| | 37 | 顧客から別の企業を指定されている場合でも，「その企業」に見積を依頼することがある。 | 3.11 | 1.141 |
| 見積依頼 | 39 | 「その企業」を念頭に置いて見積依頼書を作成することがある。 | 3.48 | 0.951 |
| | 40 | 「その企業」を最初に見積依頼する（順序）ことがある。 | 3.69 | 0.786 |
| | 41 | 「その企業」に対しては，他の企業より詳細に説明することがある。 | 3.24 | 0.931 |
| | 43 | 「その企業」に対しては，他の企業に話していない「見積り額に影響する内容」を説明することがある。 | 2.74 | 1.039 |
| | 48 | 「その企業」に対しては，「他の企業に関する情報」を提供することがある。 | 2.78 | 1.038 |
| 見積内容評価 | 38 | 「その企業」であれば，良いQCDを提供してくれる。 | 3.72 | 0.736 |
| | 42 | 他部署の担当者（または部下）が別の企業を選定した場合，そのまま追認することがある。 | 3.18 | 0.694 |
| | 45 | あなたの評価が，他の担当者の評価と大きく分かれることがある。 | 2.76 | 0.805 |
| | 46 | 「その企業」の評価点が高くなる傾向がある。 | 3.18 | 0.883 |
| | 47 | 会社の購買ルールに反しない範囲で，「その企業」への評価を変えたことがある。 | 2.45 | 0.950 |
| | 49 | 「その企業」が低く評価されている場合，その理由を担当者に質問することがある。 | 3.18 | 0.984 |
| 納入企業選定 | 36 | 以前受けた「借り」を返したことがある。 | 3.11 | 1.104 |
| | 44 | 「その企業」に対しては，指値をすることがある。 | 3.43 | 1.034 |
| | 50 | 「その企業」を選定することが多い。 | 3.31 | 0.851 |
| | 55 | 納入企業選定において，顧客からの指定企業がある場合でも，「その企業」を優先する。 | 2.61 | 0.944 |
| 使用（納入後）の評価 | 51 | 許容できる範囲の不具合があった場合，チェックが甘くなることがある。 | 2.34 | 0.881 |
| | 53 | その商品の新たな「良い面」を発見することがある。 | 3.31 | 0.758 |
| | 54 | クレーム処理に満足することがある。 | 3.47 | 0.807 |
| | 56 | クレーム処理が多少悪い場合であっても我慢することがある。 | 2.26 | 0.987 |
| | 52 | その企業の商品に不具合があった場合，その後の納入に不安を感じることがある。 | 3.33 | 1.023 |

これらの質問内容は，買い手企業の担当者が納入企業選定プロセスにおいて特定の売り手企業に対して何か有利な取り計らいや認識することを仮説した質問である。したがって，人間関係の親密度の影響を全く受けない（選定プロセスの透明性が維持されている）とすれば，各質問項目の回答（5段階評価）の1.0となるべきはずである。しかし，その質問項目の平均値の最も小さな値ですら，2.26である。回答者がアンケート調査に回答する際，ポイントが中心（ポイント3）の方向に偏る傾向があることを考慮しても，納入企業選定プロセスにおいて人間関係の親密度が影響していることを明らかに意味している。納入企業選定プロセスにおいて特定企業に対して，無意識（又は後で考えると意識していたかもしれない行動も含めて）に有利となるような行動をしていると解釈できる。

［5］因子分析の結果

統計処理ソフト（（株）社会情報サービス製「秀吉Pro2000 for Windows」）を活用して，人間関係の親密度に関する質問項目（25項目）について因子分析を行なった。その結果，固有値[注3-1]が，第1因子7.481，第2因子1.8967，第3因子1.175，第4因子1.0708，第5因子0.806，第6因子0.5452，第7因子0.4834，第8因子0.3625，第9因子0.3291，第10因子0.2781であったので，因子数を第5因子までとした。因子抽出方法には「プロマックス回転」を使用した。それらの結果を図表3－08に示した。

第1因子は（11）「その営業担当者の個人的なこと（趣味，好みなど）を知っている」，（10）「あなたは『その営業担当者』に自分のことをよく話す」，（8）「仕事以外の世間話もよくする」，（7）「『その営業担当者』との面談時間が長い」の質問項目に対して因子負荷が大きい。売り手企業の担当者との情報交換が良くできており，また仕事以外の世間話を長くしている。更に人間関係の親密化に影響のある「自己開示」もしている。そこで第1因子を「コミュニケーション量」に関連する因子とした。

次に第2因子において，因子負荷が最も高い（30）「クレームなどへの対応がすばやいほうだ」は買い手企業にとって最も重要なことである。そのほかの

## 図表3-08　納入企業選定プロセスにおける人間関係の親密度に関する因子分析

| 因子名 | 第1因子 コミュニケーション量 | 第2因子 行動予測可能な信頼 | 第3因子 行動の多様性 | 第4因子 社会的交換 | 第5因子 協調的信頼 | 共通性 | 独自性 |
|---|---|---|---|---|---|---|---|
| **第1因子：コミュニケーション量** | | | | | | | |
| 「その営業担当者」の個人的なこと（趣味、好みなど）を知っている。 | **0.821** | -0.071 | 0.210 | 0.046 | -0.193 | 0.763 | 0.237 |
| あなたは「その営業担当者」に自分のことをよく話す。 | **0.806** | 0.014 | 0.129 | -0.100 | 0.003 | 0.676 | 0.324 |
| 仕事以外の世間話もよくする。 | **0.689** | 0.121 | -0.050 | -0.097 | 0.069 | 0.506 | 0.494 |
| 面談以外にも，電話やメールで連絡を頻繁に取り合っている。 | **0.586** | -0.188 | 0.033 | 0.248 | -0.063 | 0.445 | 0.555 |
| 「その営業担当者」との面談時間が長い。 | **0.542** | 0.072 | -0.123 | -0.095 | 0.169 | 0.352 | 0.648 |
| 「その営業担当者」との人間関係は今後も継続すると思っている。 | 0.377 | 0.346 | -0.107 | 0.290 | -0.002 | 0.358 | 0.642 |
| 面談の際，あなたのほうが長く話している。 | 0.312 | -0.252 | 0.096 | 0.135 | 0.158 | 0.213 | 0.787 |
| **第2因子：行動予測可能な信頼** | | | | | | | |
| クレームなどへの対応がすばやいほうだ。 | -0.150 | **0.892** | 0.040 | -0.048 | -0.098 | 0.831 | 0.169 |
| 「その営業担当者」は，信頼できる人物である。 | 0.083 | **0.655** | -0.063 | 0.299 | -0.081 | 0.535 | 0.465 |
| いまの営業担当者との関係に満足している。 | 0.188 | **0.533** | -0.045 | 0.133 | 0.060 | 0.342 | 0.658 |
| 約束した時刻を守る（商品の納期，面談，提案など）。 | -0.212 | **0.456** | 0.238 | 0.104 | 0.027 | 0.321 | 0.679 |
| 仕事に直接関連してない情報でも提供してくれる。 | 0.181 | 0.362 | 0.185 | -0.187 | 0.327 | 0.340 | 0.660 |
| **第3因子：行動の多様性** | | | | | | | |
| 一緒にお酒を飲むことがある。 | 0.058 | 0.062 | **0.893** | 0.010 | -0.093 | 0.814 | 0.186 |
| 一緒に食事をすることがある。 | 0.013 | 0.013 | **0.877** | 0.043 | 0.037 | 0.772 | 0.228 |
| 一緒にゴルフをすることがある。 | 0.267 | 0.110 | **0.421** | -0.203 | 0.062 | 0.306 | 0.694 |
| 「その営業担当者」は，貴社よりあなたを重要視している。 | 0.013 | -0.061 | 0.386 | 0.219 | 0.257 | 0.267 | 0.733 |
| **第4因子：社会的交換** | | | | | | | |
| あなたができることを「その営業担当者」から依頼された場合，快くやってあげる。 | 0.064 | 0.059 | -0.111 | **0.776** | 0.074 | 0.628 | 0.372 |
| 面談の依頼があったとき，ほかに用事がなければ，すぐに会う。 | -0.109 | 0.028 | 0.098 | **0.683** | -0.124 | 0.505 | 0.495 |
| あなたは「その営業担当者」を頼りにしている。 | 0.229 | 0.244 | -0.006 | 0.346 | 0.209 | 0.275 | 0.725 |
| **第5因子：協調的信頼** | | | | | | | |
| 未経験の商品を購買しなければならない時，あなたは安心するために「その営業担当者」に相談することがある。 | -0.002 | -0.095 | -0.069 | -0.077 | **0.897** | 0.824 | 0.176 |
| 困っていることに対して提案してくれる。 | -0.063 | 0.351 | 0.067 | 0.030 | **0.421** | 0.310 | 0.690 |
| どんな場合でも，「その営業担当者」はあなたの立場を考慮している。 | 0.060 | 0.052 | 0.149 | 0.288 | **0.401** | 0.272 | 0.728 |
| 「その営業担当者」が提案した内容をそのまま実行に移すことがある。 | 0.178 | 0.114 | 0.114 | 0.109 | 0.304 | 0.162 | 0.838 |
| 他社に発注することになっても，「その営業担当者」はあなたを恨むようなことはない。 | 0.093 | 0.173 | -0.008 | -0.141 | 0.116 | 0.072 | 0.928 |
| 付き合いが長い。 | 0.209 | 0.020 | 0.096 | 0.052 | 0.110 | 0.068 | 0.932 |
| 因子寄与 | 3.052 | 2.351 | 2.167 | 1.754 | 1.631 | 10.956 | 14.044 |
| 寄与度 | 12.21% | 9.40% | 8.67% | 7.01% | 6.53% | 0.438 | 0.562 |
| 累積寄与度 | 12.21% | 21.61% | 30.28% | 37.30% | 43.82% | | |

(29)「いまの営業担当者との関係に満足している」，(25)「約束した時刻を守る（商品の納期，面談，提案など）」など売り手企業の担当者がどのように行動するかを予測できる。そこで，第2因子をRampel他（1985）[7]が提唱した信頼，すなわち「行動の予測可能（Predictability）」に関連した因子とした。

第3因子は，(14)「一緒にお酒を飲むことがある」，(13)「一緒に食事をすることがある」，(15)「一緒にゴルフをすることがある」など，仕事以外で一緒に行動すること。そこで，Bersheild他（1989）[8]が提唱した「行動の多様性（Diversity）」に関連した因子とした。

第4因子は，(17)「あなたができることを『その営業担当者』から依頼された場合，快くやってあげる」，(16)「面談の依頼があったとき，ほかに用事がなければ，すぐに会う」，(20)「あなたは『その営業担当者』を頼りにしている」などにおいても高い因子負荷を示している。これらの行動は，買い手企業が売り手企業から何らかの社会的交換物を受けたことに対して，それを返そうとするものである。そこで第4因子を「社会的交換」に関連した因子とした。

第5因子は，(22)「未経験の商品を購買しなければならない時，あなたは安心するために『その営業担当者』に相談することがある」，(23)「困っていることに対して提案してくれる」，(27)「どんな場合でも，『その営業担当者』はあなたの立場を考慮している」などで高い因子負荷を示している。同時に(21)「その営業担当者が提案した内容をそのまま実行に移すことがある」も高い因子負荷を示している。そこで，第5因子を「協調的信頼」に関連した因子とした。

[6] 人間関係の親密度と納入企業選定に関連する質問項目の相関関係

人間関係の親密度に関連する質問項目と納入企業選定に関連する質問項目について，相関係数[注3-2]とその有意水準[注3-3]を求めた。そして，横軸に人間関係の親密度に関する質問項目を，縦軸に納入企業選定に関連する質問項目をとり，相関係数（上段）と有意水準（下段）をまとめた。更に，横軸の人間関係の親密度に関する項目を因子分析の結果を活用して，グループ化して並べ直した。

また，見やすくするために，相関係数0.2未満かつ有意水準5％以上のセルを非表示にして図表3－09を作成した。

## 第三節　考　察

　ここでは，一次処理データに加えて二次処理したデータから明白となった知見を考察し，サブの課題－3仮説「人間関係が納入企業の選定に影響する」は正しいかを実証する。

[1]　アンケート調査の回答データの信ぴょう性について
　すべての回答者が集中して完璧にアンケート調査に応えてくれるとは限らないので，回答の信ぴょう性を確認するために，同じ質問を別の場所に記載し，その質問への評価点の差を求めることにした。すなわち，質問項目「『その企業』であれば，良いQCDの商品を提供してくれる」を番号（5）と番号（38）としてアンケート調査票に2か所に記載した。
　96回答の中で，2か所の回答値の差の合計〔Σ｛(第一か所目の回答値)－(第二か所目の回答値)｝〕を求めると，11ポイントであった。これを一人当たりの平均差異を求めると，0.02ポイントとなり，概ね正確に回答されていると言える。

[2]　商品・企業イメージについて
　図表3－05において，買い手企業は親密度の高い売り手企業に対して技術力があると認識していることがわかる。これは事前に行なった面談調査の結果とも一致する。
　しかし，「小回りがきく」という質問に対してポイントが低いことは予想外であった。面談調査では，買い手企業が好む売り手企業の特性は，無理が利くことや柔軟に対応してくれること，すなわち小回りが利くことであった。継続的に取引している売り手企業であっても，買い手企業がそれほど小回りを利か

## 図表3－09　「人間関係の親密度」と「納入企業選定プロセスにおける買い手企業の売り手企業に対する行動や認識」との相関係数と有意水準

| | | | 第一因子 コミュニケーション量 | | | | | | |
|---|---|---|---|---|---|---|---|---|---|
| | | | 11 | 10 | 8 | 9 | 7 | 19 | 12 |
| | | | 「その営業担当者」の個人的なこと（趣味、好みなど）を知っている。 | あなたは「その営業担当者」に自分のことをよく話す。 | 仕事以外の世間話もよくする。 | 面談以外にも、電話やメールで連絡を頻繁に取り合っている。 | 「その営業担当者」との面談時間が長い。 | 「その営業担当者」との人間関係は今後も継続すると思っている。 | 面談の際、あなたのほうが長く話している。 |
| 売り手企業に関する情報 | 31 | 「その企業」に関しては最新の情報を持っている（アップデートされている）。 | | | | 0.283<br>0.012 | | 0.305<br>0.006 | |
| | 32 | 「その企業」の商品に関しては最新の情報を持っている。 | | | | 0.273<br>0.015 | 0.296<br>0.008 | 0.371<br>0.001 | |
| | 33 | 「その企業」に関する情報を書類として整理している。 | | | | | | | |
| | 34 | 「その企業」に関する情報を頭の中に記憶している。 | 0.321<br>0.004 | | | 0.421<br>0.000 | | 0.379<br>0.001 | |
| 見積先抽出 | 35 | 購買しなければならなくなったとき、「その企業」を最初に思い出すことがある。 | 0.288<br>0.010 | | | 0.321<br>0.004 | 0.237<br>0.035 | | |
| | 37 | 顧客から別の企業を指定されている場合でも、「その企業」に見積を依頼することがある。 | 0.249<br>0.027 | 0.303<br>0.007 | | 0.274<br>0.015 | | | 0.227<br>0.044 |
| 見積依頼 | 39 | 「その企業」を念頭に置いて見積依頼書を作成することがある。 | | | | | | | |
| | 40 | 「その企業」を最初に見積依頼する（順序）ことがある。 | | | | | 0.380<br>0.001 | 0.318<br>0.004 | |
| | 41 | 「その企業」に対しては、他の企業より詳細に説明することがある。 | 0.138<br>0.226 | 0.331<br>0.003 | | 0.271<br>0.016 | | | 0.254<br>0.024 |

| | | | 第二因子 行動予測可能な信頼 | | | | | 第三因子 行動の多様性 | | | |
|---|---|---|---|---|---|---|---|---|---|---|---|
| | | | 30 | 18 | 29 | 25 | 24 | 14 | 13 | 15 | 26 |
| | | | クレームなどへの対応がすばやいほうだ。 | 「その営業担当者」は、信頼できる人物である。 | いまの営業担当者との関係に満足している。 | 約束した時刻を守る（商品の納期、面談、提案など）。 | 仕事に直接関連していない情報でも提供してくれる。 | 一緒にお酒を飲むことがある。 | 一緒に食事をすることがある。 | 一緒にゴルフをすることがある。 | 「その営業担当者」は、貴社よりあなたを重要視している。 |
| 売り手企業に関する情報 | 31 | 「その企業」に関しては最新の情報を持っている（アップデートされている）。 | 0.265<br>0.018 | 0.316<br>0.005 | 0.337<br>0.002 | 0.223<br>0.048 | 0.291<br>0.009 | | | | 0.233<br>0.039 |
| | 32 | 「その企業」の商品に関しては最新の情報を持っている。 | 0.366<br>0.001 | 0.370<br>0.001 | 0.381<br>0.001 | 0.310<br>0.005 | 0.280<br>0.012 | 0.265<br>0.019 | | | 0.287<br>0.011 |
| | 33 | 「その企業」に関する情報を書類として整理している。 | | | | | | 0.259<br>0.021 | | | |
| | 34 | 「その企業」に関する情報を頭の中に記憶している。 | 0.345<br>0.002 | 0.260<br>0.021 | 0.372<br>0.001 | | | 0.289<br>0.010 | 0.252<br>0.025 | | 0.260<br>0.021 |
| 見積先抽出 | 35 | 購買しなければならなくなったとき、「その企業」を最初に思い出すことがある。 | 0.295<br>0.008 | | 0.296<br>0.008 | 0.274<br>0.014 | | | 0.248<br>0.028 | | 0.256<br>0.023 |
| | 37 | 顧客から別の企業を指定されている場合でも、「その企業」に見積を依頼することがある。 | | | | | 0.356<br>0.001 | 0.285<br>0.011 | 0.357<br>0.001 | | 0.351<br>0.002 |
| 見積依頼 | 39 | 「その企業」を念頭に置いて見積依頼書を作成することがある。 | 0.269<br>0.017 | 0.246<br>0.029 | | | | | | | |
| | 40 | 「その企業」を最初に見積依頼する（順序）ことがある。 | 0.377<br>0.001 | 0.269<br>0.017 | 0.275<br>0.014 | | | | 0.226<br>0.045 | | 0.224<br>0.047 |
| | 41 | 「その企業」に対しては、他の企業より詳細に説明することがある。 | 0.306<br>0.006 | 0.261<br>0.020 | | | | 0.222<br>0.050 | | 0.232<br>0.040 | 0.246<br>0.029 |

| | | | 第四因子 社会的交換 | | | 第五因子 協調的信頼 | | | | その他 | |
|---|---|---|---|---|---|---|---|---|---|---|---|
| | | | 17 | 16 | 20 | 22 | 23 | 27 | 21 | 28 | 6 |
| | | | あなたができることを「その営業担当者」から依頼された場合、快くやってあげる。 | 面談の以来があったとき、ほかに用事がなければ、すぐに会う。 | あなたは「その営業担当者」を頼りにしている。 | 未経験の商品を購買しなければならない時、あなたは安心するために「その営業担当者」に相談することがある。 | 困っていることに対して提案してくれる。 | どんな場合でも、「その営業担当者」はあなたの立場を考慮している。 | 「その営業担当者」が提案した内容をそのまま実行に移すことがある。 | 他社に発注することになっても、「その営業担当者」はあなたを恨むようなことはない。 | 付き合いが長い。 |
| 売り手企業に関する情報 | 31 | 「その企業」に関しては最新の情報を持っている（アップデートされている）。 | 0.391<br>0.000 | | 0.277<br>0.013 | | 0.321<br>0.004 | | 0.264<br>0.019 | | |
| | 32 | 「その企業」の商品に関しては最新の情報を持っている。 | 0.360<br>0.001 | | | | | 0.285<br>0.011 | | 0.232<br>0.040 | |
| | 33 | 「その企業」に関する情報を書類として整理している。 | | | | | | | | | |
| | 34 | 「その企業」に関する情報を頭の中に記憶している。 | 0.382<br>0.001 | 0.349<br>0.002 | 0.235<br>0.037 | | | 0.242<br>0.031 | | | |
| 見積先抽出 | 35 | 購買しなければならなくなったとき、「その企業」を最初に思い出すことがある。 | 0.264<br>0.019 | | | 0.268<br>0.017 | | 0.275<br>0.014 | 0.303<br>0.007 | 0.438<br>0.000 | 0.221<br>0.050 |
| | 37 | 顧客から別の企業を指定されている場合でも、「その企業」に見積を依頼することがある。 | | | | 0.361<br>0.001 | 0.262<br>0.020 | 0.286<br>0.011 | | 0.256<br>0.023 | 0.240<br>0.033 |
| 見積依頼 | 39 | 「その企業」を念頭に置いて見積依頼書を作成することがある。 | 0.246<br>0.029 | | | | | 0.294<br>0.009 | 0.414<br>0.000 | | |
| | 40 | 「その企業」を最初に見積依頼する（順序）ことがある。 | 0.307<br>0.006 | | 0.235<br>0.037 | 0.314<br>0.005 | | 0.370<br>0.001 | 0.335<br>0.003 | 0.265<br>0.018 | 0.364<br>0.001 |
| | 41 | 「その企業」に対しては、他の企業より詳細に説明することがある。 | 0.242<br>0.032 | 0.315<br>0.005 | 0.343<br>0.002 | | | 0.358<br>0.001 | 0.460<br>0.000 | | 0.302<br>0.007 |

第三章　アンケート調査による仮説の実証　121

| | | | | | | | | | | | | | | | | | | | | |
|---|---|---|---|---|---|---|---|---|---|---|---|---|---|---|---|---|---|---|---|---|
| 見積依頼 | 43 | 「その企業」に対しては、他の企業に話していない「見積り額に影響する内容」を説明することがある。 | 0.372<br>0.001 | 0.359<br>0.001 | 0.254<br>0.024 | 0.222<br>0.049 | 0.265<br>0.018 | 0.337<br>0.002 | 0.242<br>0.031 | | | 0.338<br>0.002 | 0.383<br>0.001 | 0.405<br>0.000 | 0.296<br>0.008 | 0.322<br>0.004 | 0.328<br>0.003 | | 0.316<br>0.005 | 0.229<br>0.042 | 0.266<br>0.018 |
| | 48 | 「その企業」に対しては、「他の企業に関する情報」を提供することがある。 | 0.337<br>0.002 | 0.318<br>0.004 | | | 0.226<br>0.045 | | | | | 0.294<br>0.009 | 0.226<br>0.046 | 0.280<br>0.012 | | | 0.265<br>0.018 | | 0.322<br>0.004 | | |
| | 38 | 「その企業」であれば、良いQCDを提供してくれる。 | | | | | | 0.238<br>0.035 | | 0.313<br>0.005 | 0.302<br>0.007 | | | | | 0.240<br>0.033 | 0.227<br>0.045 | | 0.263<br>0.019 | 0.292<br>0.009 | |
| | 42 | 他部署の担当者（または部下）が別の企業を選定した場合、そのまま追認することがある。 | | | | | | | 0.229<br>0.043 | | | | | 0.230<br>0.041 | 0.313<br>0.005 | | | 0.288<br>0.010 | | | |
| 見積内容評価 | 45 | あなたの評価が、他の担当者の評価と大きく分かれることがある。 | 0.242<br>0.031 | 0.275<br>0.014 | | | | | | | | | | | | | | | | 0.248<br>0.028 | |
| | 46 | 「その企業」の評価点が高くなる傾向がある。 | | 0.232<br>0.039 | | | | | | | | | 0.227<br>0.044 | 0.223<br>0.048 | 0.221<br>0.050 | | | 0.303<br>0.007 | | 0.315<br>0.005 | 0.351<br>0.002 |
| | 47 | 会社の購買ルールに反しない範囲で、「その企業」への評価を変えたことがある。 | | | 0.254<br>0.024 | | 0.226<br>0.046 | | | | | 0.264<br>0.019 | | | 0.294<br>0.009 | | | | | | 0.221<br>0.050 |
| | 49 | 「その企業」が低く評価されている場合、その理由を担当者に質問したことがある。 | | | | 0.297<br>0.008 | 0.410<br>0.000 | 0.235<br>0.037 | | | | 0.243<br>0.031 | | 0.236<br>0.037 | 0.329<br>0.003 | | 0.239<br>0.034 | 0.339<br>0.002 | 0.430<br>0.000 | 0.240<br>0.033 | 0.542<br>0.000 |
| 納入企業選定 | 36 | 以前受けた「借り」を返したことがある。 | 0.340<br>0.002 | 0.395<br>0.000 | 0.250<br>0.026 | 0.378<br>0.001 | | | | 0.248<br>0.028 | | | 0.265<br>0.018 | 0.312<br>0.005 | 0.259<br>0.021 | 0.341<br>0.002 | | | | 0.234<br>0.038 | 0.332<br>0.003 | 0.275<br>0.014 |
| | 44 | 「その企業」に対しては、借り値をすることがある。 | 0.327<br>0.003 | | | | | | | | | | | | | | | | 0.267<br>0.017 | 0.249<br>0.027 | 0.224<br>0.047 |
| | 50 | 「その企業」を選定することが多い。 | | | 0.243<br>0.031 | 0.243<br>0.031 | 0.230<br>0.041 | | | 0.352<br>0.002 | 0.247<br>0.028 | 0.296<br>0.008 | | | 0.362<br>0.001 | | 0.256<br>0.023 | | 0.255<br>0.024 | | |
| | 55 | 納入企業選定において、顧客からの指定企業を選定でも、「その企業」を選定する。 | | | | 0.252<br>0.025 | | | | 0.222<br>0.050 | | 0.252<br>0.025 | | | 0.375<br>0.001 | | 0.256<br>0.023 | | 0.253<br>0.024 | 0.238<br>0.035 | |
| 使用 | 51 | 評価できる範囲の不具合があった場合、チェックが甘くなることがある。 | 0.239<br>0.034 | 0.229<br>0.043 | 0.251<br>0.026 | 0.306<br>0.006 | | | | | | 0.316<br>0.005 | 0.362<br>0.001 | 0.321<br>0.004 | | | | 0.233<br>0.039 | 0.279<br>0.013 | | 0.295<br>0.008 |
| | 53 | その商品の新たな「良い面」を発見することがある。 | | | | | | | | | | 0.304<br>0.006 | | 0.230<br>0.042 | | | | 0.255<br>0.024 | 0.235<br>0.037 | | |
| | 54 | クレーム処理に満足することがある。 | | | | 0.290<br>0.010 | | | | 0.438<br>0.000 | 0.407<br>0.000 | | 0.244<br>0.030 | 0.283<br>0.012 | 0.315<br>0.005 | 0.296<br>0.008 | 0.235<br>0.037 | 0.234<br>0.038 | 0.237<br>0.036 | 0.268<br>0.017 | |
| 用 | 56 | クレーム処理が多少悪い場合でも、「その企業」を我慢することがある。 | | | | | | | | | 0.377<br>0.002 | 0.263<br>0.019 | | | | 0.241<br>0.032 | 0.329<br>0.003 | 0.234<br>0.038 | | | |
| | 52 | 「その企業」の商品について不具合があった場合、その後の納入に不安を感じることがある。 | | | | | | | | | | | | | | | | | | 0.298<br>0.008 | |

せた対応をしてもらえていないと認識していると解釈できる。

「企業イメージ」や「商品イメージ」のポイントについても，高得点になると予測していたが，結果は二つの質問項目ともそれほど高いものではなかった。買い手企業が売り手企業に対して人間関係の親密度を高く認識しているということは，その売り手企業との間で継続的に取引をしているはずである。買い手企業がその売り手企業を納入企業として選定するに足るQCDの良い商品を提供してくれる企業と認識していることを考慮すると，ある程度企業イメージや商品イメージが形成されているはずであるのに，3ポイント台の数値では，人間関係がこれらのイメージに強く影響しているとは言えない。

また，「良いQCDの商品を提供してくれる」のポイントも決して高い得点ではない。このことは，買い手企業が期待したQCDのレベルを超える商品の提供を受けられれば，それ以上の高いQCDの商品よりも，売り手企業との人間関係の親密度のほうが継続的な取引に影響があると解釈することができる。

次に，企業・商品イメージに関して，更に詳細にみるために，納入企業選定の権限（役員・部長⇔課長⇔新人担当者）と企業・商品イメージとの相関係数を求めて，0.2以下の数値を示した相関係数を非表示として図表3－10を作成した。

図表3－10　納入企業選定権限と企業・商品イメージとの相関関係

| 番号 | 質問項目 | 相関係数 | 有意水準 |
| --- | --- | --- | --- |
| 1 | 「その企業」は，企業イメージが良いほうだ。 | － | － |
| 2 | 「その企業」は，技術力があるほうだ。 | 0.224 | 0.029 |
| 3 | 「その企業」は，小回りがきくほうだ。 | － | － |
| 4 | 「その企業」の商品イメージは良いほうだ。 | 0.230 | 0.025 |
| 5 | 「その企業」であれば，良いQCDの商品を提供してくれる。 | 0.251 | 0.014 |

役職が高ければ高いほど，売り手企業に対する商品イメージが良く，技術力があり，また良いQCDの商品を提供してくれるとより強く認識している。このことから，高い役職になればなるほど具体的で詳細な情報より，より抽象的で，イメージなどで売り手企業を見ていることがわかる。

## [3] 納入企業選定プロセスでの影響について
### (1) 売り手企業に関する情報収集段階

人間関係において,「関係の親密化は,2人で行う行動や活動の量と相手に対する信頼によってとらえた[9]」。すなわち,人間関係の親密度は回答者(買い手企業)と売り手企業の両者の行動の種類と量,並びに信頼で構成されている。両者の主要な行動はコミュニケーションである。そこで,両者間のコミュニケーション量が多ければ,売り手企業は買い手企業が抱えている問題や課題に関する情報を,競合先より早く且つ正確に入手することができるようになる。その情報に基づいて,買い手企業に役立つ情報提供や提案を競合先より早く行なうことができる。したがって,売り手企業が提供する情報や提案は,客観的にも売り手企業の競合先と比較してより優良なものとなっているはずである。そして買い手企業は,それらの情報や提案を優れたものと判断するであろう。実際にも,その売り手企業から提供された情報や提案内容は買い手企業にとって問題や課題を解決することに役立つことが多い。このことにより,買い手企業はその売り手企業を有能な企業として認識するようになる。更にコミュニケーションを積み重ねていく中で,買い手企業の担当者は売り手企業の担当者や,その者が提供する商品・サービスに関して重要であると認識して意識に上りやすくなる。すなわち,その担当者への中心性[注3-4]が高くなると解釈できる。また,人間関係の親密度が高くなれば,買い手企業の担当者は売り手企業の担当者に対して「その情報空間と価値の方向づけは全体が一貫した評価になるように動機付けられている[10]」。言い換えると,売り手企業に対する好ましい情報だけが選択的に買い手企業の担当者の頭の中や買い手企業のデータベースに記憶されていくことになる。アンケート調査の結果は,人間関係の親密度が納入企業選定に影響していると明確に示してはいないが,前述の通り買い手企業の担当者は売り手企業に関して最新の好ましい情報だけを大量に記憶している状態であることを示している。

したがって,人間関係の親密度が向上すると,買い手企業の情報収集段階において売り手企業に有利な影響があると解釈できる。

## (2) 見積先抽出段階

アンケート調査の結果において，特に，質問項目（35）「購買しなければならなくなったとき，『その企業』を最初に思い出すことがある」は3.84ポイントと高い。これは，人間関係の親密度の高い売り手企業に対して見積先抽出段階において明らかに有利な影響があることを示している。これは，上記（[3]・(1)）の通り，買い手企業の担当者は親密度が高い売り手企業の担当者を重要であると認識すると意識に上りやすくなるので，その担当者を最初に思い浮かべることは容易に推測できる。

## (3) 見積依頼段階

質問項目（39）「『その企業』を念頭に置いて見積依頼書を作成することがある」と（40）「『その企業』を最初に見積依頼する（順序）ことがある」のポイントが高いことは，上記の［3］の（2）で説明した通り，親密度が高い売り手企業の担当者が意識に上りやすい傾向にあることで説明できる。

質問項目（41）「『その企業』に対しては，他の企業より詳細に説明することがある」，（43）「『その企業』に対しては，他の企業に話していない『見積額に影響する内容』を説明することがある」，及び（48）「『その企業』に対しては，『他の企業に関する情報』を提供することがある」については，人が持っている互恵規範[注3-5]によって，買い手企業は，見積依頼にいたるまでに多くの社会的交換を受けている。例えば，見積書作成時やそれ以前に多くの価値ある情報や提案を受けているので，これらに応える形でその売り手企業に有利な取り計らいをすると理解できる。

## (4) 見積内容評価段階

質問項目（42）「他部署の担当者（または部下）が別の企業を選定した場合，そのまま追認することがある」と（45）「あなたの評価が，他の担当者の評価と大きく分かれることがある」をみると，買い手企業の複数の担当者は，複数の売り手企業の比較データを客観的に評価すれば（納入企業選定プロセスにおい

て透明性が維持されていれば), 同じ売り手企業に対して類似の評価をするはずである。したがって, これらの質問の内容からみて回答の平均値が1.00となるはずであるが, アンケート調査の結果は1.00より大きな数値を示している。このことによって, 人間関係の親密度がその売り手企業に有利に働いていると明確には断言できないが, 少なくとも納入企業選定に何らかの影響を与えているとは言える。

　質問項目 (46)「『その企業』の評価点が高くなる傾向がある」と (47)「会社の購買ルールに反しない範囲で, 『その企業』への評価を変えたことがある」をみると, 見積内容評価段階において, 買い手企業の担当者は人間関係の親密な売り手企業の担当者に関して最新の好ましい情報を大量に記憶しており, また, 当該企業を重要な売り手企業であると認識しているので「顧客信頼[注3-6]」の水準の高い売り手企業と認識するようになる。顧客信頼の高い企業を優先的に考慮することは, 買い手企業の担当者自身も自分の行動を合理的であると認識するし, 当然買い手企業内からも合理的な行動と理解されるであろう。土田 (2001) が指摘している通り, 好意を抱いている対象に悪い点があると不快になり「対象について考えることによって価値の方向づけと評価的に矛盾しない情報空間が形成されていく」し, 「人間は, 自己概念に矛盾しない情報だけを意識したいもの[11]」である。すなわち, 「見積内容評価」の段階においては, 買い手企業の担当者は, 親密化が進んだ売り手企業の営業担当者が提案する商品や情報に対して有利な行動や評価をする傾向があると解釈できる。

### (5) 納入企業選定段階

　納入企業選定に関連する質問項目 (36)「以前受けた『借り』を返したことがある」, (44)「『その企業』に対しては, 指値をすることがある」, (50)「『その企業』を選定することが多い」のそれぞれの平均値は, 3.00以上である。これは, 前述の通り, 人間関係の親密度が納入企業選定に影響し, 親密度が高い売り手企業が有利であることを示している。これを社会的交換理論からの視点で, 納入企業選定プロセスに人間関係の親密度が影響する要因についての解釈

を試みると，アダムスの衡平理論[注3-7]によれば，交換当事者（買い手企業と売り手企業の担当者）が物的にも心的にも不衡平を認識したとき，心理的な緊張を感じてそれを解消しようとする。また，相手から物的なものや心的なものを与えられたとき，自分が感じたその価値と同程度のものをその相手に返すという行動規範がある。例えば，買い手企業は，売り手企業の営業活動を通じて，売り手企業から提案書，引き合いに関するアイデアや情報，食事などの物的な財と，共感や称賛などの心的な財を受け取ることになる。これらの報酬を受け取ったと認識すると，それを返すように動機づけられるので，納入企業選定プロセスの中でその売り手企業に対して有利な取り計らいをする傾向が強くなると考えられる。

(6) 使用（納入後）の評価

質問項目（51）「許容できる範囲の不具合があった場合，チェックが甘くなることがある」と（56）「クレーム処理が多少悪い場合であっても我慢することがある」に対する回答の平均値が低いことは，近年，品質の安定に対する要求が厳しくなっていることが反映されていると考えられる。この段階では，売り手（納入）企業との人間関係よりも，買い手企業の顧客からの要求や自社のルールに則って行動していると解釈できる。

[4] 相関関係の強さについて

図表3－11において，顕著な相関関係が認められる納入企業選定プロセス，因子，及びセルは，次のとおりである。
　①縦軸では，納入企業選定プロセスでは「見積先抽出」
　②横軸では，因子「協調的信頼性」
　③セルでは，横軸の「売り手企業に関する情報」の段階と縦軸の「行動予測可能な信頼」の因子との交差したセル

①と③において，買い手企業が所有するその売り手企業に関する情報は，その売り手企業の競合先よりも情報量が多く，かつアップデートされていること

を意味する。親密度を構成する，ビジネス上の重要な行動がコミュニケーションなので，買い手企業は親密度の高い売り手企業に関する情報と物理的に接する機会が多いだけでなく，自己概念との認知一貫性[注3-8]の心理的な働きによって，親密度の高い売り手企業に関する情報を選択的に収集する傾向が強い。したがって，「売り手企業に関する情報収集」の段階に明瞭な相関が認められたと考えられる。次に，買い手企業においては，親密度が高ければ中心性が高まり，いつも意識にのぼりやすくなる。したがって，「見積先抽出」の段階に強い傾向がみられることは合理的である。

図表3-11 各因子と納入企業選定の段階の
「相関係数の0.2以上のセル数/セルの全数」の比率（％）

| ステップ＼因子 | 第一因子 コミュニケーション量 | 第二因子 行動予測可能な信頼 | 第三因子 行動の多様性 | 第四因子 社会的交換 | 第五因子 協調的信頼 | 因子全体 |
|---|---|---|---|---|---|---|
| 売り手企業に関する情報 | 28.6 | 65.0 | 43.8 | 50.0 | 25.0 | 39.0 |
| 見積先抽出 | 50.0 | 40.0 | 62.5 | 16.7 | 75.0 | 54.0 |
| 見積依頼 | 45.7 | 36.0 | 50.0 | 46.7 | 60.0 | 46.4 |
| 見積内容評価 | 16.7 | 10.0 | 25.0 | 11.1 | 33.3 | 17.3 |
| 納入企業選定 | 42.9 | 35.0 | 56.3 | 33.3 | 62.5 | 45.0 |
| 使用 | 14.3 | 24.0 | 35.0 | 26.7 | 45.0 | 24.8 |
| ステップ全体 | 30.2 | 32.3 | 42.3 | 30.8 | 47.1 | |

次に②において，買い手企業は，より良い品質・価格・納入条件（QCD）の商品を購買しなければならないので，売り手企業の協力を必要としている。「企業単位での利益を追求するのではなく，運命共同体として関係全体の利益を考慮するのである。（中略）その結果，取引相手との関係を重視し，共存共栄を目標にする」[12]という協調的な意識が形成される。この意識が納入企業選定プロセスに影響していると考えられる。これは，アダムスの衡平理論や互恵規範などの社会的交換理論で説明できる動機づけである。

## [5] 考察のまとめ

　買い手企業の担当者は，納入企業選定プロセスにおいて会社のルールに反して特定の売り手企業に対して有利な取り計らいをすると，会社に対する背任行為となるので，意識して有利に取り扱うことはない。したがって，最も優良なQCDの商品を提供してくれる売り手企業を納入企業に選定している。もし仮に多くの買い手企業がもっとも優良なQCDの商品を提供する売り手企業を神のように絶対的な客観性をもって評価できるとすると，一社の納入企業を集中的に選定してしまうことになる。実際にはそうでなく，買い手企業が納入企業選定プロセスに人間がかかわり合うサブシステムがある限り，人間関係の親密度の高い売り手企業に対して有利な取り計らいをすることを排除することはできない。この有利な取り計らいとは，その売り手企業に対する主観的な評価を向上させることだけでなく，その売り手企業の商品のQCDの客観的な水準を向上させることでもある。それらの要因はつぎの四つ考えられる。

　第一の要因は，親密度の高い売り手企業は客観的なQCD水準が競合先よりも優れる傾向にある。買い手企業の担当者は特定の売り手企業の担当者との間で親密化が進むと，アンケート調査の結果が示しているように，両者の間のコミュニケーション量が競合先よりも多くなる。すると，買い手企業が抱えている問題や課題に関する情報をいち早く，かつ正確に入手することができる。当然，この情報に基づいて，売り手企業は買い手企業に対して種々の有効な提案や情報提供を行なう。必要に応じてサンプルも提供する。それを買い手企業は自社の問題や課題を解決するために，参考にしたり，取り入れたりする。もし，これらに基づいて買い手企業が見積依頼書を作成することがあれば，その売り手企業は見積書作成において競合先より有利となる。そしてその見積書は買い手企業から高く評価される可能性が高くなる。いずれにせよ，競合先よりも，より早くかつより正確な情報（買い手企業のニーズ）を入手できれば，それだけで客観的にも競合先より優良な商品や有益な情報を提供できることになる。

　第二の要因は，買い手企業の担当者はニーズを認識したとき，親密度が高い売り手企業を競合先よりも先に思い出すことである。買い手企業と売り手企業

の担当者の両者は，親密度が高ければより頻繁に行動を共にしているし，またいろいろなメディア（電話，メール，FAXなど）を通じて多くのコミュニケーションを交わし，頻繁に面談したりしていれば，その売り手企業の担当者を"先に"思い出すことは自然なことである。更に，売り手企業の担当者が買い手企業の担当者にとって重要な存在であれば，なおさら，先に思い出す。これは中心性の理論で説明できる。売り手企業は，買い手企業の担当者に先に思い浮かべてもらえれば，競合先と比較して先に行動することができし，見積依頼先に抽出される確実性が高くなったり，自社（売り手企業）が得意とする仕様が見積書に記載される可能性も高くなったりする。

　第三の要因は，認知一貫性で説明できる心的な動きである。売り手企業は，買い手企業が抱えている問題や課題を解決する種々の提案や情報提供を行なう。買い手企業から見れば，この売り手企業を競合先と比較して買い手企業にとって欠かせない企業として認識したり，優良な企業として評価したりするであろう。一度，このように優れた企業として認識すると，優れた企業を示す情報のみが買い手企業に記憶されるようになる。すると，買い手企業は，複数の売り手企業に見積依頼しなければならない時，既にその特定の売り手企業をその他の売り手企業よりも優れたQCDの商品を提供する売り手企業であると認識しているので，見積依頼先の範囲を拡大して見積を依頼することはない。これは面談調査の結果である「新規の取引を開始した企業は極めて少ない」においても，検証されている。また，複数の売り手企業から見積に関連する情報を受け取った際，その特定の売り手企業の商品のQCDが優れていると証拠立てる情報のみが買い手企業の担当者に記憶される（認識される）。アンケート調査の結果，例えば，(46)「『その企業』の評価点が高くなる傾向がある」でも高いポイントとなっていることからも明らかである。以上をまとめると，見積依頼先となる可能性が高くなること，及び納入企業選定プロセスにおける評価も高くなる傾向があることがわかる。

　第四の要因は，互恵規範（社会的交換をしたことで，相手に借りを返す：返報性）である。買い手企業と売り手企業の担当者の間において人間関係の親密度が高

くなれば，両者の間で交わされる社会的交換が多彩かつ頻繁に行なわれる。例えば，有効な提案，価値ある情報，自己開示に対する傾聴などである。人は社会的交換においてより多く受け取っていると認識（無意識を含め）すると，無意識にそれを何らかの形で返そうとする傾向がある。買い手企業の担当者も同様に，納入企業選定プロセスの中でそれを無意識に返そうとする。アンケート調査の結果，例えば，(36)「以前借りた『借り』を返したことがあるか」が比較的高いポイントであることからも，社会的交換において何らかの負担を無意識にでも感じると，それを返そうとする傾向があると言える。

以上のように，買い手企業は親密な人間関係が構築されている売り手企業に対して有利になるよう行動する傾向がある。特に，引き合い段階，見積内容評価段階，及び納入企業選定段階において，人間関係の親密度が影響することが検証できた。

## 第四節　アンケート調査のまとめ

本論文において「納入企業選定プロセスにおいて人間関係の親密度が影響する」という仮説をもとにアンケート調査を実施して次のことを実証した。
① 「納入企業選定に人間関係が影響する」という仮説は正しかったこと。
② 「納入企業選定プロセスのどの段階に強く影響が出現するか」という疑問については，それぞれの段階の間に明瞭な差異はないこと。
③ 「その親密度は，どのような因子によって構成されているか」という疑問については，第1因子を「コミュニケーション量」，第2因子を「行動予測可能な信頼（Predictability）」，第3因子を「行動の多様性（Diversity）」，第4因子を「社会的交換」，及び第5因子を「協調的信頼」にそれぞれ関連した因子によって構成されていること。
④ 「『親密度の因子』と『納入企業選定プロセスのどの段階』との間に相関関係があるか」という疑問に対しては次のように実証できた。親密化の因

子全体との関係においては「見積先抽出」に，また納入企業選定プロセスの全体との関係において「協調的信頼（第五因子）」に，顕著な相関関係が認められたこと。また，横軸の「売り手企業に関する情報」の段階と縦軸の「行動予測可能な信頼」の因子との交差したセルに顕著な相関関係が認められたこと。

　本研究の意義は，このアンケート調査を実施し，仮説の実証を試みたことにある。そして，今回得られた成果は，第五章で詳述するが，売り手企業が効率的に営業活動をするための営業施策を示唆できることである。

# 第四章　買い手企業の購買戦略への対応策に関する考察

　第二章をまとめると次の通りである。買い手企業は，自社の経営資源の特長と売り手企業の経営資源の特長とを比較しながら，顧客のニーズに応えるために自社の経営資源を分析し，自社内で強化するものと外部に依存すべきものを戦略的に決め，これらのうち外部に依存すべきとしたものを入手できるように自社内の仕組みや運用ルールを決めている。多くの場合，外部経営資源の入手方法は，売り手企業からの購買である。買い手企業の購買目的は，市場での競争優位性の源泉を獲得するために，自社内で不足するスキル・ノウハウや特殊な設備などの経営資源を補完することである。

　買い手企業が売り手企業に求めることの一つは，買い手企業が必要とするレベルの技術ノウハウや特殊な設備を保有していることである。そこで売り手企業に必要なことは，買い手企業の商品の商品力を向上させるために必要で，かつ買い手企業のコアでない経営資源を保有することである。つまり，競合他社と比較して卓越した経営資源を蓄積することが経営戦略の基本である。第四章では，売り手企業が買い手企業の選定基準を達成するために"客観的"な実力（技術水準）をどのように向上させるかを議論する。

## 第一節　企業の強み

　売り手企業は，買い手企業の購買戦略に対応するために，自社の強みを棚卸し，強化していく必要がある。そのためには売り手企業は自社の「企業の強み」や「その源泉」を認識する必要がある。ここでは，企業の強みについて説明する。

[1] 企業の強みの特性

　企業の強みの特性を整理すると次の通りである。一つ目は，いままで企業の強みに関して，市場シェア，業界内でのポジショニング，経営資源などが議論されてきた。捨象すれば，研究の時系列的順位の後者のものは，前者のものに入れ替わったのではなく新たに企業の強みとして認識されたものである。これらは，企業の強みの構成要素であり，経営環境の変化と自社の経営資源の増減などによって動的に変化し，有機的に結合されて企業の強みを形成する。

　二つ目は，BCGが提案した「シェア」やPorterが提言した「ポジショニング」のような構成要素は，そのものが企業の強みとなる場合とその企業の強みの源泉となる場合がある。

　三つ目は，企業の強みの構成要素となり得る候補には，顧客の商品選択基準，並びにその基準を達成するための企業の仕組み及び経営資源がある。企業が強みを持っている状態はターゲット顧客がその企業から商品（サービスを含む）をより多く購入することである。企業の強みを考える上で，①「商品選択基準（ターゲット顧客または市場のニーズ）」及び②「その商品に関する情報の伝達力」，並びに③「主敵（競合先）の力」が重要な判断項目となる。企業は，当然のことながら顧客の顕在化したニーズだけでなく潜在ニーズを含めた商品選択基準に合致した商品を提供することが求められる。これらの商品そのものが企業の強みとなり，またこれらの商品を市場投入することを可能にする製品化技術や製造技術などが企業の強みの一要素となる。さらに計画通り販売するには，商品の商品力だけが顧客のニーズを満足していても十分ではなく，その商品の訴求点に関する情報が的確に顧客に届いていることが必要である。そのためには，例えば，企業向け販売であれば，営業担当者の商品知識やコミュニケーション力などが必要となり，これらも企業の強みの一要素となる。これら強みの候補が企業の強みとなるための十分条件は，ターゲット市場での主敵と比較して優れていることである。

　四つ目は，企業の強みはさらに細かく要素に分解できる。例えば，トラックメーカーの強みとなり得る要素をみると，まず「シェア」がある。このシェア

に影響を与えていると思われる商品選択基準の項目は，車両価格，車両性能・製品信頼度，納期，営業力，サービス対応力などである。さらに車両性能・製品信頼度を分解すると，積載量，燃費と運転しやすさ，故障の発生頻度，運転手に与える疲労感の程度，先進技術の採用度，デザインに対する顧客の好み，運転手の好み，商品の幅などとなる。同様に他の要素も分解していくことは可能である。

　五つ目は，各要素は企業の強みに貢献する度合いが異なることである。例えば，商品そのもの，営業担当者の商品知識，顧客との面談頻度やコミュニケーション量と質などの構成要素は，主敵とのそれらの差と顧客の購買行動の違いによって，販売量への影響度が異なる。

[２] 企業の強みの棚卸プロセス

　前述した企業の強みの特性を踏まえて，戦略策定に活用するために自社の強みを棚卸するプロセスを整理すると，第一段階は「ターゲット市場の設定」である。よく言われているように，乗用車の全市場においてメルセデスベンツのシェアは低いが，高級乗用車の市場では高いシェアを誇っている。強みを棚卸するためには自社のターゲット市場またはセグメント化して比較的高いシェアの市場に焦点を当てる必要がある。

　次いで，第二段階は「顧客の商品選定基準の棚卸」である。ターゲット市場またはセグメント化した市場（顧客）のニーズである商品選定基準や商品情報伝達力に関する情報収集と分析を行なう。商品投入から長い時間が経っている場合は，市場投入時の市場ニーズ以外に現時点での商品選定基準についても収集する。ここで得た項目が企業の強みとなり得る候補である。

　第三段階は「シェア影響要因の分析」である。シェアに貢献するであろう要因を棚卸する。具体的には数人の関係者，例えば，マーケティング担当者や商品開発担当者などによるブレーンストーミング方式で，前段階において規定した市場を念頭においてシェアに影響する要因を網羅的に棚卸する。とくに前段階で情報収集した企業の強みとなりそうな項目を中心に議論を進める。同時に

これら企業の強みとなる項目を実現・達成するための経営資源の要因も棚卸する。棚卸した要因をグループ化し、さらにそのグループを上位のグループにまとめ、階層化する。

　第四段階は「主敵の設定」である。企業の強みを明確にするためには主敵と比較することが必要となる。そこで競合先の中から主敵を定め、シェア、商品の商品力や訴求点、販売に関する情報などを収集する。

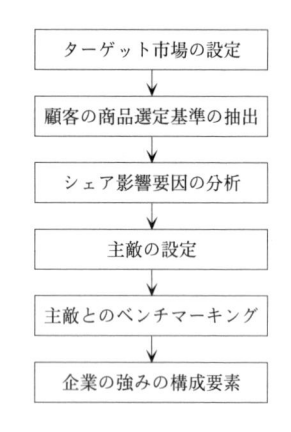

図表4－01　企業の強み抽出プロセス

```
ターゲット市場の設定
      ↓
顧客の商品選定基準の抽出
      ↓
シェア影響要因の分析
      ↓
主敵の設定
      ↓
主敵とのベンチマーキング
      ↓
企業の強みの構成要素
```

　第五段階は「主敵とのベンチマーキング」である。階層化した企業の強みのひとつの階層の構成要素について、主敵と比較してどの程度優れているのか、または劣っているかをベンチマーキングし、それらの項目の中から主敵より優れている項目を企業の強みの構成要素として棚卸する。

　第六段階は「企業の強みの構成要素」の選定である。ベンチマーキングした企業の強みの階層の構成要素について達成する目標を設定し、その費用対効果を予測して効果の大きい順に並べ直す。費用対効果がほぼ同じ場合は競合先からの"真似しにくさ"を考慮し、選定する。

## 第二節　ロードマップの策定

　売り手企業は、買い手企業が納入企業を選定するための基準を最上位で達成しなければならない。そこで、売り手企業は、買い手企業の購買戦略を理解し、更にその買い手企業の戦略的位置づけ、顧客内シェア、自社の技術水準（潜在的能力を含む）などを把握して、買い手企業が要求するQCDの各項目についての行動計画を作成する必要がある。第二節では、売り手企業が買い手企業のQCD基準を達成するためのロードマップ策定について論じる。

第四章　買い手企業の購買戦略への対応策に関する考察　137

　ロードマップ策定の説明に入る前に，日本の製造業の構造的特徴について記述する。製造業には，ユーザー（消費者又は企業）に商品を直接提供する最終商品組立メーカーを頂点とするピラミッド構造が存在する。そのメーカーに高度に組み立てられた完成部品を納入する第一次部品組立メーカー，更に完成部品を構成する部品を加工・組立する第二次部品加工組立メーカー，あるいは第三次部品加工組立メーカーが存在し，またこれらのメーカーに資機材を供給するメーカーが存在する。

　部品メーカーの得意分野の視点からみると，メーカーは，特定の機能を有する部品を組立てる「専門組立部品メーカー」と，特定の加工技術を有して部品を加工する「専門加工部品メーカー」に分けられる。また製品化技術という視点からみると，最終組立メーカーや第一次部品組立メーカーなどが作成した詳細図面や施工図面に基づいて委託製造するメーカーを「貸与図メーカー」と呼び，買い手企業の設計方針や概略設計図（あるいはコンセプト）を基に設計・試験・機能保証などを行ない，製造組立するメーカーを「承認図メーカー」と呼んでいる。このほか，汎用部品を製造する「市販部品メーカー」などがある。

　ここでは，貸与図メーカーと承認図メーカーのロードマップについて説明する。次に買い手企業が求める売り手企業の経営資源を切り口で説明を加える。

［1］貸与図メーカーのロードマップの方針

　売り手企業が貸与図メーカーである場合，技術水準を向上させる方法には3つの選択肢がある。第一の選択肢は，承認図メーカーを目指すというものである。承認図メーカーは貸与図メーカーと比較すると，①買い手企業にとってブラックボックスの部分があり，コストが把握されにくく，②より高度な技術が必要となるので同部品や類似の部品を製造する競合先に対して参入障壁が高くなる。その結果，売り手企業（承認図メーカー）は貸与図メーカーと比較すると価格交渉しやすく，収益を確保しやすい。

　しかし，承認図メーカーは買い手企業に代わって研究開発，詳細設計，性能試験などを行なうので，多額の費用が発生する。その仕事が受注できなければ，

それまでの費用すら回収できない。また，受注できても，買い手企業に対して部品の機能保証までせねばならないので，万が一，その機能に不具合でも発生したら不具合の解消やそれに伴って発生する費用の一部又は全部を保証する必要がある。つまり，リターンは大きいが同時にリスクも大きい。しかし，ハイリスクではあっても，財務力のある貸与図メーカーは，遠い将来を見据えるとより明確な競争優位性を獲得できる可能性の高い承認図メーカーの方が有利であるので，自社の財務体質を更に強化して承認図メーカーを目指すことが多い。

第二の選択肢は，承認図メーカーを目指さず，そのまま，より広い範囲の加工組立の製造委託を受けることである。同じ方法で製造される類似部品を幅広く製造委託を受けるように営業活動を行なう。部品組み立てを委託される場合は，既受注部品の周辺部品も取り込んで受注することを目指す。最も極端な事例は自動車の一車型の全部を貸与図メーカーとして製造委託を受けている企業もある。貸与図メーカーのまま現行取引の範囲を広げれば，売上額を伸ばすことができ，またコスト削減の原資も大きくなるので収益を確保しやすくなる。製造委託だけなので，不良在庫のリスクや開発リスクなどもない。貸与図メーカーは，ローリスク・ローリターンであり，地道に事業を展開していく中で生産に関するノウハウを蓄積したり，設備投資をしたりしながら財務体質を向上させることができ，必要に応じて，更に次の段階に備えることもできる。

第三の選択肢は，より上位のメーカーを目指して，目標を最終商品組立メーカーとの直接取引を目指すことである。貸与図メーカーは，単純部品の製造委託である場合，最終商品組立メーカーと直接，契約することは少なく，モジュールメーカーや一次部品加工・組立メーカーなどの下位メーカーとの取引となっている。より上位の部品組立メーカーを目指すメリットは市場ニーズに関する，より正確な情報を入手することができるからである。また，より広い範囲の部品を受注することや，より多くの類似部品を受注することの可能性が高くなるからである。同時に，部品間の"取り合い"（配置）などを工夫することでコストを削減することの可能性も高くなる。取り扱える範囲をより広げて，更により上位の組立メーカーを目指すことが収益確保と将来の企業経営を安定させ

ることにつながる。

　以上をまとめると，貸与図メーカーは，リスクの大きさとその発生確率並びに自社の財務体質を考慮しつつ，付加価値の高い承認図メーカーを目指すか，あるいはより上位のメーカーを目指すかを選択する必要がある。

## ［2］承認図メーカーのロードマップの方針

　承認図メーカーは，貸与図メーカーと同様に，最終商品組立メーカーにより近い地位を獲得することが成長戦略となる。すなわち，二次組立メーカーよりも一次組立メーカー，更にモジュールメーカーを目指すことが承認図メーカーの戦略の基本である。そこで，承認図メーカーは，最終商品組立メーカーや自社より上位のメーカーのニーズに対して製品化を提案する必要がある。承認図メーカーは，顧客（買い手企業）からこれらニーズを入手して商品企画の目標や市場要求品質を設定し，商品開発してその成果を買い手企業に提案する。そして買い手企業からその提案内容に対するコメントや関連情報を入手する。これらのことが自社の競争優位性の源泉である製品化技術を向上させることにつながる。

　二次部品メーカーの場合は，〈①核となる製品技術力では世界のトップレベルであること，②自社商品の周辺部品についての知識を持つこと，③製造技術で独自性を持つことである〉[1]。上記の3条件を前提に，一次部品加工組立メーカーを目指す。更に，一次部品加工組立メーカーは，〈①たとえ，自社商品の技術的な幅が狭くても良いが，周辺部品について評価検証能力があること，②スピーディに他のメーカーと協業ができること，③売上高，開発費が一定規模以上であること，などのノウハウや技術，財力〉[2]を獲得してモジュールメーカーを目指すことが望ましい。

　承認図メーカーの場合は，貸与図メーカーと比較すると戦略が単純である。すなわち，より広い範囲の部品を取り込み，より上位の地位（最終的にモジュールメーカー）を目指すことが戦略となるであろう。

[３] 買い手企業が求める経営資源からのロードマップの方針

前述のとおり買い手企業は，売り手企業の「設備と安価な労務」「製品化技術力」「QCD管理力」などを自社の経営資源として活用することを目的に売り手企業から部品を含む資機材を購買する。部品加工組立メーカー（売り手企業）は，買い手企業の購買目的を考慮して，自社の強みを生かすようにロードマップを策定することが求められる。そこで，買い手企業が活用する部品加工組立メーカーの経営資源からの切り口で方針を整理することを試みる。第二章で記述した図表２－07「買い手企業の納入企業選定戦略」を基にして部品加工組立メーカーのロードマップを作成すると次の通りである（図表４－02）。

第一ゾーンに属する売り手企業の多くは貸与図メーカーに分類される。売り手企業の視点でみると，このゾーンでの競争優位性は高額な設備を保有してその設備をうまく使いこなす生産技術やノウハウである。このゾーンに属する部品加工組立メーカーは，第二又は第三ゾーンへの二つの選択肢がある。第二ゾーンに分類される部品加工組立メーカーは，買い手企業から求められる経営資源が製品化技術であるので，当然承認図メーカーである。ここでの仕事は第一ゾーンと比較すると，付加価値の高い仕事であるが，その分，製品化技術力が必要である。一方，第三ゾーンでは，第一ゾーンと同様に買い手企業が求める経営

図表４－02　QCD向上のためのロードマップ

|  |  | 活用する売り手企業の主な経営資源 |||
|---|---|---|---|---|
|  |  | QCD管理力 | 製品化技術力 | 設備と安価な労務 |
| 必要とするQCD水準 | 高い | ［第五ゾーン］<br>イコールパートナー化を前提とした調整的購買 | ［第四ゾーン］<br>育成・強化による調整的購買 | ［第三ゾーン］<br>系列化を前提とした特命購買 |
| 必要とするQCD水準 | 並み |  | ［第二ゾーン］<br>競争購買（2） | ［第一ゾーン］<br>競争購買（1） |

（著者作成）

資源は高額な生産設備と生産技術である。第一ゾーンとの相違は，買い手企業が必要とするQCDがより高度であることである。すなわち，より高度な生産技術又はより特殊な生産設備を保有する必要がある。一般的には第三ゾーンを目指したほうがリスクは少なく，また，より高度（稀少）な生産技術を持つことで，買い手企業と協調的関係を構築できるだけでなく，幅広く買い手企業から引き合いを受けることが可能となる。

　次に，第二と第三ゾーンに位置付けられる部品を提供する売り手企業は第四ゾーンを狙い，更に第五ゾーンを狙う。売り手企業のQCD戦略は，買い手企業が必要とするレベルのQCD，特に技術ノウハウを保有することである。第二と第三ゾーンから第五ゾーンを目指す方針は［１］［２］で述べた通りである。

　以上をまとめると，部品加工組立メーカーは，たとえ製品化技術や生産技術の幅が狭くても競合先と比較して卓越した水準にノウハウを蓄積したり，設備の増強や仕組みを構築したりすることが必要である。

## 第三節　QCD水準向上策

　第二節では，買い手企業が求めるQCD基準を達成するためのロードマップについてまとめた。これに基づいてQCD水準向上策を策定するわけだが，売り手企業が独自にこれを実行することは難しいので，いろいろな支援を受ける必要がある。そこで，具体的な議論をするために，ここでは最終商品組立メーカーを支える製造業の中核である素形材産業に焦点をあてることにする。素形材企業の多くは本研究の対象範囲に属する売り手企業である。

　はじめに素形材産業の概要を説明し，次にその産業への国による支援策についてまとめる。そして具体的な支援内容に触れて，最後にQCD水準を向上させるための取り組むべきテーマに関する方針を説明する。

[1] 素形材産業とは

素形材産業とは、「素材を加熱や加圧など何らかの方法で変形・加工する技術を用いて、目的となる形状や性能を有する製品を作り出す産業及びこれらの工法に必要な機械・装置を生産する産業、並びに製品に熱処理などを施して特定の性能を付与する産業[3]」である。素材は、金属、プラスチック、ガラス、ゴムなどである。最近では、ファインセラミックスや複合材料も素材として活用されている。加工方法としては、鋳造、鍛造、プレスなどである。

素形材産業は、川下産業のニーズに応えるために製鉄産業や非鉄産業などの「川上産業」から調達した鉄鋼やアルミニウムなどの素材を、自動車用部品、産業機械用部品、電気・通信機器用部品などに加工・提供するので、製造産業の「サポーティング産業」とも呼ばれ、日本が世界に誇る自動車や通信機械などの川下産業の国際競争力の源泉となっている。しかし素形材企業は、中小企業としての特徴と同時に中間財を生産する下請企業の特徴を持ち、国内需要に依存している。

素形材産業の発展は〈4つの段階に分けられている。すなわち、戦後の黎明期（1945‐1955）、成長期（1956‐1990）、成熟・後退期（1990‐2003）、繁忙期（2004‐ ）〉[4]である。1990年まで素形材産業は川下産業とともに右上がりの成長を果たしてきた。バブル経済崩壊後の低迷を経て、近年は中国経済の急成長や川下産業、特に自動車産業の好調により国内経済の景気は好転してきた。しかし現在、多くの素形材企業は忙しいが売上単価は下がっている。〈素形材産業及び素形材関連産業の出荷額は約8.6兆円（全製造業での比率は2.9%）、従業員数は41万人（全製造業での比率は5.1%）、そして事業所数は2万事業所（全製造業での比率は7.5%）で〉[5]非効率に加え、景気の後退でダブルパンチにあえいでいる。

[2] 素形材産業への国のビジョンと支援施策

戦後、政策当局は、〈いち早く素形材産業の重要性を認識して、商工省（現在の経済産業省）機械局の中に「鋳鍛造品課」を設立し、素形材産業を一貫して支援してきた。戦後の黎明期には、素形材業界に基幹物資である石炭や鉄鋼

などを配給する政策が取られていた〉[6]。その後は，現在まで，税制の優遇措置，低利融資，助成制度などを設けて，更に支援のためのインフラストラクチャーを整備して支援を続けてきた。政策当局の支援が素形材産業発展の大きな要因であったとも言える。

　2000年以降の製造業への支援策を技術力向上に焦点を絞ってまとめてみると，次の通りである。1999年に，政策当局はものづくりの基盤技術が日本の基幹産業を支えるとして，国民経済にとって重要であることを認識し，『ものづくり基盤技術振興基本法』を制定した。その後，この基本法に基づいて，ものづくりの基本技術の研究開発，企業と大学との連携，ものづくりの基盤産業の集積の推進，中小企業の育成などの基本計画が策定された。2005年に，ものづくり政策懇談会（2005）は，9つのメッセージと政府が取り組むべき政策課題をまとめ，『ものづくり国家戦略ビジョン』を策定し，その中で，〈物資・労働負荷低減，多品種変量・循環型，異質活用の多様性及び知識・情報などの人的資源のパラダイムへ転換すべき〉[7]と提言している。その前年，経済産業省（2004）は『新産業創造戦略』を策定している。その背景には，〈①日本が高度部材の産業集積地域であること，②川下産業，素形材産業を中心とする川中産業，川上産業による「摺り合わせ連鎖」の潜在能力を有していることなど，日本の強みを活かした産業や新商品を創造する必要があった。このような状況の下，①強い競争力を活かした先進産業群，②社会の変化に対応した市場ニーズに応える産業群，及び③地域再生を担う産業群を創出することの3つを目標とした。具体的には，燃料電池，情報家電，ロボット，コンテンツ，健康・福祉・機器・サービス，環境・エネルギー・機器・サービス，ビジネス支援サービスの7分野である〉[8]。経済産業省は，新産業創造を具現化するためにこの7分野を更に20分野に細分して技術戦略をまとめ，『技術戦略マップ2006』を策定した。この戦略マップは川下産業の新産業創造のためではあるが，同時に，サポーティング産業である素形材産業の技術目標やニーズでもある。中小企業政策審議会経営支援部会（2006）は，経済産業大臣からの諮問に基づいて『モノ作りの国際競争力を担う中小企業の技術協力強化について』をまとめ，わが国の製造業

の強みの源泉を担う中小企業の特性を，〈①中小企業が培ったものづくりに関する高度な技術力と，②緊密なコミュニケーション・競争と，協働を可能とする産業構造である〉[9] とした。そして，具体的な政策の展開の在り方について提言した。その後「中小企業ものづくり基盤技術高度化法」が2006年6月に施行された。これは，①日本の製造業の国際競争力を強化することと②新規事業を創出することを目的に，中小企業に対して①ものづくりの基盤技術の研究開発と②その成果の利用を支援するためのものである。それには研究開発への助成や低金利融資制度などが盛り込まれている。その対象技術は，ものづくり基盤技術基本法第二条に規定された特定ものづくり基盤技術である。2007年2月の時点で19分野であり，その大半は素形材産業に係る技術分野である。例えば，金型，鋳造，金属プレス加工，鍛造，熱処理，粉末冶金などの技術とされている。

　一方，経済産業省（2006）は，国際競争力の強化と地域経済の活性化の狙いを持つ中長期的な戦略として『新経済成長戦略』を策定している。この新経済成長戦略が目指すものは，〈①人口減少の下での「新しい成長」，②イノベーションと需要，③製造業とサービス産業が経済成長の「双発エンジン」，及び④改革に先がみえる明るい未来，であるとし，イノベーションの横断的5分野を，人財力，生産手段・インフラストラクチャー，金融，技術そして経営力とした〉[10]。

　素形材産業に焦点を絞って国のビジョンと施策を整理すると，まず，2000年に素形材センターが組織内に設置した素形材技術戦略会議は『素形材技術戦略』[11]を策定した。これは高品質，高付加価値の素形材商品を製造するための技術，設計・製造プロセスを高度化するための技術などの方向性を示している。2001年，同会議は「素形材技術戦略ロードマップ」を策定した。次いで2006年に素形材産業に関連する学者や団体の代表者で構成された素形材産業ビジョン委員会が「素形材産業ビジョン」を策定した。この中で我が国の素形材産業が目指すべき方向として，〈技術を活かした攻めの経営，健全な取引慣行での共存共栄，産業集積を活用した競争力強化，海外で儲ける仕組み，同業／異業との積極的な連携，多様な商品群の供給，息の長い人材育成，素形材産業に国民

の目を振り向かせる取り組みなどを掲げ〉[12],〈素形材産業を構成する団体は,これらの方向性の中で更により具体的なビジョンを策定している〉[13]。

政策当局は,これらのビジョンを実現させるために助成制度や補助金制度などの金銭的な支援制度を設け,同時に非金銭的な支援のためのインフラストラクチャーを構築している。そしてそれらを実行できる予算を確保している。

## ［3］技術開発の枠組み

素形材企業は,川下産業のニーズに応える経営資源,特に生産技術を保有することが必要である。生産技術とは「加工精度や速度のみならず,生産工程でのコスト削減効果や環境負荷抑制効果,更には技術的課題・経営課題を発見し,技術を適応して課題を解決する能力全般[14]」である。そして,ものづくり基盤技術とは「工業製品の設計,製造又は修理に係る技術のうち,汎用性を有し,製造業の発展を支える」と規定されている(ものづくり基盤技術基本法第二条)。すなわち,生産技術は幅広い工学的な知見で構成されている。素形材技術戦略策定会議(2000)は,素形材産業の技術の特徴を,〈技能中心であり,ユーザー企業の主導の下に生産が行なわれていると説明し,機械化,自動化,情報化による代替・支援の取組みが必要であるとしたが,「材料間・加工技術間の転換や複合化等が進んでいることは注目に値する」〉[15]とも指摘している。

素形材産業の技術開発において,課題を考察する際,考慮しなければならない素形材産業の特徴は,多くの素形材企業が小規模であり,川下産業の下請け的存在で貸与図メーカーとして賃加工を請け負っていることである。そして技術開発力という面で見ると次の通りである。〈「企業の研究開発力基盤は貧弱で」「技術開発を担う技術者は不足」している。また我が国では「鋳造技術や鍛造技術などを教える大学は少なく」,「産学官の連携が必ずしも十分でなく,国立研究所等も素形材技術全体を先導する役割を果たし得ていない」。また「素形材技術に関する知的基盤は貧弱である」〉[16]。

製造業の技術開発に関する関与者を整理すると,大きく4つに分類できる。一者目は,関連省庁や地方自治体などの「政策当局」である。ビジョンや法律

を制定して，研究開発に対する助成や補助金並びに研究開発のインフラストラクチャー整備などを予算化する。二者目は，中小機構，都道府県の支援センター，工業試験センター及びものづくりインキュベート施設，などの中小企業への「公的支援機関」で予算を執行する機関である。三者目は，技術開発のアイデアや理論的裏づけなど行なう「研究機関」である。公的研究機関や大学などに加えて，川上・川下産業の大手企業の研究所もこれに含まれる。四者目は，実際に製造現場で研究開発を行なう素形材企業である。

## ［4］素形材企業が主体的に取り組むべき研究開発テーマ

生産技術の研究開発状況を整理すると，研究機関，川下産業の企業及び素形材企業の三つの研究主体を横軸に，革新的水準と改善的水準の技術開発の目標水準を縦軸に設定すると，研究開発状況をマトリックスで表現できる（図表4－03）。

まず，「第一状況」は，研究機関が主体的に行なう改革的な技術開発である。研究室の中で極めて小規模な実験を通じて試験片などでアイデアの成立性を確認する基礎研究である。また，その成立性を理論的に実証する。

「第二状況」として，川下産業の企業が行なう革新的な水準を目指す研究開発は，長期商品計画と技術戦略に基づいて将来必要となるであろう技術テーマ

図表4－03　生産技術の研究開発状況

| 最終顧客の要求QCD | | 研究開発主体 | | |
|---|---|---|---|---|
| | | 研究機関 | 川下産業の企業 | 素形材企業 |
| | 革新的水準 | 第一状況 改革的な技術開発 アイディアの成立性を確認するための基礎研究 | 第二状況 長期商品計画と技術戦略に基づいて将来必要となるであろう技術テーマ | 第四状況 将来に必要とされる技術を予測して研究開発を行なう。 |
| | 現行水準の改善 | | 第三状況 改善的水準を目指す開発は，商品開発と並行して行なわれる。 | 第五状況 生産プロセス，作業内容や手順などの工夫並びに部品の試作を繰返す。 |

（著者作成）

が設定されて，開発部門や傘下の研究所で行なわれる。例えば，自動車の駆動源用の水素エンジンや電気自動車などである。

次に，「第三状況」として，川下産業の企業が主体となって改善的水準を目指す開発は，商品開発と並行して行なわれる。例えば，商品の一部を修正して性能を向上させる。ディーゼルエンジンの性能向上などである。このとき，素形材企業（売り手企業）は，買い手企業が最終顧客（買い手企業の顧客）に対して品質を保証するために多くの性能確認を行なうので，これらの試験に提供した試作部品に関する性能データや情報を得ることができる。

「第四状況」として，素形材企業が主体的に革新的目標を持って研究開発を行なう。将来の商品動向を把握し，将来に必要とされる技術を予測して研究開発を行なう。

「第五状況」として，素形材企業が行なう改善活動による技術開発の向上がある。川下産業の企業（買い手企業）が要求するQCDを達成するために，生産プロセス，作業内容や手順などの工夫並びに部品の試作を繰返す。そして，その目標QCDを達成できれば次の納入に結びつく。

素形材企業が主体的に取り組むべき研究テーマを，「現行保有する生産技術（生産設備を含む）」と「新規に獲得する技術」という軸と，対象とする部品（類似の部品を含む）を「現行」と「全くの新規」という軸で整理すると図表４－04となる。第一分類は現行技術と現行部品とする。この分類での主な研究目的は費用削減であり，もっぱら現場の改善活動に頼ることになる。品質の安定性，生産過程の効率化，歩留まりの向上であり，前述の研究開発状況の「第五状況」に該当する。次に，第二分類を現行技術で新規部品とする。ここでの研究開発の目的は，素形材企業が保有する生産技術から買い手企業の新規ニーズを探索することである。経済産業省（2006）が示した『技術戦略マップ』[17]に示された分野の商品を製品化するために現行技術を活用する。研究開発テーマとしてはやや革新的な技術課題となる。ここでは現行技術の柔軟性（対応力）が重要となり，買い手企業への提案活動の中でニーズを探索することになる。この場合，買い手企業の協力が不可欠である。すなわち，市場要求品質（数値化した市場ニー

図表4-04 素形材企業が主体的に取り組むべき研究開発テーマ

|  |  | 技術 | |
|---|---|---|---|
|  |  | 現行技術 | 新規技術 |
| 対象とする素形材 | 現行の対象 | 第一分類<br>研究目的は費用削減であり、もっぱら現場の改善活動に頼ることになる。 | 第三分類<br>公的研究機関と連携したり、支援を受けたりする必要がある。 |
|  | 新規の対象 | 第二分類<br>保有する生産技術から新規ユーザー企業のニーズを探索することである。 | 第四分類<br>原則、実施しない |

ズ）を明示してもらったり，素形材企業が提供した部品を買い手企業の商品の中で評価してもらったりすることが必要である。そして第三分類として，新たな技術で現行部品を製造するという革新的なテーマとなる。素形材企業は研究開発に伴うリスクを低減するために，公的研究機関などで既にアイデアの成立性が検証されていて具現性の高いテーマを選択したり，公的研究機関と連携したり，その他の支援を受けたりする必要がある。第四分類では，新規技術を新規の素形材に応用する。素形材企業はこれらのテーマに手を出さない方が無難である。

素形材企業の視点で以上をまとめると，第一に，前述の研究開発状況の「第三状況」と「第五状況」でのテーマに経営資源を集中させて技術のノウハウを蓄積していくことが望ましい。提案活動を行ない，買い手企業との共同開発を行なえる環境を作ることが第一である。

次に，第一分類の研究開発テーマに挑戦し，企業に力を付ける。そして，力のある企業は，企業を発展させるために第二分類のテーマを手がける必要がある。

## 第四節　戦略の枠組み

　QCD水準向上のための技術開発を売り手企業の視点からみると，売り手企業自身が単独（主体）で行なうよりも，買い手企業が主体となる開発に参加してその開発プロジェクトの一翼を担う中で技術力向上を図る方がより効果的である。そこで，第四節では，売り手企業が構築すべき買い手企業と協力企業との間の戦略的枠組みを提言する。

**［１］戦略的枠組みの必要性**
**（１）優良な買い手企業との取引のメリット**
　［２］・（１）で詳述するが，買い手企業は同質ではなく，優良な買い手企業もあれば，積極的に営業活動すべきでない買い手企業もある。そこで，売り手企業が優良な買い手企業と取引することから受けるメリットを整理すると，まず①買い手企業（又は買い手企業の顧客）のニーズに関する情報や買い手企業の先進的なニーズを正確に収集できること，②そのニーズに基づいて作製したテストピースや試作品などを買い手企業が計測・評価してくれること，更に③コメントやアドバイスをもらうことができること，そして，最終的には，④買い手企業の商品やシステムの中で売り手企業の試作品を総合評価してもらえることなどである。買い手企業が開発した商品を市場に投入した後にも，買い手企業の顧客からのクレームとその際の使用状況などの情報を入手することができる。すなわち，売り手企業は，買い手企業と取引することで，自社の経営環境の変化を先取りできたり，商品開発において，先進ニーズを収集できたり，商品改良の「場」の提供を受けることができたりする。更に先進ニーズを先取りできれば，それを解決するためのコア技術の熟成，Ｍ＆Ａや業務提携，委託研究開発など適切な施策を打つことができる。売り手企業が買い手企業の先進的なニーズに応えることができるとすれば，そのニーズがその後，その買い手企業が属する業界のニーズとなり，その時，売り手企業は既にそのニーズに応える経営

資源を持っていることになる。したがって、競合先に対して競争力をつけることができ、他の買い手企業からも受注しやすくなり、良い循環を生じることになる。「お客様が自分の芸を育ててくれた」と芸能人がよく言うように、ビジネスの世界においても同様で買い手企業と取引することでしか自社の競争優位性の源泉を強化することはできない。

### (2) 有力な協力企業の必要性

第二章でも述べたように、ある程度の規模の企業であれば、競合先に対して競争優位性を確保するために長期商品計画を策定して、それに基づいて商品企画と商品開発日程を作成して、コア・コンピタンスとなる経営資源、特に技術（製品化技術と製造技術）を効率的に強化している。〈協力企業のスキルを有効に活用することは自社（売り手企業）の「アイデアの応用範囲を飛躍的に拡大させることにつながる」そして「これをうまく行うことができる企業こそが、持続的な競争優位性を得ている」〉[18]のである。そのために自社内で育成強化する技術と、協力企業に依存する経営資源（技術、設備、労務など）に戦略的に切り分けている。このうち外部企業に依存すると決めた経営資源を垂直統合や準統合[19]という形で入手している。

図表4-05　戦略的枠組み

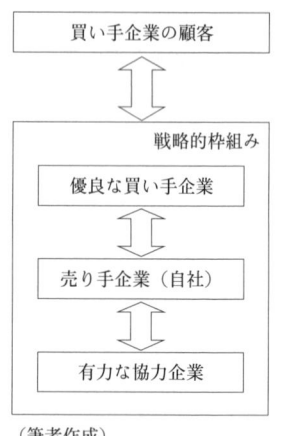

```
┌─────────────────┐
│  買い手企業の顧客  │
└─────────────────┘
         ⇅
                戦略的枠組み
┌─────────────────┐
│  優良な買い手企業  │
└─────────────────┘
         ⇅
┌─────────────────┐
│ 売り手企業（自社） │
└─────────────────┘
         ⇅
┌─────────────────┐
│   有力な協力企業   │
└─────────────────┘
```

（筆者作成）

### (3) 戦略的枠組みの構築

前述のように、売り手企業（自社）にとって優良な買い手企業の存在は必須である。そこで、売り手企業は、買い手企業の中から優良な買い手企業を抽出し、営業活動を通じてこの優良な買い手企業を囲い込み、同時に自社のみでは

解決できないその買い手企業のニーズを解決するために有力な協力企業の活用が必要となる。協力企業の中から有力な協力企業を選び出し，良好な関係を構築しておく必要がある。

売り手企業が経営を拡大させる，あるいは継続的に安定させるためには図表4－05に示したような「優良な買い手企業，売り手企業（自社），有力な協力企業」という戦略的枠組みの構築が必要である。

［2］優良な買い手企業と有力な協力企業の抽出
(1) 優良な顧客の層別

従来，経営戦略を策定する場合，市場や顧客を同質として取り扱うことがあったが，ここでは，買い手企業を多様なものとして取り扱うことにする。買い手企業の中には業界をリードしているような企業から倒産寸前の企業まである。また，マナーの良い企業や売り手企業に対して横柄な態度を示すマナーの悪い企業などもある。売り手企業にとって大きな売り上げを占めている買い手企業もあれば，売り手企業の競合先からしか購買しない買い手企業もある。買い手企業は売り手企業から見たとき種々の意味で同質でない。したがって，売り手企業はこれらの買い手企業を戦略的に層別する必要がある。

実務的に買い手企業を大きく層別すると，経済的（収益確保上）に絶対必要な買い手企業と，補足的に売り上げに貢献する買い手企業がある。前者を攻略顧客，後者を管理顧客である。攻略顧客の選定基準は次の通りである。

・現時点での自社有力商品の売上額，又は利益額の順位が高いこと。
・購買ポテンシャルが高いこと。
・業界内の地位（シェア順）が高いこと。
・自社との取引の継続性，取引の安定性があること。
・先進的な考え方で経営されている企業であること（例えば，業界をリードしている）。

更に攻略顧客の中から業界の先進的なニーズを持ち，自社（売り手企業）を商品開発の重要なパートナーとして扱う買い手企業を"優良な買い手企業"と

して選定する。ここで，留意すべき点は，売り手企業（自社）にとって"真に有益な"買い手企業であるかどうかである。すなわち，現時点での自社有力商品の売上額又は利益額の順位が高いことなど単に営業上の最重点攻略客であるだけではなく，企業としてのマナーの良い企業で，且つ売り手企業（自社）との人間関係が構築できる可能性があるか否かが重要である。そして，これらの企業は次のような特徴を有している。

・業務の共有化が図れており，権限が委譲されている。
・緩やかな階層構造を持ち，水平方向のコミュニケーションが円滑である。
・伝統，価値や信条の共有，信頼などを条件とする仲間的にコントロールされている組織である。

(2) 有力な協力企業の抽出

ここでの売り手企業（自社）と有力な協力企業との関係は，第二章で記述した買い手企業と売り手企業との関係と同じである。売り手企業は協力企業（売り手企業に対する売り手企業）の経営資源を活用して買い手企業のニーズに応えていく。協力企業は，売り手企業（自社）の競争優位性の源泉を強化する役割を期待する企業と，費用の圧縮のみを期待する企業に分けられる。前者を購買戦略上の「有力な協力企業」として層別し，その企業の要件は，現在保有するスキルが平均的な水準であれば十分であり，むしろ売り手企業（自社）と共同して買い手企業のニーズに応える行動的な姿勢をとることの方がより重要である。これら協力企業との協力体制を強化できるか否かが売り手企業（自社）の"戦略の有効性"の重要なカギであると言える。

[3] 戦略的枠組みにおける重要なコア・コンピタンス

先行研究は，価値ある経営資源を「顧客のデマンド（demand），希少性（scarcity）及び専有可能性（appropriability）[20]」とし，そしてそれを可能にする「顧客に対して，他社にまねのできない自社ならではの価値を提供する，企業の中核的な力[21]」としている。しかし，これらのスキルを獲得するためには，

莫大な費用と多くの時間がかかる。そして必ずしもすべてが計画通り成功する（目標達成できる）保証はない。したがってこれらのスキルを獲得するためには大きなリスクが伴う。希少性や他社にまねのできないスキルを獲得する戦略はハイリスク・ハイリターンの考え方である。これらは消費者向けの超大手の量産型メーカーが競争優位性を獲得・維持するための源泉としてはよく当てはまる。そして消費者向け販売は，広告・宣伝等の非人的販売を中心に販売促進活動を行なうことが特徴である。一方，企業向けに販売している企業の多くは，製造のピラミッド構造に組み込まれ，また大きなリスクを負担できない，比較的規模の小さな企業であり，そして個々の買い手企業に対して営業担当者が販売促進活動（人的販売）を行なう。したがって，これらの違いが必然的に競争優位性の源泉であるコア・コンピタンスやケイパビリティを異なるものにしている。

　第一章で記述した通り，買い手企業は同一カテゴリーの商品を開発する場合，既納入企業から部品・資機材を購買し，また，革新的な商品開発・製造のために新規の部品・資機材を購入する場合であっても，従来品の修正したもので対応していることが多い。

　一般的に買い手企業が売り手企業を納入企業として選定する基準は次の通りである。〈①取引実績による信頼関係があること，②品質が優れていること，③専門技術や特殊な加工設備を持っていること，④コスト対応力があること，⑤納期を厳守すること，⑥技術開発力や提案力があること，⑦距離的に近いこと，⑧資本的・人的関係があること〉[22]，などである。買い手企業は，納入企業を選定する際，マスト項目と称する選定基準（購買条件）を達成していないと絶対に納入企業として認めないが，その他の多くの項目（条件）は決定的なものではない。これらを踏まえると，企業向け販売を行なう企業は，消費者向け最終組み立てメーカーほどに圧倒的な技術力（「真似できない」や「希少性」など）は絶対条件ではなく，買い手企業が必要とするマスト項目を達成できる程度の潜在能力を所有することで十分と言える。むしろ，「買い手企業と売り手企業（自社）」と「売り手企業（自社）と協力企業」との枠組みの有効性にとって最

も重要な要素は,第三章で実証したように,人間関係の親密度である。

「買い手企業と売り手企業」との関係においては,消費者向け販売と異なって企業向け販売は人的販売であるので,買い手企業の購買担当者などが納入企業を選定する権限を有する,又は影響力ある人物(キーマン)と,売り手企業や競合先の営業担当者を含めて業務上接する人物(フロントオフィス)との間に人間関係が構築される。とどのつまり,複数の見積依頼先の中から納入企業を選定する際,買い手企業は売り手企業の営業担当者との人間関係の親密度の影響を多分に受ける。更に正確に表現すると,買い手企業のキーマンと売り手企業のフロントオフィスの間の親密度の高さと,買い手企業のキーマンと競合先フロントオフィスとの間の親密度の低さとの差分だけ,売り手企業は納入企業選定に有利になると言える。買い手企業から仕事を受注する際にも,買い手企業と共同して作業することを提案する際にも,人間関係の親密度は重要な要素となる。

一方,「売り手企業と協力企業」においては,戦略の策定後,まず売り手企業は,どの経営資源をどのように購買するかを決める。次に,優良な買い手企業を戦略的に層別したのと同様に,協力企業の中から「有力な協力企業」を層別する。そして,これらの有力な協力企業からより多くの協調性を引き出すためには「相手の協調へのインセンティブを増加させる方法と,相手に強制する方法の二通りがある[23]」。ここで留意すべきことは,〈信頼における共存共栄を目標と考える関係性信頼というカテゴリーを重視して「企業単位での利益を追求するのではなく,運命共同体として関係全体の利益を考慮する」〉[24] ことである。

パートナーと位置づけた協力企業に対しては人間関係の親密度がより高まるよう努力する必要がある。その協力企業は,売り手企業(その協力企業にとっての顧客)との人間関係の親密度が増せば,その売り手企業を優良な顧客と認知するようになり,販売戦略上,より上位の顧客と位置づける可能性が高くなる。その協力企業は,戦略上,上位の顧客となったその売り手企業に対して,他の顧客よりも有利な取り扱いをすることが多い。例えば,新規開発部品に関する

情報や供試用サンプルをより早期に提供してくれたり，価格をより安くしてくれたり，その売り手企業のためにより多くのカスタマイズに応じてくれたりする。

更にその売り手企業がその協力企業の経営資源を活用するために取引を拡大すれば，その協力企業がなした業務領域のスキルが更に向上する。その領域のスキルはその売り手企業が必要とするスキルであることは言うまでもない。その結果，その協力企業はその売り手企業にとって更に必須の企業となる。一方で，その協力企業の売り手企業に対する依存度は以前と比較すると高くなる。

両者は相互に必要な存在となる。また，その売り手企業がその協力企業が保有するスキルやケイパビリティを活用することでその売り手企業の競合先に対する競争優位性を向上させることができる。ここでも重要なコンピタンスは，買い手企業と売り手企業の関係と同様に，その協力企業のキーマンと売り手企業との人間関係の親密度の高さである。

このことは量産型メーカーに限ったことではなく，受注生産型メーカーにおいても同様である。顧客の要求（市場ニーズ）は，受注，又は見積りに参加することで買い手企業を通じてしか入手できない。特に顧客の使い勝手などの商品開発に有効な情報は受注しないと入手できない。

## 第五節　第四章のまとめ

第四章の論考をまとめると，客観的なQCD水準を向上させるために，買い手企業を層別して優良な買い手企業を抽出し，次にその買い手企業との関係（納入実績，顧客内シェアなど），自社（売り手企業）の状況（例えば，買い手企業が求める経営資源の質と量など），及び自社（売り手企業）にとっての協力企業（買い手企業が求める経営資源のうち，不足分を補うことのできる経営資源を保有する有力な協力企業）の存在などを考慮して，技術開発のロードマップを策定する必要があることを述べた。

更に，優良な買い手企業，売り手企業（自社），及び有力な協力企業の戦略

的枠組みを構築することの必要性を説明した。そして，引き合い段階，納入段階，選定段階，及びその後の製造・納品などのすべてのプロセスにおいて，売り手企業が行なう優良な買い手企業に対する"営業活動や納入作業"が，QCD向上活動そのものであると述べた。最後に，戦略的枠組みを構築する必要条件がそれぞれの企業の担当者間の人間関係の親密度であることを指摘した。

# 第五章　効率的な営業活動に関する考察

　第一章では，面談調査から「買い手企業の担当者は，売り手企業の担当者に対して親密感を持つと，納入企業選定プロセスにおいてその売り手企業に対して何らかの有利な取り計らいをする傾向がある」との結果を得た。そして第三章では，それをアンケート調査によって実証した。

　そこで第五章では，新しい営業方法を提示したうえで，買い手企業の担当者との人間関係の親密化を加速する方法とそれを効率的に行なう営業方法をまとめる。

## 第一節　営業活動に関する考察

　第一節では，まず営業活動に関する概念を整理し，次に営業方式の変遷についてまとめ，最後に新しい営業方式を提示する。

### [1] 営業活動の概念の整理

　営業活動とは，「商品を販売する」という最終目的を持って，買い手企業の新規開拓，買い手企業との人間関係の強化，買い手企業からの情報収集，及び買い手企業に対して商品情報を含む自社情報の提供などの役割を担って，買い手企業とのコミュニケーションをとる日常的活動である。

　企業間取引（ビジネス市場）の特徴は，前述（序章・第二節・[1]・(2)）の論点を再度，簡単に述べると，①受注までの期間が長いこと，②その後も次の受注のために訪問活動を継続すること，そして③買い手企業との間では情報の流れが双方向であることなどである。「営業」という言葉が意味するものは，日本独特のものである。営業担当者の活動内容は，買い手企業との人間関係の構

築・強化⇒各種情報の提供・収集⇒見積の作成・提出⇒契約に関連する書類のやり取り⇒納品（確認）⇒代金の回収⇒クレーム処理⇒市場ニーズに関する情報収集などである。更に，営業担当者は，買い手企業への活動以外に自社内での活動も行なう。特に，営業主導型の企業では，顧客満足度向上のために社内部署や関連企業に対して直接的に指示を出し，その進捗までも管理することが多く見られる。日本の企業においては部署間の役割分担や職務分担が曖昧なので，営業担当者は顧客満足度を向上させるため，必要に迫られてやむなく業務範囲を拡大することがある。このように日本での「営業活動」という言葉は，〈マーケティング，セールス，及び顧客サービスなどの機能を包括的な活動範囲とした意味で使われている〉[1]。米国では，これらの機能を別々の者や組織が担当している。したがって，米国と比較すると，日本の営業担当者の活動範囲は非常に広いと言える。

　買い手企業は，納入企業を選定する過程で売り手企業を平等に取り扱うことを原則としている。しかし現実には，買い手企業と売り手企業との人間関係の親密度によって，その取り扱いが不平等になることが多いことを第三章で実証した。営業担当者が優秀である条件として，〈①買い手企業に好かれること，②買い手企業に役立つように行動すること，③商品知識が豊富なこと，そして④買い手企業に誠意を感じさせること〉[2] などが挙げられている。これらを一言で言うと，売り手企業（自社）に対する好意的な態度を買い手企業に素早く形成させることができる者である。売り手企業が特定の買い手企業を囲い込み長期的な関係を築くために，好意や親しみという感情が増すことによって離れられなくなる状態を作り出すことを「インティマシーロックイン戦略[3]」と名づけられているほどである。営業の本質とは，買い手企業と親密な人間関係を構築し，好意的な態度を形成させることである。

[２] 営業方式の変遷

　過去に「つくれば売れる」時代があった。マーケティングコンセプトで称するところの「プロダクト志向」の時代である。この時代の営業方式は，買い手

企業に情報を積極的に提供せずに，買うなら売ってあげるという姿勢であった。営業担当者の主な仕事は，もっぱら商品代金の回収であった。いまでは到底，「営業」とは言えない状態なので，ここでは「プレ営業世代」とする。

　時代が進むにつれて生産力が拡大し，商品の供給が過剰気味となると，買い手企業は多くの売り手企業から商品情報を収集して，より良いQCDの商品を選ぶようになった。すると，売り手企業は，従来の受動的な販売方式だけでは，商品を計画通り売れなくなった。そこで，営業部隊を編成して，買い手企業に商品やインセンティブに関する情報を積極的に提供するようになった。いわゆる「販売志向」の時代である。営業担当者の役割は，おもに商品の押し込みであり，ここでは，このような営業方式を「第一営業世代」とする。

　次に，多くの売り手企業が量産効果を得るために更に生産力を増強させたので，市場に商品があふれた。その結果，単純なインセンティブ（値引きなど）だけでは，増強した生産力に見合う数量の商品を売ることが難しくなり，商品を販売するために買い手企業のニーズに応えたり商品を差別化したりすることが必要となった。つまり，「顧客志向」の時代となった。しかし，それぞれの売り手企業が差別化を図ったので，多くの種類の商品を販売するようになった。その結果，市場に商品の種類が多くなりすぎて，逆に，買い手企業自身が自分の欲しい物を見つけ難くなってしまった。そこで，買い手企業のニーズに合致した最適の商品を探索・提案する営業方法が行なわれるようになった。ここでは，このような営業方式を「第二営業世代」とする。

### ［3］新たな営業方式の提言
#### (1) 買い手企業との間で人間関係を効率的に構築する「第三営業世代」

　実務書で記述されている，提案を伴う営業活動を整理すると，まず和田創（1996）や佐伯康雄（1998）などが提唱した「提案営業」，宮崎新（1997）の「提案型営業」，原田透（1988）の「提案型セールス」，そして山口弘明（1988）の「コンサルティングセールス」などがある。そのいずれもが商品販売を主要な目的としている営業方式である。また，最近では，買い手企業の経営領域まで

踏み込みんで,ITを駆使して問題や課題を解決する提案を行ない,その提案した内容(システム)を受注する営業方式がある。これを「ソリューション営業」[4]と呼んでいる。これもまた,売り手企業の商品・サービスを販売することを主目的としていると言える。

三宅壽雄(1997)は,「提案型営業」の目的が〈おもに商品を販売することとしているが,その波及効果として人間関係が構築できること〉[5]にもあると示唆した。更に,田村正紀(1999)は,〈商品を販売することを目的とした営業方式を「提案営業」とし,人間関係を構築することを目的とした営業方式を「提案型営業」として明確に分けている〉[6]。

ここでは,売り手企業側の意図として,主として商品を販売することを目的とする提案を伴う営業方式を「第二営業世代」とし,主として人間関係を構築することを目的とする提案を行なう営業方式を「第三営業世代」とする。

第二営業世代と第三営業世代の提案の方法は基本的に同じである。第三営業世代の提案内容は,商品の販売に直接的に結び付かないものを含んでいるので,第二営業世代より提案する対象の範囲が広い。第三営業世代の営業方式は,「買い手企業との関係を更に深化させるだけなく,営業担当者の固定客を生み出し,顧客単価を飛躍的に向上させる[7]」ことが重要な点である。

(2) 先進ニーズの先取り

田村正紀(1999)は,特定の買い手企業に対しては〈職能横断型営業チームが必要であると述べ,更に営業の最終目的は市場の先行トレンド(先進ニーズ)を早期に把握することである〉[8]と提言した。売り手企業は,エンドユーザーの変化を直接把握できないので,買い手企業を通じて市場の変化を知ることになる。したがって,その市場の変化を正確に且つ早期に把握できている買い手企業との関係を強化し,関連する情報を入手することが必要となる。先進ニーズを把握している買い手企業の多くは,経営環境の変化を早期に把握してそれに素早く対応しているので,業界を牽引する高成長の企業である。売り手企業は,これらの買い手企業から先進ニーズを収集して,うまく適合できる仕組み

を早期に作る必要がある。

　売り手企業は，業界をけん引している企業（先進的なニーズを保有している買い手企業）からの問い合わせや引き合いに対しては，それが自社商品に直接関連しないことであっても，また，たとえ，その要求を自社の仕組みだけでは解決できないことであっても引き受ける必要がある。これらの買い手企業からの要求に対しては全社を挙げて対応するために，経営企画の機能を有する人材を営業の最前線に投入し，各種の提案を買い手企業に対して行なわせ，同時に，社内に対してもこれらの要求を解決できる仕組みとその運用を提案させなければならない。

　買い手企業への提案の際の重要な点は，買い手企業と協働してニーズを解決するという内容を盛り込むことである。そうすることで，ニーズ解決の協働体制が構築できれば，ニーズの解決過程で買い手企業とのコミュニケーション量が格段と増大する。その結果，買い手企業の多くの担当者との人間関係をより強固に構築することができる。同時に買い手企業から種々の支援を受けることもできる。こうしたやり方は，前述（第四章・第四節）した戦略的枠組みの構築することを目的とした営業活動であり，これを「第四世代の営業方式」として提示する。

## 第二節　人間関係の親密度について

　第二節では，人間関係の親密度について整理し，人間関係の親密化プロセスに関する先行研究を概観する。そして，ビジネス上の人間関係の特徴について整理する。

### ［1］人間関係の親密度とは

　人は，「誰でもが親密さに対する欲求があり，それはおそらく，精神分析家の主張するように子供のころの依存欲求の結果なのだと断定することも可能かも知れない[9]」。特定の二者が親しくなる要因は，「物理的要因として相互の近

接性や熟知性，相手側の要因として身体的魅力や自分への評価，自己要因として自尊感情や生理的喚起，そして相互的要因として類似性など[10]」である。そして，これらの要因によって形成される親密度とは「2人で行う行動や活動の量と相手に対する信頼[11]」である。行動や活動量は，「Frequency（頻度），Diversity（多様性）およびStrength（影響力）から構成される[12]」。更に詳細に説明すると「2者が互いに相手に対して，連鎖的に反応し合い，それを通じて影響を頻繁に及ぼし合っている時，その2者の関係を緊密関係と考える[13]」。また，信頼は，「Predictability（行動の予測可能），Dependability（性格や行動を良いと信じる）およびFaith（理由なく相手を信じる）によって構成される[14]」。これらはおもに友人や恋人に関する研究から導き出された親密度の構成要素である。

[2] 人間関係の親密化プロセスについて

「人が人と知り合って，友情や恋愛を深めていく過程を，心理学では親密化過程と呼んでいる[15]」。人間関係の親密化プロセスに関する主な研究は，Lewis（1973）[16]が行なった結婚にいたるプロセス（6段階に分けている）に関する研究，Murstein（1977）[17]による結婚相手を選ぶプロセス（刺激→価値観→役割の3段階）に関する研究，松井豊（1993）[18]による恋愛の進行と対人魅力の要因に関するモデルの研究などがある。

このほか，Duck（1991）は，〈人間関係は自然発生的に進展していくものではなく，「注意深い配慮を持った扱いが必要であり，複雑なものであるために，つねにその参加者にはスキルが必要である」と指摘して，更に，「人間関係は訓練で改善できる」〉[19]と主張した。〈人間関係の進展を，惹きつけの段階，関係初期の段階，関係深化の段階，及び関係維持の段階，並びに崩壊の段階の5段階[注5-1]に分け，それぞれの段階において必要なスキルを明らかにしている〉[20]。

[3] ビジネス上の人間関係の特徴

一般的な人間関係には，親子，友人や恋人，師弟，先輩と後輩などの関係が

ある。ビジネス上の関係には、同一部門・部署内の上司と同僚と部下、ほかの部門・部署間、買い手企業の担当者と売り手企業の担当者、親会社の担当者と子会社の担当者などがある。ビジネス上の人間関係は、①業務上の人間関係（仕事を処理する共同作業者として）と、②友人としての人間関係から構成されている。両者の行動は、一種の契約に基づいて生じると言えるので、両者ともに自分が果たさなければならない責務を優先して行動している。そして、両者は、与えられた業務を処理するプロセスの中で知り合いとなり、業務上の人間関係が先行して形成されていき、並行して友人としての人間関係が徐々に形成されていく。最終的には、一つ釜の飯を食べた先輩・同僚・後輩のような関係になる。業務上の人間関係といえども、理想的な人間関係像は、Duck（1991）が示した友人の定義と同一である。すなわち、「オープンで、好意的で、信頼してくれ、援助を与えることをいとわず、信頼してよい仲間であり、プライバシーを尊重してくれ、行動規範を守りながら私たちに、しかるべき敬意を払ってつきあい、そして、人前で非難をしたりせず、プラスになるものを与え、私たちが何かすればお返しをしてくれる[21]」そんな存在である。

　次に、業務上の人間関係の特徴をまとめると次の通りである。まず、一つ目の特徴は半強制的な状況の中で両者は知り合うという点である。純粋な友人関係（業務に全く関係しない）は、任意性をもって両者がお互いを選択し、友人関係を構築・強化していく。したがって、〈「友人関係は、お互いの立場の『対等性』、関係構築の『自発性』、お互いが影響し合う『相互的互恵性』に特徴づけられた関係」といえるので、「個人しだいでいくらでも拡張しうる柔軟性とともに、脆い側面をももちわせている」〉[22]。他方、ビジネス上では、両者は業務上、果たさなければならない責務を担っており、任意的な選択ではなく、業務の担当または果たさねばならない役割によって、一種の半強制的な状況の中で両者は知り合い、その後、両者が帰属する企業が取引を必要とする限り、両者の人間関係が進展・維持される。

　二つ目の特徴は協調的な関係という点である。買い手企業の担当者は、より良いQCDの商品を購買するために売り手企業に自社（買い手企業）のニーズを

正確に伝えなければならない。一方，売り手企業の担当者は，自社（売り手企業）の商品をより多く販売するために買い手企業のニーズを聞き取り，それに適合した商品に関する情報を提供しなければならない。「自社のニーズに応えて欲しい」と「そのニーズに応えたい」という関係が成立する。その結果「取引相手との関係を重視し，共存共栄を目標にする[23]」という関係的信頼が形成されやすいのである。

三つ目の特徴は，買い手企業の担当者と売り手企業の担当者のそれぞれの業務の成果はトレードオフの関係にあることである。例えば，買い手企業は，競争購買戦略を採用すると安く商品を購入できる。一方売り手企業は，競合先と競争しながら販売活動を行なうことになるので，仮に受注できても十分な利益を確保することができなくなる。両者は競争的な関係になることが多く，両者の間には常に相反する利害関係が存在することになる。

四つ目の特徴としては，仕事を通じた関係であるので，仕事上の合理的な信頼がそのまま両者の信頼となりやすい。すなわち，買い手企業は売り手企業の企業イメージや前任の営業担当者との親密度を既に持っているので，新任の営業担当者に対して，一般的な友人関係における親密度の形成よりはるかに容易に形成されるであろう。また，その信頼は〈「契約内容が公平であり，契約内容や約束を遵守する意図があるという」公正意図とその能力によってもたらされたものであるから，「評判，市場の評価や過去実績などの客観的事実を基礎に認識される，合理性に基づいた信頼」〉[24] である。買い手企業内に形成させる信頼の要因は，〈品質，価格，納期，問題発生時の対応，提案，誠意，技術力，技能（スキル），情報収集および互恵などである〉[25]。これらは日常の営業活動を競合先と同じ水準で行なっていれば十分となる要因である。

五つ目の特徴は，両者の関係が友人のようなイコール・パートナーではなく，上下関係となる点である。買い手企業と売り手企業との力関係が，そのまま両者の人間関係となり，親密化が進んでいき，最終的な状況においても，両者の関係は先輩・後輩のような上下関係のままである。

以上をまとめるとビジネス上の人間関係は，業務上の合理的な側面と友人と

して感情的な側面で形成されると言える。

## 第三節　ビジネス上の親密化プロセスモデルの提言

　第三節では，モデル化の前提となる目標と設定状況を整理し，営業担当者のための親密化プロセスモデルを提言する。次に，提言したモデルを活用するための基本的な技に関して説明し，最後にモデルの活用方法について記述する。

[１] モデル化の目標と状況設定

　親密化プロセスをモデル化する際，心理学的な見識を持った心理学の専門家でなくてもそのモデルを営業ツールとして活用できることを目標とする。そのために買い手企業の担当者の心理的な動きよりも，その結果として表出する「言動」に着目することにする。

　次のような項目を考慮する。第一に，〈損得関係から親愛の関係への変容過程として捉える視点から「対人関係の親密化」を検討する〉[26]。両者の自由意志で相手を選ぶ友人関係と異なり，業務上の付き合いは，自由意志ではなく業務上の指示（方向付けられた中での選択）によることが多く，また業務が続く限りその関係が継続する。しかも，純粋に業務上だけのフォーマルな付き合いと，友人としてのインフォーマルな付き合いが併存する。第二に，人間関係の親密度は両者の行動と信頼で構成されている。行動と信頼は相乗関係にあり，いったん信頼関係が形成されれば行動の量が増加する。すると，その影響を受けて信頼度も向上する。そして信頼度が向上すれば，その影響を受けて行動の量もまた増加する。所謂「スパイラルアップ（螺旋的上昇）」をしながら両者の行動の種類と量が増加し，同時に信頼関係も増強されていく。結果として人間関係の親密化が促進される。

　モデル化の前提として次のような状況を設定する。前任の営業担当者が開拓・維持してきた買い手企業を引き継いだ新任の営業担当者が，その買い手企業に対して営業活動を行なう状況をモデル化の前提条件とする。すなわち，新任の

営業担当者が前任者から買い手企業の担当者を紹介してもらい，はじめて面談をする。そしてその後，この新任の営業担当者は買い手企業に営業活動を行なう。例えば，新商品に関する情報提供，合理化のアイデアの提案など。また，既に受注した案件での打ち合わせ，納品，クレーム処理，請求書の提出や入金のお礼などである。この間，買い手企業の担当者との多くのコミュニケーションを交わす。そして，仕事以外でも共にする行動が増えて，同時に仕事以外の話題も話すようになり，徐々に親密化が進んでいくケースを想定する。

［２］業務上の親密化プロセスモデルについて

親密化プロセスモデルを２つの軸で表現する。一つ目は，買い手企業の担当者が売り手企業の担当者に対して話す話題を横軸に取り，４つの段階に分ける。まず，単純な情報提供と自己開示とに大きく分けて，単純な情報提供を更に世間話と共感話とに分ける。また，自己開示を自慢話（比較的浅い開示）と愚痴話（比較的深い開示）に分ける。しかし，現実においては買い手企業の担当者が話す内容は，明確に分けることができない場合が多い。そこで，売り手企業の担当者（聞き手）がごく自然に行なう相槌によって分けると実務上簡便である。売り手企業の担当者は，買い手企業の担当者（話し手）が話す内容に合わせて相槌を打つであろう。共感話では自分の気づかなかったことに気づき，「なるほど」とか「そうだったのか」などの相槌を打つ。買い手企業の担当者が話す共感話には売り手企業の担当者からみると些細なことであることが多いので，単なる情報提供であるか役に立つ情報か判断に困ることがある。次に，「ゴルフで100を切った」とか「こんなに大きな魚を釣った」などの自慢話では，「すばらしいですね」とか「すごいですね」などの相槌を打つであろう。一般的に自慢話は自分に関する自慢が多い。最後に，家族に関する話は多くの場合，愚痴話である。愚痴話には，「それはたいへんですね」とか「悲しいですね」などの感情を反射するような相槌を打つであろう。

二つ目は，両者が付き合う場所を縦軸に取る。仕事上で付き合う場所と，仕事以外で付き合う場所に分ける。更に，仕事上で付き合う場所は，買い手企業

第五章　効率的な営業活動に関する考察　167

図表5－01　人間関係の親密化プロセスモデル

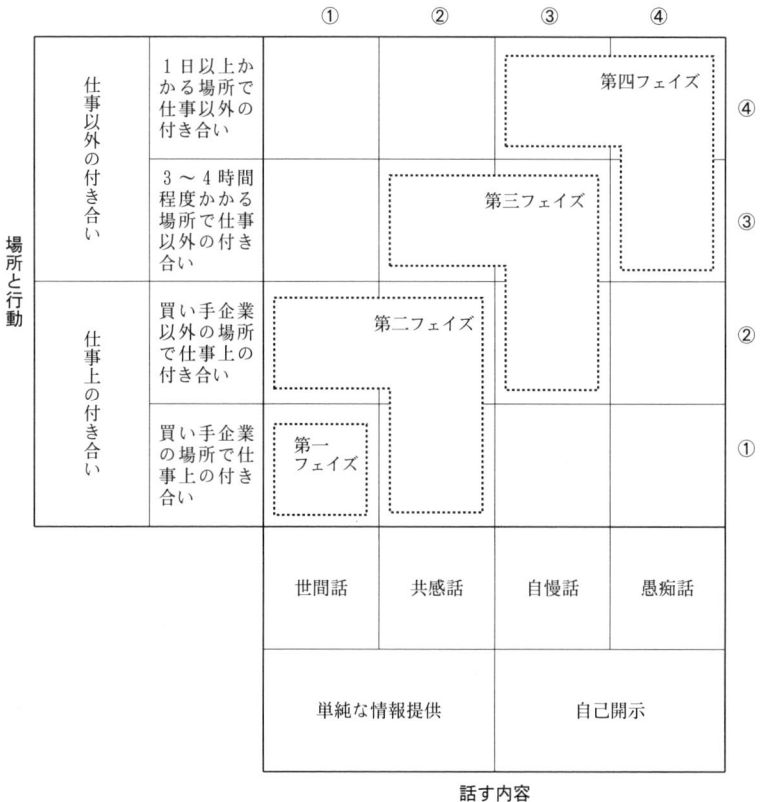

| 場所と行動 | | ① | ② | ③ | ④ | |
|---|---|---|---|---|---|---|
| 仕事以外の付き合い | 1日以上かかる場所で仕事以外の付き合い | | | 第四フェイズ | | ④ |
| | 3～4時間程度かかる場所で仕事以外の付き合い | | | 第三フェイズ | | ③ |
| 仕事上の付き合い | 買い手企業以外の場所で仕事上の付き合い | | 第二フェイズ | | | ② |
| | 買い手企業の場所で仕事上の付き合い | 第一フェイズ | | | | ① |
| | | 世間話 | 共感話 | 自慢話 | 愚痴話 | |
| | | 単純な情報提供 | | 自己開示 | | |
| | | | | 話す内容 | | |

（筆者作成）

の担当者が常駐する場所（例えば，購買担当者であれば購買部門のオフィス）と買い手企業の担当者の常駐付近でない場所（例えば，生産現場，開発部門の応接室）に分ける。また，仕事以外で付き合う場所は，2～3時間程度かかる場所（例えば，会食する場所，お酒を飲む場所，カラオケ）と1日程度かかる場所（例えば，ゴルフ，旅行，研修）に分ける。

　縦横それぞれ四段階ずつあるので，マトリックスのセルの数は16個になる。セルを横の段階と縦の段階で表示する。例えば，横が第一段階で縦が第二段階のセルを1－2と表する。そして買い手企業の担当者との人間関係の親密化の

ステージを表現すると、第一フェイズはセル（1－1）である。第二フェイズはセル（1－2，2－1，2－2），第三フェイズはセル（2－3，3－2，3－3），そして第四フェイズはセル（3－4，4－3，4－4）である。残りのセルは現実には極めて希少なケースなので検討外とした。第二段階から第四段階までを3つのセルにしたのは、買い手企業の担当者の性格、その人物の環境、売り手企業の担当者からの働きかけで多少異なることが生じる可能性を考慮した結果である。

## ［3］親密化プロセスにおける傾聴の重要性とその技
### (1) 傾聴の重要性

「『聴く』とは、相手が言語的，非言語的チャンネル（nonverbal channel）を用いて伝えてくる思いに関心を示し、その意味するところを理解しようとする過程[27]」である。聞き手が話し手に対して聴いているという姿勢を示し、同時に話の内容を理解することが傾聴である。そして、聴く機能の主なものは、〈①情報を得られること，②話し手に社会的報酬を与えられること，及び③話し手と聞き手の両者の関係を安定化させることである〉[28]。①については、話し手（買い手企業の担当者）が考えていること、持っている情報、経歴や経験などを知ることができる。同時に、話し手に関する情報以外にも、買い手企業に関する情報、競合先に関する情報、売り手企業の商品に関する情報などを得ることができる。聴くということは、最も基本的な機能である。②については、人は質問されていないことでも人に話したがり、他の人に話したいことを持っている。そこで、人は、話したい話に対して聴いている姿勢を示されると、結果として社会的報酬を受け取ることになる。③については、話し手からの話（情報提供）によって、その話し手に関する情報を収集でき、「相手がわからないと友情は深まらない[29]」ので、「お互いが相手の話を十分に聴けば、両者の関係は安定し、親密なものになる[30]」。

「聴くことは人間関係を形成するためのもっとも初歩的で、同時に最終的なスキル[31]」である。これをうまく使って、心理カウンセラーはクライエント

（患者）との間で「ラポール」という極めて親密的な人間関係を形成するために，傾聴するという技を習得している。このような技を駆使して，買い手企業にできるだけたくさんの話をさせることが重要である。

(2) 傾聴の技

聴くことが仕事である「心理カウンセラー」の面談の技は，〈①単純な受容，②内容の再陳述，③感情の反射，④感情の明確化，⑤場面の構成，⑥激励，及び⑦質問に対する応答〉[32]の7つである。また，相川充（2000）は，次のような3つの傾聴のスキルを習得することが必要であると指摘している。〈第一に，受容的な構えになること。具体的には「相手の話を途中で遮らない」「話題を変えない」「道徳的判断や倫理的非難をしない」「話し手の感情を否認したり否定したりしない」「時間の圧力をかけない」である〉[33]。第二に，〈話すきっかけを与えることである。このときのポイントは，「はい」や「いいえ」で応えるような質問や，数字で応えられるような質問でなく，5Hで構成されるオープンな質問である。オープンな質問をされれば，話し手は話したい話をすることができる。同時に，「『あなたの話に興味があり，聴く準備も整っている，好きなように話ししてください』という暗黙のメッセージを伝える」〉[34]ことができる。そして，第三に，〈反射させながら聴くことである。話し手が話をするとき，客観性が重要となる「情報の伝達」に加え，聞き手に共感してほしい「感情の共有」が目的となる。このとき，「話し手の感情状態に注目してそれを反射させる」ことが重要となる。話し手に話を聴いていることを示すことは，「このメッセージは，強力な社会的報酬です。話し手に社会的報酬を与えることができる」〉[35]。すなわち，話し手は，自分の感情を含んだ話を聴いてもらったことで，聴き手に心的な社会的交換を受ける。逆に，聴き手は，話し手の話に耳を傾けて聴いているという姿勢（メッセージ）を示すことによって，話し手に心的な社会的交換を与えることができる。

いずれにせよ，心理カウンセラーでない営業担当者は，心理カウンセラーの専門的な技術や相川充が指摘するスキルを完璧に取得することはできないので，

まずは,「頷く」「相槌を打つ」及び「自慢話を誉める」の3つを行ないながら,買い手企業の担当者の話を聴くことで十分であろう。

[4] モデルの活用方法

このモデルの活用方法は,買い手企業の担当者の言動を観察して,現在,どのステージにいるかを確認して,次のステージに移行させるための話題提供や,「場」を変える提案を行なうことである。以下,その具体策を提示する。

(1) 横軸の段階（話をさせる）の加速

次のような四つのことを行なう必要がある。

一つ目は,戦略的ターゲット顧客である優良な買い手企業に対して,まずは会う回数を増やすことである。人は会った回数に比例して人間関係が熟成する（単純接触効果）[注5-2]。仕事を受注できれば,買い手企業と会う機会を増やすことができる。したがって,小さな仕事であっても,また小さな仕事であれば多少赤字であっても受注することが重要である。また,買い手企業と共同作業できるような提案活動を行なうことも必要となる。いずれにせよ,買い手企業と会う機会を増やす努力をすることが第一歩である。

二つ目は,アンケート調査の因子分析の結果によって,「コミュニケーション量」が親密度に影響を与える因子であることが実証された。親密化を進めるには,コミュニケーションを取ることが重要である。斉藤勇（2000）によれば,〈コミュニケーションには,直接顔を突き合わせて話をするもの,メールによるもの,電話によるもの,手紙やFAXによるものなどがある。そして,メールによるコミュニケーションは対面的コミュニケーションよりも,対人の地位の高低による力関係を弱め,議論がより活発になり,メールによる方が本音で話せることなども分かっている。一方,親しい人とは声で話したいと願っている人が多い〉[36]。また,倉沢寿之・山根一郎（1997）は,〈対面以外のメディア（電話やメールなど）も「コミュニケーション状況を多様化し,（中略）対面だけに頼る場合に比べて,関係の断絶を防ぎ,よりこまやかなコミュニケーション

を可能にしてくれる」〉[37]と指摘している。すなわち，メールやFAX，電話，テレビ電話などの特性を考慮して，これらを駆使して買い手企業とコミュニケーションを取ることは親密化を進める上で重要な手段となる。

　三つ目は，買い手企業の担当者別にカルテを作り，その担当者が話した内容をメモする。次回の面談の前に，親密化がどの段階であるかを確認するとともに，前回までに話した内容のうち，自慢話や愚痴話を記憶して，買い手企業の担当者との面談に臨む。仕事の話に入る前の世間話の中で，誘い水効果を期待して自慢話や愚痴話に関連する話題を提供する。

　四つ目は，なかなか次の段階へ進まない場合，例えば自慢話はするが愚痴話をしないような場合，売り手企業側から買い手企業の担当者に対して愚痴を少し話してみる。要するに「人間は互恵的[38]」なのである。それを自己開示の返報性（reciprocity）と呼び，〈「他者から自己開示を受けた場合，その人も相手に自己開示を『返す』傾向」があり，「自分を信頼して自己開示をしたのだと感じて，受け手が開示者に好意を感じる」〉[39]ので，買い手企業の担当者に対して，次の段階の話をすることにより，買い手企業の担当者もまた，次の段階の話をする傾向がある。これを活用して次の段階の話をさせるようにしていく。しかし，「相互作用の初期の段階に内面的な自己開示を行なう場合には，その相手に対する好意は高ま[40]」らないので，特に初期の段階においては，次の段階への"誘い水"の話題を提供する前に現段階での話を十分に話させる必要がある。

(2) 横軸の第一段階（いろいろな話をさせる）
　第一段階は，売り手企業の担当者が前任者から買い手企業の担当者を紹介してもらったり，また，新たに買い手企業の担当者を開拓したりしてするような状況である。相手に関する情報を少ししか持っていなかったり，また，人間関係も構築されていない。ただ，お互いに業務を果たすことをそれぞれの所属企業から要求されているので，業務上の付き合いはできる。第一段階では，売り手企業の担当者は，仕事の話に入る前に仕事以外の話をする。人間関係が親密

でない状況では当然世間話しかできない。実務書や営業研修のテキストによれば，買い手企業の担当者と話す内容は，〈キドニタチテカケセシ衣食住（キ：気候・季節，ド：道楽（趣味），ニ：ニュース，タ：旅，チ：知人，テ：天気，カ：家庭・家族，ケ：健康，セ：世間話，シ：趣味・嗜好，衣：衣服，食：食べ物，住：住居・住宅）がよい〉[41]とされている。そのような話をしながら，①自分の対人魅力を高めてより良い第一印象を形成させること，②相手に対して好意（自尊心の確認，互恵性など）を表明すること，及び③相手に相性（類似性）を確認させることなどである。

1）対人魅力の向上と第一印象の形成

買い手企業との初対面の際，注意すべき点は，外観をきちんとすることである。新人教育のテキストによれば，〈営業担当者に対して，ワイシャツ，靴，ネクタイ，髪，爪などの身なりを清潔にするよう教育している。「服装がきちんとしていれば着ている本人はもとより，売っている商品までが立派にみえるのが人情である」また「服装に気をつけていると，行儀やものの考え方もきちんとなる」〉[42]と記載されている。売り手企業の担当者が良い外見や良い容姿であると，買い手企業は，その本人の実態（真の姿）と無関係に魅力を感じ，より良い第一印象を形成する傾向がある。初対面であるので，売り手企業の担当者に関する情報量がきわめて少ない。「人間は，与えられた情報が曖昧であったり，判断のための有力な情報がほとんどなかったりしたときは，顕現性の高い一部の手がかりに基づいて直観的に判断する傾向がある[43]」。すなわち，少ない情報で過去の経験（以前に知り合った人物の記憶）を検索し，過去に知り合った人物像（イメージ）をあたかも実態のように，その担当者に張り付ける傾向がある。このとき，買い手企業の担当者により良い印象を形成させるためには，イメージの良い人物を検索させる必要がある。良い外見，微笑，清潔感のある服装などが，良い人物を検索させるはずなのである。

2）好意の表明

買い手企業と世間話をする中で，買い手企業の担当者に対して親密化を加速するためには，相手に好意を表明することが大切である。世間話をする中で，

相手を称賛できるところ，あるいは相手が褒めてもらいたがっているところを探す。知りあった当初ではその発見はなかなか難しい。そこで買い手企業がメーカーであれば，取りあえず「貴社の技術力は素晴らしい」，「一緒に仕事がしたい」，「有益な提案がしたい」などを伝える。すると，買い手企業は，その売り手企業に対して好意を持ったり，その担当者を好きになったりする傾向がある。「われわれは，人から賞賛を求めて懸命に働き，また，われわれを称賛してくれる人を好む[44]」し，また，「賞賛と同情は人間関係を強固にするものである[45]」。〈「人から好かれるための基本的アプローチは相手を誉めること」であり，「人は，自分を好きになった人を自分も好きになる」〉[46] 傾向は否定できない。

買い手企業に対して好意を表明することが，その後の人間関係の親密化を一段と促進する。

### 3）相性（類似性）の確認

好意の表明のほかに，世間話の中から買い手企業の担当者との共通する事柄を見つけ，買い手企業の担当者との類似性を強調する。人は「気が合う，ウマが合う，趣味が合うなど，相手の人と自分の性格や気持ちや意見が一致していると，そのひとに好意を持つ[47]」ものである。

この段階の重要なことは，次の段階である個人的な話をさせるための検索活動である。新聞やテレビのニュースなどを話題にしながら，買い手企業の担当者の個人的な情報，例えば，どんな趣味や興味を持っているか，出身地，卒業学校，住まい，年齢などの情報を収集し，そのなかで売り手企業の担当者は買い手企業の担当者と共通性のある事柄を発見するよう努力する。それが発見できた時は，そのことに興味あるように振る舞うと，親密化を加速させるために極めて効果がある。

### (3) 横軸の第二段階（共感話をさせる）

第一段階において，売り手企業の担当者が好意を表明したり，買い手企業の担当者が売り手企業の担当者に対して類似性を認識したりすれば，第二段階に進んだ状態である。もちろん，第二段階でも世間話をし，好意の表明や類似性

の確認をする必要はある。

　この段階では，買い手企業の担当者が売り手企業の担当者に共感してほしい話をすることが多い。売り手企業の担当者にとって些細なことであっても，買い手企業の担当者にとっては重要なことであり，また，売り手企業の担当者に対して，それなりの反応をすることを期待していることが多いので，売り手企業の担当者はその期待に応える必要がある。第二段階での共感話は，次の第三段階の自慢話がおもに自分に関する話であるに反して，世間によくある情報である。買い手企業の担当者はたまたまその情報に気づき，その気づいたことに共感して欲しくて話しているのである。また，人が知らないであろう情報や苦労して入手した情報などもこれに当たる。心理カウンセラーが行なうように聴き手（売り手企業の担当者）が感情の反射をすると，話を共有できたことに満足して，聴き手から社会的交換を受け取れたと感じ，親密化が進行することになる。こうして第三段階の自慢話を話す素地ができる。

　ここでのポイントは，売り手企業の担当者は買い手企業の担当者によって期待される反応（頷きを含む身振りと手振り，大袈裟な相槌）を行なうことである。

### (4) 横軸の第三段階（自慢話をさせる）

　第三段階では，買い手企業の担当者に自己開示をさせる。当然当初は表面的な（浅い）自己開示である。これらの話は自分の事であるが，多くの場合，話したい内容は自慢話である。自慢話をしているときは，話したい内容を全部話し終わるまでは聴き手がたとえ他の話題に変えても，またすぐに元の話題に戻ることが多い。また，繰り返し同じ話をする場合や，身振り手振りが多くなり，また息も切らさず話し続けている場合は，その話題は自慢話であることが多い。聴き手である売り手企業の担当者は，次回の面談の際にも，その自慢話をさせるように話題を提供して，自慢話を繰り返しさせることが親密化促進には必須のことである。買い手企業の担当者にとってみれば，その売り手企業の担当者を共感してくれる相手と見るようになるからである。そして，「すごいですね」とか「すばらしいですね」と相槌を打つことが重要である。人は，褒められる

と自尊心が満足し，同時に自己評価も高められる。このような「自己是認欲求は人間の基本的な欲求である。自分を褒めてくれる人はこの欲求を満たしてくれる人なので，そんな人には当然好意を持ち，探してでも一緒にいたいと思う[48]」ので，親密化が進行するのである。〈「自己開示には，自己開示の広さ（範囲）と深さ（程度）」があり，「相手の人が自己開示してその人のことを知れば知るほど好意を持つ」ようになり，また，「好意を持つとその人のことをいろいろと知りたくなる。好意と自己開示にはこのように深い結びつきがある」〉[49]。

(5) 横軸の第四段階（愚痴話をさせる）

そして最後の第四段階では愚痴話をさせる。多くの場合は，愚痴話は家族の話である。しかし，家族の話をさせることは，実はきわめて難しい。買い手企業の担当者の個人に関する話題には自慢話が多いが，家族に関する話題の多くは愚痴やつらい話である。第三段階と第四段階では買い手企業の担当者に自己開示をさせるように話題を提供する必要があるが，第三段階では表面的な自己開示であり，第四段階では深部にわたる自己開示という違いがある。より深部の自己開示をすればするほど，その相手（売り手企業の担当者）に対してより親密感を抱くようになる。実は，これは心理カウンセラーが患者に対して信頼関係を構築するために行なう方法である。親密化が進み，自己開示がより深くなると，家族に関する話以外に，自分の会社や上司，同僚，部下に関する愚痴話をしてくることもある。同僚同士で仕事帰りにお酒を飲みながら，会社や上司の愚痴（悪口）をこぼすことはよくある光景だが，取引先との話題として自分の会社に関する愚痴や悪口は，普通，人間関係の親密化が進んだ状態でないと話さない。買い手企業の担当者がこれらの話をすれば，人間関係の親密度は相当高くなっていると言える。

(6) 縦軸の活用

売り手企業の担当者の聴き手としての技だけでは，思うように親密化を進め

ることができない場合がある。そこで，行動をともにする"場"を変えることによって親密化を促進する必要がある。すなわち，前述（第三章）した通り人間関係の親密度は，両者（買い手企業の担当者と売り手企業の担当者）の「行動」と「信頼」で構成されている。更に〈両者の行動は，頻度，多様性，及び影響力から構成されている〉[50]ので，その多様性を向上させるため行動する場を変え，親密化を図ろうとする考え方である。また，行動する場が変わることで，両者の目の前に展開するもの（例えば，景色や風景，商談に直接的には関連していない商品や関連施設など）がそれまでと変わって見えてくる。そこで，いろいろな話題が出やすくなるのである。

　第一段階では，売り手企業の担当者は買い手企業の担当者が執務している事務所を訪問して，商談を進める。第二段階においては，買い手企業の担当者の事務所以外の場所，例えば，買い手企業の別の担当者の事務所，売り手企業の事務所や生産現場である。売り手企業の事務所に来てもらうのも一策である。その時は，買い手企業の担当者を車で駅まで迎えに行く。その自動車の中であれば，仕事の話やその地元の話をすることもできる。とはいえ，第一段階，第二段階ともに仕事を処理する場であることにはかわりはない。

　仕事以外の付き合いの場であれば，個人的な話（自慢話や愚痴話）が出やすい。ある程度親密化が進展したと判断できる場合は，来てもらえそうな"場"を提案し，行動する場をいろいろと変える工夫が求められる。ベテラン営業担当者によると，11時あるいは16時に面談するようアポイントを入れ，打合せ後，昼食や夕食に誘う。その後の「お酒を飲む場」や「カラオケ」に誘う機会を窺っている。

　しかし最近は，買い手企業が接待を受けないことを表明している企業が多くなってきているが，これは，あくまでも売り手企業の担当者と飲食をともにしてはいけないというルールであり，友達と飲食をともにしてはいけないと規定しているわけではない。仕事以外の場に誘っても来てくれないのは，まだ親密度が競合先と比較して高くないことや，買い手企業の担当者がその売り手企業の担当者と会っても楽しくないとか，有益な情報を持っていないなど，買い手

企業の担当者にとってメリットがないことの証明である。

## 第四節　効率的な営業活動

　第三節では，買い手企業の担当者が売り手企業の担当者に話す内容について絞って議論した。買い手企業の担当者との親密化を進めるためには，コミュニケーションの量を増やしたり，面談する時間を多くとったり，「仕事以外の場」で話をしたりすることが必要である。したがって，親密化を加速するためには多くの時間と労力を費やすことになる。

　そこで，第四節では，限られた時間の中で，収益額を最大化するための効率的な営業の仕組みについて議論する。

### ［1］効率的な営業活動の必要性

　売り手企業は，図表3－07に記載されている質問項目にある状況を買い手企業の担当者に認識させたり，行動させたりすることが納入企業選定プロセスで有利となることを検証した。

　第三章・第三節の「考察」において，第5因子の「協調的信頼」が納入企業選定の各ステップに影響を効果的に与えることができることを実証した。そこで営業の効率化に関してはこの「第5因子」を事例として説明する。例えば，第5因子のアンケート調査の質問項目の（22）「未経験の商品を購買しなければならない時，あなたは安心するために『その営業担当者』に相談することがある」や（23）「困っていることに対して提案してくれる」ということを買い手企業の担当者に認識させて行動させるためには，いろいろな情報を提供したり，相談された場合短時間で回答したりするなど日常的な営業努力が必要である。一方，（27）「どんな場合でも，『その営業担当者』はあなたの立場を考慮している」ということを買い手企業の担当者にイメージさせるには，より多くの営業努力が必要となる。

　同様に買い手企業の担当者に第一因子から第四因子に関連する行動や認識を

させるためには，買い手企業を頻繁に訪問したり，買い手企業の担当者をいろいろな場所に連れ出したりする必要があり，更に多くの営業努力が必要となる。売り手企業は，すべての買い手企業に対して，同じように営業努力をすることはできない。

そこで，売り手企業は，買い手企業を層別して戦略的に対応していく必要がある。また，買い手企業への情報提供や成功事例に関する情報を共有する仕組みを社内に構築しておく必要もある。

[2] 買い手企業の層別

売り手企業は，自社の商品特性，対象顧客企業数，利益額や自社への貢献度などを考慮してエンドユーザー別，地域別，業界別，商品別などで市場（買い手企業）をセグメント化し，買い手企業に優先順位をつける必要がある。

売り手企業との関係から買い手企業を分類すると，今後買い手企業となるかどうか不明な企業が「不特定客」，今後買い手企業になる可能性がある企業が「可能客」，営業活動の結果，受注の可能性が極めて大きな企業が「見込み客」，一度でも受注したことのある企業が「顧客」，たびたび受注できる企業が「固定客」である。これは，買い手企業の一般的な分類である。

次に，売り手企業の売り上げの中に占めるシェアで買い手企業を分類する方法がある。これはABC分析ともパレット分析とも呼ばれている。買い手企業ごとの売上高を多い順に並べ，その売上高の累積額が約70％までの買い手企業をAグループとし，約85％までの買い手企業をBグループとし，約95％までの買い手企業をCグループとし，残りをDグループに分類する方法である。層別した買い手企業を戦略的に取り扱うには便利な分類方法である。

次の方法は，顧客内シェア（売り手企業が販売している商品カテゴリーにおける買い手企業が購買している総額または購買総数の中に占めるその売り手企業のシェア）によって層別する方法である。例えば，5つ程度のグループに層別し，買い手企業に対してよりきめ細かく戦略立てをするためのものである。ターゲットとする買い手企業数が多く，それぞれの顧客内シェアが比較的均等に取り合って

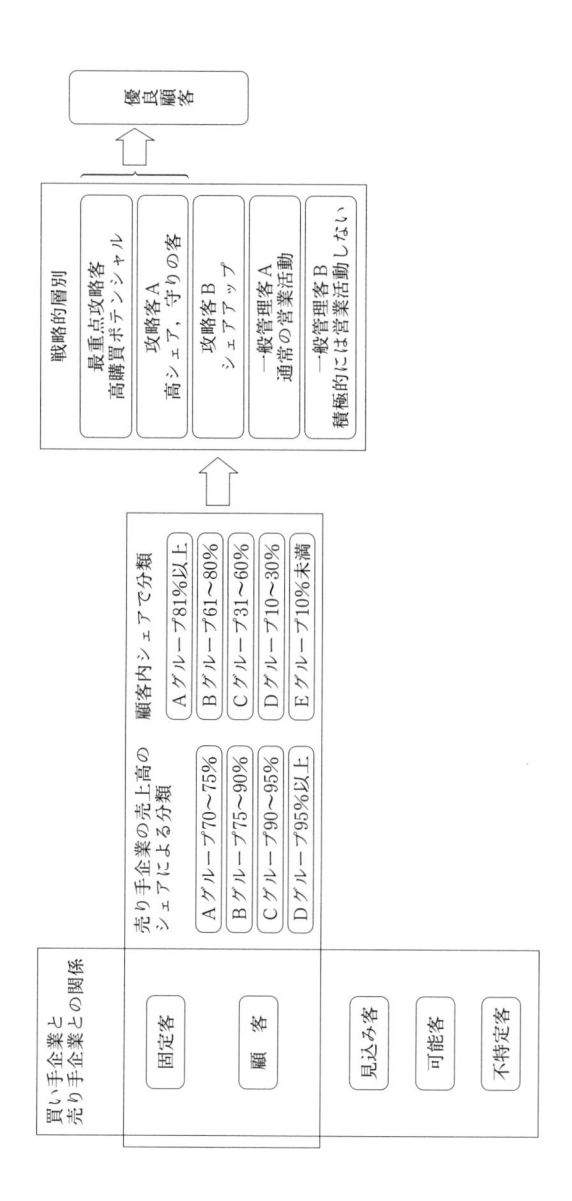

第五章 効率的な営業活動に関する考察　179

図表5-02 買い手企業の層別

買い手企業と売り手企業との関係
- 固定客
- 顧客
- 見込み客
- 可能客
- 不特定客

売り手企業の売上高のシェアによる分類
- Aグループ 70～75%
- Bグループ 75～90%
- Cグループ 90～95%
- Dグループ 95%以上

顧客内シェアで分類
- Aグループ 81%以上
- Bグループ 61～80%
- Cグループ 31～60%
- Dグループ 10～30%
- Eグループ 10%未満

戦略的層別
- 最重点攻略客　高購買ポテンシャル
- 攻略客A　高シェア、守りの客
- 攻略客B　シェアアップ
- 一般管理客A　通常の営業活動
- 一般管理客B　積極的には営業活動しない

→ 優良顧客

(筆者作成)

いる市場においては，営業戦略や戦術を策定する場合，有効な層別方法である（K社での面談調査による）。

Porter (1980) は，自社の商品をより多く販売したり，高額な収益を得たりするためにターゲットとする買い手の質の基準を，〈①買い手の購入ニーズとそれに応える自社の能力，②買い手の成長力，③買い手の地位（本来有している交渉力，更には値引きのためにこの交渉力を利用しようとするクセ），そして④買い手との取引コストとし，「戦略的観点から見て重要な買い手特性の最後のものは，買い手との取引コストである」〉[51]とした。しかし，一般的には収益額，購買ポテンシャルの高さ，自社との継続的な取引関係の有無などを基準で層別する方法がある。この分類方法には，買い手企業に関する情報を十分に収集しなければならないことや，継続的（長期的）な営業戦略を実施できる経営資源を有することなどが必要となる。具体的には，最重点攻略客，攻略客，一般管理客の3つに戦略的に層別する。そして，攻略客と一般管理客は更にAとBに細分することがある。

そして最後に，買い手企業が自社にとって優良企業であるか否かの視点から層別すると，①パートナーになってほしい優良な買い手企業，②おもに収益確保を目的とした販売先としての買い手企業，③売り手企業の総合力と経済合理性の観点から戦略的に切り捨てなければならない買い手企業の3つである。

以上のいずれかの層別によって戦略的に上位となった優良な買い手企業に対しては，十分な営業努力を行なう。訪問回数を増やし，コミュニケーション量の増大を図ることは言うまでもない。そして，協調的信頼（第5因子）を買い手企業から獲得していく。第一節で説明した営業世代にそって説明すると，買い手企業を優良顧客，最重点攻略客，攻略客，及び管理顧客に層別した場合，①優良買い手企業には第四営業世代の営業方式を，②最重点攻略客には第三営業世代を，③攻略客には第二営業世代を，そして④管理顧客には第一営業世代を対応させ，営業効率の向上を図れば良いことになる。

第五章　効率的な営業活動に関する考察　181

### ［3］情報共有化の仕組みの構築

　収集すべき情報は，①買い手企業が属する業界の先進的なニーズ，②買い手企業の長期商品計画，③自社（売り手企業）の競合先の動向である。このほか社内からは，各営業担当者が買い手企業に対して行なった営業施策，商品説明の内容，提案内容などである。そして，収集した情報を整理して各営業担当者と共有する必要がある。

　朝会や営業会議は，従来から行なわれていた最も普遍的な方法である。顔を突き合わせて情報交換するので，情報伝達という意味では効果的な方法である。しかし全国に営業所を展開している企業が営業所長を本社に召集して頻繁に営業会議を行なうと，営業の生産性が落ちることがある。そこで，最近は，営業の生産性を向上させる方策にITのネットワーク化がある。その変遷は，次の通りである。〈第一段階ではネットワークされていない状態，第二段階では営業部署内でネットワークが構築されている状態，そして第三段階では社内のほかのシステムを統合したネットワークが構築されている状態である〉[52]。組織としての生産性を向上させるには，第二段階以上の仕組みの構築が必要である。このほか，成功事例の発表会や表彰などで営業担当者にインセンティブを与えたり，学習する組織づくりをしたりする必要がある。更に，営業の生産性を向上させるには，営業担当者個人が抱え込んでいる買い手企業情報と商談情報を社内で共有化することが必要である。特に，提案内容とその実施状況に関する情報を共有化できるような仕組みを構築することは有効である。

## 第五節　事例：営業戦略と営業情報による効率化

　第五節では，効率的な営業方法の事例としてK社のエンジン販売部門を紹介する。商品であるエンジンの商品力（価格を含む）は，競合先と比較しても差別性のあるものではない。しかし，K社が競合先と比較して圧倒的な市場シェアを獲得している。それは，K社の社内に買い手企業に関する情報を収集・分析・活用する仕組みが構築され，主要な買い手企業との間では組織ぐるみで人

間関係の親密化が進んでおり，同時に買い手企業別の攻略戦略が策定されていて，効率的な営業活動を行なっているからである。この企業の事例を紹介してみよう。

[1] 事例の概要

K社の概要は次の通りである（図表5-03）。

図表5-03　事例企業の概要

| 項　　目 | 内　　容 |
| --- | --- |
| 事例の業種 | ディーゼルエンジンメーカー |
| 部署 | 国内エンジン販売部門 |
| メーカー種類 | 買い手企業に対してはモジュールメーカー |
| 国内シェア | 買い手企業がエンジン（20馬力以上）を購買している総台数の約62％。 |
| 市場特性 | ①国内で約120社の顧客がいる。<br>②上位5社までの売上高は全体の売上高の約90％。<br>③競合先は，トラックメーカー（3社）及び農機メーカー（2社）のエンジン販売部門。<br>④買い手企業の主要な商品は建設機械（油圧ショベル，発電機，コンプレッサーなど），産業機械（フォークリフトなど）である。<br>⑤景気の影響を強く受ける市場で，売上規模は150～200億円。 |
| 営業部隊編制 | 部長（1），営業担当者（5），営業技術（4），営業業務（2） |
| 販売方式 | 最重点攻略客に対しては，直接営業活動を行ない，それ以外の買い手企業に対しては県別に設置している販売店（ディーラー）を通じて営業活動を行なっている。 |

（筆者作成）

[2] 営業活動の概要

20馬力以上のディーゼルエンジンを購買する買い手企業の数は約120社である。K社は，これらの買い手企業から最重点攻略客として10社を戦略的に選定して，直接営業とディーラー経由でルートセールス方式の営業活動を行なっている。この中で販売額の最も大きな買い手企業（部門内での売上シェアは約40％）には2名の営業担当者に加えて，開発部門の技術職の担当者を営業担当者として兼任で配置させている。そのほかの買い手企業に対しては，買い手企業1社

あるいは2社に対して1名を担当させている。また，ディーラー経由の大手の買い手企業に対しては，ディーラーの営業担当者とその営業担当者を支援するK社の営業技術の担当者を配して，営業活動を展開している。

　買い手企業は，自社の商品（建設機械や産業機械）の駆動源であるディーゼルエンジンを排ガス規制に合致した性能にする必要がある。その排ガス規制は長期的かつ段階的に目標が設定されて，5年〜10年先までスケジュール化されているので，買い手企業は，長期商品開発日程をその排ガス規制の日程に合わせて作成している。そして，K社は，買い手企業の商品開発日程に間に合わせるように，この排ガス規制の目標値を達成するディーゼルエンジンを開発している。

　K社は，排ガス対応のディーゼルエンジンの開発に目途をつけると，買い手企業に対してその商品の性能や新規に付加した機能などをプレゼンテーションして商品力を訴求する。同時に，買い手企業が購入を計画しているディーゼルエンジンの仕様やその他のニーズに関する情報を収集して，その情報を基にカスタマイズした設計図を作成し，買い手企業に提案する。これと並行して概略見積書を提出する。買い手企業は，打ち合わせにおいて図面や試験データを確認して計画どおりカスタマイズされていることを確認すると，提案されたエンジンを試作エンジンとしてK社に注文する。これを受けて，K社はその設計書に基づいてエンジンを試作して販売する。試作エンジンの製造コストは，量産エンジンと比較すると2〜5倍もかかる。試作エンジンの注文を受けることによって量産エンジンの受注を確定出来るので，実際に発生する費用よりも安い価格で売り渡すことが多い。

　買い手企業は，試作エンジンを自社の商品（試作機）の中に組み込んで性能試験を行ない，その結果の中からエンジンの改良に必要なデータをK社に渡し，改良を要求する。K社はその要求に応じて更に改良を加える。買い手企業は，自社の商品性能を目標値（商品企画書記載の要求品質）まで向上させたことを確認すると，基本契約書に基づいてK社に量産発注する。

## [3] 営業情報の収集・発信

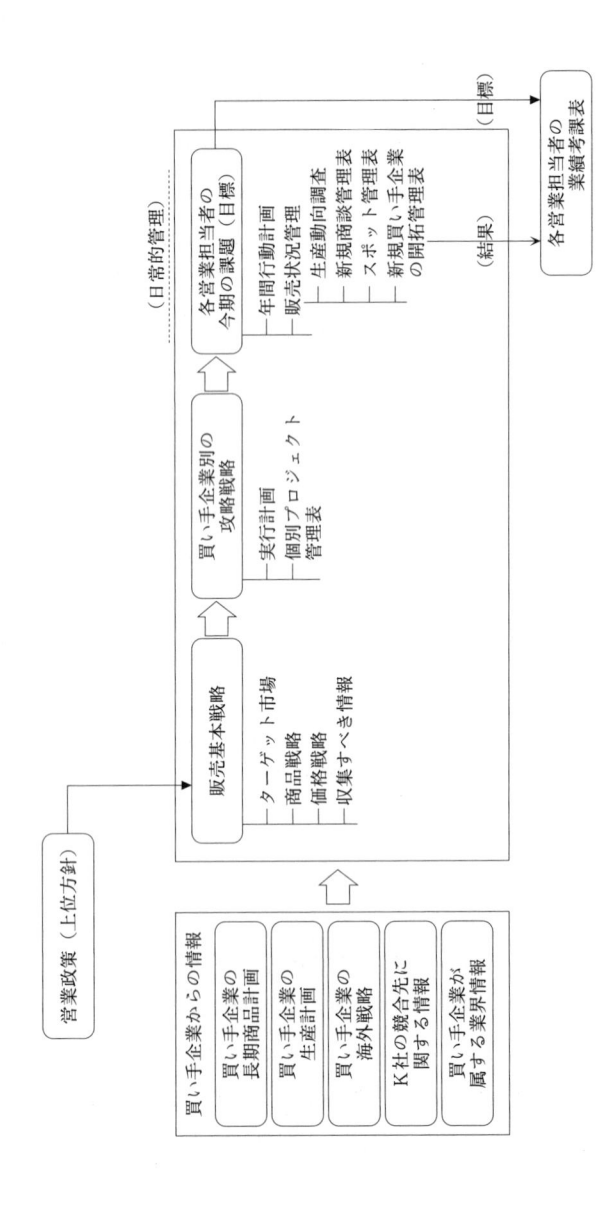

図表5-04 販売戦略と関連書類

```
営業政策（上位方針）
    ↓
販売基本戦略
 ├ ターゲット市場
 ├ 商品戦略
 ├ 価格戦略
 └ 収集すべき情報
    ⇒
買い手企業別の攻略戦略
 ├ 実行計画
 └ 個別プロジェクト管理表
    ⇒
各営業担当者の今期の課題（目標）
 ├ 年間行動計画
 ├ 販売状況管理
 ├ 生産動向調査
 ├ 新規商談管理表
 ├ スポット管理表
 └ 新規買い手企業の開拓管理表

（日常的管理）
（目標）→ 各営業担当者の業績考課表
（結果）↗

買い手企業からの情報
 ├ 買い手企業の長期商品計画
 ├ 買い手企業の生産計画
 ├ 買い手企業の海外戦略
 ├ K社の競合先に関する情報
 └ 買い手企業が属する業界情報
    ⇒ 販売基本戦略へ
```

（筆者作成）

K社の国内エンジン営業部は，営業の生産性を向上させるために販売基本戦略やその実行計画を作成している。営業管理者や営業担当者は，それらの資料を確認しながら営業活動を進めていく。販売基本戦略を策定する際は，戦略を営業部内に効率的に浸透させるために各担当者をそれに参画させるプロセス（ボトムアップ戦略策定方式）を設けている。各担当者は営業戦略にコミットメントすることで戦略の実行に対して動機付けられる。

## 1）買い手企業からの情報収集

　販売戦略を策定するには，買い手企業と競合先に関する情報の収集と蓄積が必要である。これらの情報の多くを買い手企業から収集している。これら関連情報を買い手企業から収集する方法は3つある。第一に，買い手企業がある程度の規模の企業であれば，ベンダーリストに記載されている企業に対して会社の経営戦略，商品開発計画，購買計画や方針などを定期的に情報提供（対外的に情報提供可能な範囲において）しているので，これらを収集整理している。第二に，営業活動を通じて買い手企業の担当者から情報を収集している。買い手企業に関する情報（商品開発計画，生産計画，経営戦略など）や買い手企業が属する業界情報だけでなく，K社の競合先に関する情報などの収集にも努力している。特に競合先に関する情報はこの方法によることが多い。これを効率的に行うために，日常的な営業活動において，より機密度の高い情報を大量に持っている幹部社員や役員との間に，より強固な人間関係の形成に努めている。第三に，買い手企業が公表している情報を収集している。具体的には，HP，新聞や雑誌，特許情報などである。

　買い手企業からの情報の主なもの，つまり，商品計画日程（長期，短期），生産動向，経営戦略，海外販売戦略などの情報については買い手企業別に情報ファイルに整理している。競合先や業界動向に関する情報は共通ファイルに整理している。このようにして，いろいろな情報収集ルートから得られた情報を一元管理するための情報ファイルシステムを構築している。

　そして営業担当者全員に自分が担当している買い手企業から必要な情報を収集してこのファイルシステムに整理することを課している。情報活用の主な目

的は販売基本戦略や顧客個別の戦略策定である。

2）販売基本戦略書の策定

販売基本戦略は，経営層に営業活動の方向を理解してもらうためと，他部門の協力を得るために作成している。したがって，環境分析では営業部門の置かれている現状をわかりやすく整理している。販売基本戦略を作成する際は，営業の参謀または営業部門の幹部は，企業の経営ビジョンや長期経営計画，また部門方針などをベースに買い手企業から収集した情報を加えて，価格戦略，商品戦略，顧客戦略などを策定し，その具体的な方針と目標を決めている。これにより，営業担当者が担当する買い手企業に対する攻略戦略や全体の実行計画を作成する際の原則，基本的な考え方，及び進むべき方向などを示して，営業担当者自らコミットメントできるような内容にしている。

3）買い手企業別の攻略戦略書の策定

K社は，主要な買い手企業を攻略するために，買い手企業の「経営戦略，販売戦略，購買計画など」の情報を分析して買い手企業別に営業課題を洗い出している。販売基本戦略に基づいて，営業担当者に自分が担当している買い手企業を攻略するための個別攻略戦略を策定することを課している。買い手企業ごとに顧客内シェア，収益額，業界内での順位などを総合的に判断させ，それに合致した戦略を個別に作成させている。

そして買い手企業の個別攻略戦略と販売基本戦略とを1～1.5年ごとに見直している。

4）実行計画書の作成

買い手企業別の攻略戦略を策定させたら，それをどのように具体化するかを営業担当者自らに検討させている。その買い手企業に販売する商品（型式）を決めて，そのための具体的な活動を計画させ，実行計画にまとめさせている。

5）個別プロジェクト管理表の作成

引き合いがホットな状態（受注確率が高い）になったら，その引き合いを管理するためのプロジェクト管理表を作成している。試作エンジンを量産エンジンするまでの過程と買い手企業に約束した納期日を主要項目にした日程表上に，

買い手企業からの要求やコメント，プロジェクトを円滑に遂行するための課題・問題点，計画と実績などに関する情報を一覧できるように表にまとめた個別プロジェクト管理表を作成している。これによって，営業担当者，設計担当者，生産担当者などのプロジェクトに関連する担当者が常に現状把握できるようにしている。

6）各営業担当者の今期の課題（目標）の設定

　営業管理者は，営業担当者に担当している買い手企業に関連する攻略戦略書や，そのための実行計画書などを作成させている。これらに基づいて，販売ノルマや課題を自ら設定させ，営業担当者と面談した後，それらを最終的に決定する。

7）年間行動計画の作成

　営業担当者に，買い手企業ごとの販売ノルマをどのように達成していくか，また，今期の課題をどのように解決していくかなどを検討させ，具体的な活動をいつ頃実行するかなどを行動計画書に1年間ごとまとめさせている。この中には，買い手企業の具体的な商品開発の時期や商品企画書に記載してあるエンジンの目標購入価格などに関する情報を収集するためと，K社のエンジンに関する情報を提供するために，いつごろ，誰と会食（接待）するかも計画させている。

8）販売状況管理表の作成

　販売会議に活用する資料として，新規の商談やスポットの引き合いなどに関する情報を管理している。そして営業部全体で定期的に新規顧客の開拓を行なっている。

9）業績考課表の作成

　営業管理者は，営業担当者とともに買い手企業別攻略戦略，実行計画書，今期の課題，年間行動計画などから果たすべき責務をまとめ，業績考課表を作成している。これにより営業担当者は自分が達成すべき目標・課題が明確に理解でき，同時に責務達成への動機付けも自然に行なわれる。一方，営業管理者は，営業担当者の日常の業績を把握できる。

[4] 優良な買い手企業との関係

　K社にとって優良な買い手企業は，建設機械メーカーとして世界のトップスリーの一角を占める企業（以下，Z社と呼ぶ）である。かつてZ社にはK社の競合先が3社存在し，Z社の顧客内シェアを分け合っていた。Z社の購買担当者とK社の営業担当者がそれぞれの企業の窓口機能を持って情報交換し，詳細な技術的事項についてはZ社とK社の技術者同士が打ち合わせていた。当時は，販売のための戦略も明確でなかったので，買い手企業とのコミュニケーションは，それほど広範囲ではなく担当者レベルのみであった。競合先もほぼ同様の体制で営業活動していた。

　K社の営業部長が交代し，その部長のもとで，販売基本戦略を策定しはじめた。その部長は，その中でZ社を最重点攻略客として位置づけて戦略を練り，販売体制や技術的サポート体制を明確にした。Z社に対しては，有能な営業担当者と技術担当者を配属し，それまではなかった，部長自ら陣頭指揮を取って積極的に営業活動を行なった。そして，営業方針は「K社のエンジン販売部門がZ社の一事業部とZ社から見なされるようにする」であった。すなわち，買い手企業と一心同体となり，両者の壁を無くすことであった。

　Z社には納入企業の協力会があり，その会長は納入企業の中でZ社の商品の重要なモジュールを納入している比較的大手企業の社長またはこれに準じる役職者が引き受けていた。それまでの会長が高齢となり，交代することになった時，運よくK社の役付き取締役がその会長に選ばれた。その会長は納入企業の代表であるので，Z社の経営トップと容易に面会することができる。トップ同士の面会となれば，当然，Z社側からは購買責任者や開発責任者が，K社側からは営業責任者などが同席することになる。これをきっかけに，両社の人間関係は急速に密接になっていった。このことにより，K社は，競合先が入手できないZ社の商品開発に関連した核心的な課題を入手できるようになり，それに対する種々の提案ができるようになった。当然，それらの提案がZ社のニーズ（課題）に的確に的を射ているので採用されることが多くなった。

　成功の要因は，運よく納入企業の協力会の会長となったことでZ社の経営層

や幹部社員との人間関係が構築できたこと，更にそれによって核心をついた提案が容易にできるようになり，その結果，共同で作業することが多くなったこと，そして，そのための体制を整えたことなどから，Z社とK社との間の人間関係の親密化が加速度的に進展し，K社の競合先と比較して人間関係の親密度の圧倒的な差を作ることができたことである。

## ［５］第五節のまとめ

　K社は，事例で説明した仕組みを構築し，その運用が完全に実施できるようにするのに約4年かかった。そしてその結果，20馬力以上のディーゼルエンジンの市場（K社のターゲット市場）において，それまで約40％であった市場シェアを62％にすることができた。
　この成功の要因を一言で言うと「営業管理者が営業の最前線に立ったこと」である。前任者と交代した営業部長が営業の前線に立って顧客との間のコミュニケーションを積極的に取るようになったことである。その結果，その営業部長は，顧客の課題や問題を以前より詳細に，より実感的に把握できるようになり，そのニーズを解決する必要性を強く感じた。そこで，優良顧客の囲い込みのために，より効率的な営業活動の仕組みを構築し，顧客とのコミュニケーションの密度を上げた。まとめると，次の通りである。
　①顧客関連情報を蓄積する仕組みを作ったこと
　　　戦略策定に活用できる水準にまで情報量を蓄積できたことである。
　②戦略策定に営業担当者を参加させたこと
　　　営業担当者に対して効果的に動機付けするために，営業担当者を参加させて営業戦略を策定した後，それに関連する計画を作成させた。別の効果として営業担当者が顧客のために何をしたら良いが明確になったことで，顧客に対してタイミングを失することなく営業活動できるようになったことである。
　③顧客を層別し，更に顧客別に戦略的に対応したこと
　　　重要な顧客以外の顧客はディーラー（販社）を通じて営業活動を行なう

ことを明確にし，それでできた余力を攻略したい重要な顧客に注ぐことができた。

④優良な顧客を囲いめたこと

　建設機械，フォークリフト，発電機，コンプレッサーなど商品カテゴリー別に優良顧客を囲い込めた。当然，これらの顧客とは人間関係の親密度が向上した。各種の提案が競合先と比較してより容易にできるようになった。それは，K社の取締役がZ社の協力会の会長になれたこと，また囲い込みに成功したZ社がその後，国内外でM&Aを次々と行ない，それらの企業から商品開発を一手引き受けたこと，などの幸運もあった。

## 第六節　第五章のまとめ

　第五章では，実務家が活用できる人間関係の親密化を加速するための親密化プロセスモデルを提言した。そして，そのモデルを活用して効率的な営業を実施するには，買い手企業に関する情報を収集し，買い手企業を戦略的に層別する必要があることを論述した。

# 結　　章

　序章から第五章までの各章で検証・論証・論述した内容のなかで特筆すべきものをまとめ，最後に，今後の課題を明らかにする。

## ［1］研究の背景と課題
　グローバル化の進展とバブル経済崩壊によって，市場には商品が溢れ，商品のコモディティ化が短期間で進み，販売競争が激化した。このような状況において買い手企業は，自社のコア・コンピタンスを更に強化するために，購買方針や購買方法の変更に迫られている。その結果，売り手企業は，買い手企業の購買方法の変化に対応するために従来と異なる，より効率的な営業方法が求められている。

　このような背景を踏まえて本研究の最終目標を「日本の製造企業の企業間取引において，より効率的な営業活動を提言する」に定めた。この目標を達成するためには，まず，買い手企業がどのように購買しているかを知る必要があった。そこで，「組織購買行動」に関する先行研究を整理し，①マーケティングからの視点のみで経営戦略の視点が欠如していることと，②買い手企業と売り手企業の担当者の人間関係の親密度が納入企業選定プロセスに与える影響の有無を含めて，こうした視点からの研究がなされていないことを先行研究の問題点として明らかにした。これらの問題を解明することを第一段階の研究課題とした。次に，これを基に効率的な営業活動を提言することを第二段階の研究課題とした。

[2] 研究方法とその結果
(1) 第一段階の研究課題

　買い手企業がどのように購買しているかを知るために，いろいろな業界の企業（17社）の購買管理者または購買担当の役員（執行役員を含む）に対して，購買の仕組みやその運用ルールなどの実務面での現状について面談調査を行なった。特に，売り手企業との人間関係の親密度が納入企業選定にどのように影響するかを明らかにすることを調査の目的とした。その結果，特筆すべき点は次の通りである。

- 納入企業の中に占める新規納入企業の比率が小さいこと。
- 「単にものを購入する」購買から「競争力をつける」購買に変化しつつあること。
- 買い手企業は，透明性のある納入企業選定プロセスを構築しているが，特定の売り手企業の担当者との人間関係の親密度が高くなると，その選定プロセスにおいて何らかの影響を受けているのではないかとの印象を持っていること。

　次に，面談調査の結果と関連文献に基づいて，購買活動が企業活動の中でどのような役割を持っているかを経営戦略論からアプローチした。その結果，購買活動は，企業が競争優位性の源泉を獲得するために，どのカテゴリーを購買するか，または垂直統合するか等の，より上位の概念での意思決定であることを明確にした。そして，これこそが購買の本質であると主張した。前述に関連した事例としてトラックメーカーの内外製戦略策定を紹介した。更に，組織購買行動の類型化に関する先行研究をまとめ，納入企業選定戦略の類型化に関する考え方を示した。

　それに加えて「売り手企業の担当者との人間関係の親密度が納入企業選定プロセスにおいて影響する」という仮説を検証するために，企業内で購買機能を有する担当者に対してアンケート調査を実施し，次のような結果を得た。

- 仮説が正しいこと。
- 「人間関係の親密度の因子」と「納入企業プロセスにおける影響度合い」

との間に相関関係が認められたこと。

### (2) 第二段階の研究課題

第一段階の研究課題から検証や実証できたこと，すなわち「買い手企業は，コア・コンピタンスを強化するために購買ルールに従って納入企業選定を行なうが，同時に人間関係の影響を受ける傾向にある」に基づいて，最終目標である「より効率的な営業活動」に対して次のように提言した。

まず，売り手企業が買い手企業の選定基準を達成するために"客観的"な実力（特に，技術水準）をどのように向上させるかを議論した。貸与図メーカーや承認図メーカーなどの売り手企業別に，技術開発のロードマップを策定する際の考え方を整理した。そして，具体的な議論をするために，最終商品組立メーカーを支える製造業の中核である素形材産業に焦点をあてて，その産業への国のビジョンと支援施策並びに生産技術の研究開発状況を整理し，素形材企業が主体的に取り組むべき研究開発テーマに関する考え方を考察した。更に，優良な買い手企業，売り手企業（自社），及び有力な協力企業の戦略的枠組みを構築することが必要であると主張した。そしてその戦略的枠組みを構築する必要条件がそれぞれの企業の担当者間の人間関係の親密度であることを指摘した。

次に，買い手企業が"主観的"に認識する売り手企業の実力（特に，QCD）をどのように向上させるかを議論した。営業活動に関する概念を整理し，営業方式の変遷についてまとめた後，戦略的枠組みを構築することを目的とした営業活動を"新しい営業方式"として提言した。次いで，人間関係の親密度について整理し，人間関係の親密化プロセスに関する先行研究を概観した上で，ビジネス上の人間関係の特徴を整理した。そして，買い手企業の心理的な動きよりも，その結果として表出する「言動」に着目した，営業担当者のための親密化プロセスモデルを提言し，そのモデルの活用方法について記述した。そして，限られた経営資源で収益額を最大化するための効率的な営業の仕組みとして，「顧客の層別」と「情報共有化の仕組みの構築」の必要性とその具体的な実施方法について整理し，効率的な営業の仕組みの事例を紹介した。

## [3] 研究の主な成果

　マーケティングの主要な研究領域は，①消費者向け，②企業向け，及び③非営利組織向けによって構成されている。日本では，消費者向けマーケティングの研究は盛んに行なわれており，最近，にわかに非営利組織向けマーケティングに関する研究が行なわれるようになった。しかし，企業向けマーケティングに関する研究はあまり活発でない。例えば，消費者向けマーケティングを主に対象にした学会は4団体以上あるが，一方，企業向けマーケティングを対象とした学会はないのが現状である。しかし，米国では企業間取引の研究のための専門の学会が4団体以上ある。日本から見ればこの研究分野の先進国である米国ですら，欧州と比較すると10～15年遅れているとも言われている。このように日本での企業間取引に関する研究は非常に遅れていると言わざると得ない。このような状況を考慮すれば，本研究の成果は日本の企業間取引に関する先駆的な研究を行なったことにある。それを要約すれば次の5つに集約できる。

### (1) 組織購買行動の研究領域に経営戦略の視点から知見を加えたこと

　先行研究においては，マーケティングからのアプローチのみであったので，その研究領域は，買い手企業がニーズを認識する時点から"もの"を購買し，それを使用する時点までのプロセス，組織，意思決定に関するものであった。

　本研究においては，組織購買行動の研究領域には，先行研究で取り扱われてきた「購買センターのメンバーが日常業務にかかわる購買プロセスや仕組み」のほかに，「経営戦略にかかわるプロセス」が存在するとした。すなわち，組織購買行動に対して経営戦略論からのアプローチが必要であるとし，長期経営計画や経営戦略からどのように購買戦略が導き出されるかを検証し，購買の目的が市場における競争優位性の源泉を獲得することであるとした。これらが本研究の第一の研究成果である。

(2)「納入企業選定で人間関係の親密度が何らかの影響をする」という
　　仮説を実証したこと

　それまでの研究は，個人の性格，経験，ノウハウ，知識などの，あくまでも購買センターのメンバーに関するもの，または購買センターのメンバー間の人間関係に関するものに留まっていた。

　本研究において，買い手企業の担当者と売り手企業の担当者との人間関係に焦点を当て，①面談調査によって納入企業選定プロセスへの影響を検証し，②アンケート調査を実施して「買い手企業は，親密度の高い担当者が属する売り手企業に有利な取り計らいをすること」（仮説）を実証した。それに加えて古典的な心理学の学説を用いて買い手企業と売り手企業との人間関係の親密度が納入企業選定過程において影響することを論証した。

　これによって，組織購買行動の研究に一石を投じることができた。これが本研究の第二の研究成果である。


(3) 客観的なQCD水準の向上策に対する考え方を整理したこと

　買い手企業の購買戦略への対応策として，売り手企業のQCD水準の向上のために必要なロードマップと技術開発の支援体制に対する考え方を整理し，取り組むべき研究開発テーマに対する考え方を提言したこと。これが本研究の第三の研究成果である。


(4) 戦略的枠組みを提言したこと

　先行研究では，競争優位性を獲得するためには「希少性」「占有可能性」「他のまねのできないコア・コンピタンス」などを持つことであるとしているが，本研究では「優良な買い手企業，売り手企業（自社），及び有力な協力企業」との"戦略的枠組み"を構築すべきと提言した。そして，戦略的枠組みに取り込むべき優良な買い手企業と有力な協力企業の選定基準を明記し，それぞれの企業の担当者との間の人間関係の親密度が枠組み構築の鍵であるとした。戦略的枠組みの必要性を提言したことが本研究の第四の研究成果である。

(5) 人間関係の親密化の簡便な方法を提言したこと

　人間関係の親密化を進める技は，心理カウンセラーが患者を治療する前に信頼関係を構築する際に主に活用されている。当然，その親密化を加速する技は，心理学に関連する専門家でなければ効果的に使いこなせない。したがって，心理学と無縁の営業担当者にあっては人間関係を構築するには，先輩の背中を見ながら長期間にわたり職人芸的に取得されているのが現状である。

　そこで，本研究において，新人の営業担当者でも買い手企業の担当者と人間関係の親密化を容易に進められるように，買い手企業の担当者が表出する「話題」と「面談している場」に着目し，これら二つを軸とした「人間関係の親密化プロセスモデル」を提案した。これにより，実務に役立つモデルを提言できたことが本研究の第五の研究成果である。

[4] 今後の研究課題

　本研究で，買い手企業の購買行動を明らかにし，その知見に基づいて売り手企業の営業活動に対して提言を行なったが，まだ，次のような研究課題が残っている。

(1) 研究対象の営業方式の拡大

　本研究では，前任者が開拓した買い手企業を維持・強化する「ルートセールス」に絞った。売上額を維持・拡大するために新規の買い手企業を開拓することはどの企業にとっても必須であり，営業担当者の責務でもある。しかし，この営業活動は営業担当者にとって精神的に大きな負担となる。一般的には，〈新人教育の段階で新規開拓できる能力のある人材を篩にかけている。新人教育が終了すると，先輩の営業担当者がOJT（実地での教育）を行なう。例えば，午前中，ある駅で「午後4時に迎えに来る。それまでにこの会社案内を顧客の名刺と交換しておけ」と命じて，新人の営業担当者に会社案内を50部渡し，自動車から下ろす。これを2～3か月間繰り返すと，新人の営業担当者は淘汰され，新規開拓に心的な抵抗がない者だけが残る〉（無料情報誌の広告代理店の社長

談)。いずれにせよ，新規開拓は営業担当者にとって大変苦労する業務であることに間違いない。

　新規開拓のための営業方法，特に精神的な負荷を軽減する営業方法を研究テーマとする必要がある。

　(2) 研究対象業種及びサンプルの拡大

　研究対象業種を製造業とし，そしてその買い手企業を購買品を自社使用する，または加工・組み立てする比較的規模の大きな企業とした。それを念頭において研究を実施した。

　拡大すべき研究対象業種は，例えば，流通系企業である。そこでは買い手企業が活用したい売り手企業の経営資源が製造業の企業と異なるので，競争優位性の源泉を獲得する方法も購買戦略も異なることが容易に予測できる。当然買い手企業が採用する組織購買行動も異なるはずである。今後，流通業やサービス業に研究の対象業種を広げていく必要がある。

　また，拡大すべき対象は比較的規模の小さな企業である。中小企業の数が全国で約430万社であるとも言われており，全企業数に対する構成比率は99.7%である。これを考慮すれば，比較的規模の小さな企業間の取引に関しても，研究の対象とする必要がある。これらの中小企業にあっては購買力を駆使して複数の売り手企業を競争購買させることはなかなか困難であろうから，買い手企業としてのなんらかの購買ノウハウが存在すると考えられる。小規模の企業がどのように購買しているか興味のあるテーマである。

　(3) アンケート調査の拡大

　本研究では，購買機能を有する担当者にアンケート調査を実施した。今後の課題として，第一に，同じ質問項目でサンプル数を増やし，信憑性をより向上させる。第二に，アンケート回答者の対象範囲（業界）を広げる。製造業を中心にアンケート調査を行なったが，製造業以外にも対象を広げて，業界による違いの有無を確認する。最後に，米国は日本と比較して人間関係の影響力より

もビジネス上の拘束力のほうが強い（より透明性の高い納入企業選定を行なっている）と思われるので，米国国内に所在する企業（米国人）にも対象を広げてアンケート調査を実施し，国による違いの有無を確認したり，そのアンケート調査の結果が日本と米国で納入企業選定プロセスにおいて親密度による影響に大きな差異が出た場合，日本によく似た国民性と経営管理体制の台湾（現在，114サンプルを回収してある）と，米国によく似た経営管理体制の中国に対してアンケート調査を拡大し，四か国による違いを明らかにすると同時に，納入企業選定プロセスへの影響要因を詳細に抽出する。

　本研究では，買い手企業の担当者と売り手企業の担当者を一対一の関係で議論を進めてきた。しかし，納入企業選定に関わる対人関係による影響は，売り手企業の営業担当者との間だけでなく，社内の人間関係もその影響を受ける。特に，納入企業選定の役割を持つ担当者の上司やその購買品を活用する担当者との人間関係は極めて大きいと考えられる。また，買い手企業の担当者と売り手企業の担当者との人間関係の親密度と，買い手企業の担当者と売り手企業の競合先の担当者との人間関係の親密度との相対的な差異が納入企業選定に影響があるはずである。更に買い手企業の担当者，売り手企業の担当者，及び売り手企業の競合先の担当者がそれぞれ複数存在し，相互に影響し合っている。この領域を探求するには，より心理学的な知見が必要となり，心理学研究の専門家との共同作業に委ねることとなろう。

(4) 親密化プロセスモデルの検証

　親密化プロセスモデルに対する今後の課題については，本研究で提言した人間関係の親密化プロセスモデルを営業担当者に説明して，実際の場面において活用させて，その効果を測定することが必要である。同時に改良点などを聞き取り，修正することも必要となろう。効率の良い営業方法という視点で，このモデルと組み合わせると相乗効果のありそうな営業ツールを検討する必要もあろうかと思う。

## [5] 最後に

　イギリスで産業革命が起きて以来，人間活動のすべてに効率化が求められるようになり，近年では，生産現場（工場）や建設現場に種々の機械が導入され，更にそれぞれの機械が自動で動くようになり，人間を必要とする「業務」が激減している。そして，ITが導入されると，現場だけでなく事務所内でも合理化が進み，人間が行なってきた「業務」が更に減少している。企業が利益を求める限り，企業の合理化は高コストである人件費（人間）を減少させる方向に進み，いままで人間が行なってきた「業務」の種類とその量の減少は永遠に継続するであろう。

　しかし，納入企業選定は，人間（担当者）が商品や見積内容を評価し決定する限り，人間関係の親密度の影響を受ける。したがって今後も，売り手企業は，買い手企業から自社（売り手企業）に有利な取り計らいをしてもらうためには，営業担当者を配置し，買い手企業の担当者との人間関係の親密度を向上させる必要が絶対的に存在する。企業間取引における営業活動は人間を必要とする「最後まで残る人間の活動（業務）」の一つであり続ける。買い手企業の購買センターと売り手企業のフロントオフィスとの人間関係に関する研究は，今後もその重要性を失うことはないであろう。

## 引用文献・参考文献・注釈

斜線／p.の後の数値は引用ページを示す。

### 序　章

【序章・引用文献】

01. 『ものづくり白書（2011年度版）』経済産業省・厚生労働省・文部科学省／p.2。
02. 日本工作機械工業会（2004）『工作機械統計要覧2004年版』
03. 津田眞澂（1994）『日本の経営文化』ミネルヴァ書房／p.150。
04. 日経産業新聞編（1992）『日本の製造技術・強さの秘密』日経サンエンス社／p.218。
05. Abegglen, James C.（2004）, *21st CENTURY JAPNESE MANAGEMENT : New System, Lasting Values*, 山岡洋一訳（2004）『日本の経営』日本経済新聞社／p.27。
06. 中村圭介（1996）『日本の職場と生産システム』東京大学出版会／pp.2-3。
07. 村上恭一（2000）「日本型取引関係の構図」高嶋克義編著『日本型マーケティング』千倉書房 pp.41-58。／p.42。
08. 村上恭一（2000）前掲／p.41。
09. Allemand, Sylvain（2002）, *LA MONDIALIATION*, 杉村昌昭訳（2004）『グローバリゼーションの基礎知識』作品社／p.18。
10. 中小企業総合研究機構研究部（2001）『製造業における部品等発注システムの変化とその対応』／p.13。
11. 中小企業総合研究機構研究部（2001）前掲／p.14。
12. 村石治夫（1997）「自動車業界におけるEDI取組み状況について」『JEDIC Newsletter』No.26, EDI推進協議会／p.1。
13. 中小企業総合研究機構研究部（2001）前掲／pp.37-40。
14. 中小企業総合研究機構研究部（2001）前掲／p.45。
15. 中小企業総合研究機構研究部（2001）前掲／p.31。
16. 商工研究所（2001）『中小製造業の生き残り戦略』／p.43。
17. ものづくり白書（2006年度版）前掲／p.111。
18. 中小企業総合研究機構研究部（2001）前掲／p.35。
19. ものづくり白書（2006年度版）前掲／p.3。

20. ものづくり白書（2006年度版）前掲／p.107。
21. Robinson, P. J., C. W. Faris, and Y. Wind (1967), *Industrial Buying and Creative Marketing*, Allyn & Bacon／p.6.
22. Brennan, Ross, Canning, Louise and McDowell, Raymond (2007), *Business-to-Business Marketing*, SAGE Publications Ltd／p.3.
23. Brennan, Ross, Canning, Louise and McDowell, Raymond (2007) 前掲／p.3.
24. Brennan, Ross, Canning, Louise and McDowell, Raymond (2007) 前掲／p.3.
25. 高嶋克義・南知恵子（2006）『生産財マーケティング』有斐閣／pp.1-2。
26. Brennan, Ross, Canning, Louise and McDowell, Raymond (2007) 前掲／p.7. 表1.2
27. Pacenti, Giulio Cesare (1998), *Business Marketing*, 高達秋良監訳（2000）『B2Bマーケティング』ダイヤモンド社
28. 高嶋克義・南知恵子（2006）『生産財マーケティング』有斐閣
29. 余田拓郎（2000）『カスタマー・リレーションの戦略論理』白桃書房／p.79。
30. Wind, Yoram (1967),"The Determinants of Industrial Buying Buyers' Behavior," *Industrial Buying and Creative Marketing*, Chapter XI Allyn & Bacon／p.152.
31. Copeland, Melvin Thomas (1924), *Principles of Merchandising*, A. W. Shaw Company／p.207.
32. 余田拓郎（2000）前掲／p.80。
33. Johnston, Wesley. J. and J. E. Lewin (1996), "Organizational Buying Behavior : Toward an Integrative Framework," *Journal of Business Research*, 35, pp.1-15.／p.1.
34. Johnston, Wesley. J. and J. E. Lewin (1996) 前掲／p.2.
35. Anderson, P. F. and T. M. Chamber (1985), "Reward/Measurement Model of Organizational Buying Behavior," *Journal of Marketing*, 49 (Spring), pp.7-23.／p.7.
36. Möller, K. E. Kristian (1985), "Research Strategies in Analyzing the Organizational Buying Process," *Journal of Business Research*, 13, pp.3-17.／p.3.
37. Möller, K. E. Kristian (1985) 前掲／pp.3-17.
38. Johnston, Wesley J. and Thomas V. Bonoma (1981), "The Buying Center : Structure and Interaction Patterns," *Journal of Marketing*, 45 (Summer), pp.143-156.

39. Spekman, Robert. E. and Stern, L.W.（1979），"Environmental uncertainty and buying group structure : an empirical investigation," *Journal of Marketing*, 43（Spring），pp.54-64.
40. Choffray, J. and G. Lilien（1978），"Assessing Response to Industrial Marketing Strategy," *Journal of Marketing*, 42（April），pp.20-31.
41. Jackson, D.W. Jr, Keith, J.E. and Burdick, R.K.（1984），"Purchasing agents' perception of industrial buying center influence : a situational approach," *Journal of Marketing*, 48（Fall），pp.75-83.
42. 福田康典（2002）「産業財マーケティングに関する研究アプローチの考察」『高崎経済大学論集』第45巻 第1号 pp.95-108。
43. Campbell, N. C. G.（1985），"An Interaction Approach to Organizational Buying Behavior," *Journal of Business Research*, 13, pp.35-48.
44. Eriksson, Kent and D. Deo Sharma（2003），"Modeling uncertainty in buyer-seller cooperation," *Journal of Business Research*, 56, pp.961-970.
45. 高嶋克義・竹村正明・大津正和（1996）「産業広告の効果に対する実証研究」『日経広告研究所報』165号 pp.60-68。
46. Lynch, Joanne and Leslie de Chernatony（2004），"The Power of emotion : Brand communication in business-to-business markets", *The Journal of Brand Management*, Vol.11, No. 5 , pp.403-419.
47. 余田拓郎（2006）「B2Bブランディングのすすめ」『一橋ビジネスレビュー』季刊2006年SUM. 54巻1号 pp.70-83。
48. Möller, K. E. Kristian（1985）前掲／p.3.
49. Copeland, Melvin Thomas（1924）前掲／p.132.
50. Copeland, Melvin Thomas（1924）前掲／pp.130-154.
51. Brennan, Ross, Canning, Louise and McDowell, Raymond（2007）前掲／pp.15-16.
52. 高嶋克義・南知恵子（2006）前掲／p.4。
53. Robinson, P. J., C. W. Faris and Y. Wind（1967），*Industrial Buying and Creative Marketing*, Allyn & Bacon
54. Anderson, E., Chu, W. and Weitz, B.（1987），"Industrial purchasing : an empirical exploration of the buyclass framework," *Journal of Marketing*,（July），pp.71-86.／p71.
55. Webster, F. E. Jr. and Y. Wind（1972），"A General Model for Under standing Organizational Buying Behavior," *Journal of Marketing*, 36（April），

pp.12-19.
56. Sheth, J.N. (1973), "A Model of Industrial Buyer Behavior," *Journal of Marketing*, 37 (October), pp.50-56.
57. Sheth, J.N. (1973) 前掲／p.50.
58. 余田拓郎 (1999)「インダストリアル・マーケティング」『オイコノミカ』第35巻第 3 ・ 4 号 pp.245-273。／p.250。
59. 清水公一 (2003)『共生マーケティング戦略論 (第四版)』創成社／p.140。
60. Anderson, P. F. and T. M. Chamber (1985), "Reward/Measurement Model of Organizational Buying Behavior," *Journal of Marketing*, 49 (Spring), pp.7-23.
61. Johnston, Wesley. J. and J. E. Lewin (1996), "Organizational Buying Behavior : Toward an Integrative Framework," *Journal of Business Research*, 35, pp.1-15.
62. Bellizzi, J.A. and McVey, P. (1983), "How valid is the buy-grid model?," *Industrial Marketing Management*, Vol. 12, pp.57-62.
63. Leigh, T.W. and Rethans, A.J. (1984), "A scripttheoretic analysis of industrial purchasing behavior," *Journal of Marketing*, 48 (Fall), pp.22-32.
64. Anderson, E., Chu, W. and Weitz, B. (1987), "Industrial purchasing : an empirical exploration of the buyclass framework," *Journal of Marketing*, (July), pp.71-86.
65. Wilson, E.J., Lilier, G.L. and Wilson, A.T. (1991), "Developing and testing a contingency paradigm of group choice in organizational buying," *Journal of Marketing Research*, 28 (November), pp.452-466.
66. Bunn, M.D. (1993), "Taxonomy of buying decision approaches," *Journal of Marketing*, 57 (January), pp.38-56.
67. Johnston, Wesley J. and Thomas V. Bonoma (1981), "The Buying Center : Structure and Interaction Patterns," *Journal of Marketing*, 45 (Summer), pp.143-156.／p.144.
68. Robinson, P.J., C. W. Faris, and Y. Wind (1967) 前掲／pp.122-138.
69. Johnston, Wesley J. and Thomas V. Bonoma (1981), "The Buying Center : Structure and Interaction Patterns," *Journal of Marketing*, 45 (Summer), pp.143-156.
70. Spekman, Robert E., and Gronhaug, Kjell (1986), "Conceptual and Methodological Issues in Buying Centre Research," *European Journal of Marketing*,

20 (7), pp.50-63./p.50.
71. Webster and Wind (1972) 前掲/p.17.
72. Robinson, P.J., C. W. Faris, and Y. Wind (1967) 前掲/pp.101-102.
73. Spekman, Robert E., and Gronhaug, Kjell (1986) 前掲/pp.55-63.
74. Johnston, Wesley J. and Thomas V. Bonoma (1981) 前掲/pp.152-153.
75. Choffray, J.M. and Lilien, G.L. (1980), "Industrial market segmentation by the structure of the purchasing process," *Industrial Marketing Management*, Vol. 9, pp.331-342.
76. Woodside, A.G. and Sherrell, D.L. (1980), "New replacement part buying," *Industrial Marketing Management*, Vol. 9, pp.123-132.
77. Spekman, Robert. E. and Stern, L.W. (1979), "Environmental uncertainty and buying group structure : an empirical investigation," *Journal of Marketing*, 43 (Spring), pp.54-64.
78. Silk, A.J. and Kalwani, M.U. (1982), "Measuring influence in organization purchase decisions," *Journal of Marketing Research*, 19 (May), pp.165-181.
79. Thomas, R.J. (1982), "Correlates of interpersonal purchase influencein organizations," *Journal of Consumer Research*, 9 (September), pp.171-182.
80. Jackson, D.W. Jr, Keith, J.E. and Burdick, R.K. (1984), "Purchasing agents' perception of industrial buying center influence : a situational approach," *Journal of Marketing*, 48 (Fall), pp.75-83.
81. Berkowitz, M. (1986), "New product adaptation by the buying organization : who are the real influencers?," *Industrial Marketing Management*, Vol. 15, pp.33-43.
82. Martin, J.H., Daley, J.M. and Burdg, H.B. (1988), "Buying influences and perceptions of transportation services," *Industrial Marketing Management*, Vol. 17, pp.305-314.
83. McQuiston, D.H. (1989), "Novelty, complexity, and importance as causal determinants of industrial buyer behavior," *Journal of Marketing*, 53 (April), pp.66-79.
84. Ronchetto, J.R. Jr, Hutt, M.D. and Reingen, P. H. (1989), "Embedded influence patterns in organizational buying systems," *Journal of Marketing*, 53 (October), pp.51-62.
85. Choffray, J. and G. Lilien (1978), "Assessing Response to Industrial Marketing Strategy," *Journal of Marketing*, 42 (April), pp.20-31.

86. Bunn, M.D. (1993), "Taxonomy of buying decision approaches," *Journal of Marketing*, 57 (January), pp.38-56.
87. Dempsey, W.A. (1978), "Vendor selection and the buying process, "*Industrial Marketing Management*, Vol. 7, pp.257-267.
88. Vyas, N. and Woodside, A.G. (1984), "An inductive model of industrial supplier choice processes," *Journal of Marketing*, 48 (Winter), pp.30-45.
89. Brown, S.P. (1995), "The moderating effects of insupplier/outsupplier status on organizational buying attitudes," *Journal of the Academy of Marketing Science*, Vol. 23 No. 3, pp.170-181.
90. Sheth, J.N. (1976), "Buyer seller interaction : a conceptual framework," *Advances in Consumer Research*, Vol. 3, pp.382-386.
91. Dwyer, F.R., Schurr, P.H. and Oh, S. (1987), "Developing buyer seller relationships," *Journal of Marketing*, 51 (April), pp.11-27.
92. Hallen, L., Johanson, J. and Seyed-Mohamed, N. (1991), "Interfirmadaptation in business relationships," *Journal of Marketing*, 55 (April), pp.29-37.
93. Heide, J.B. and John, G. (1992), "Do norms matter in marketing relationships?," *Journal of Marketing*, 56 (April), pp.32-44.
94. Heide, J.B. and Miner, A.S. (1992), "The shadow of the future : effects if anticipated interaction and frequency of contact on buyer seller cooperation," *Academy of Management Journal*, Vol. 35 No.2, pp.265-291.
95. Han, S.L., Wilson, D.T. and Dant, S.P. (1993), "Buyer-seller relationships today," *Industrial Marketing Management*, Vol. 22, pp.331-338.
96. 高嶋克義・竹村正明・大津正和 (1996)「産業広告の効果に対する実証研究」『日経広告研究所報』165号 pp.60-68。
97. Geoffrey L. Gordon, Roger J. Calantone and C. Anthony di Benedetto (1993), "Brand Equity in the Business-to-Business Sector," *Journal of Product & Brand Management*, Vol. 2 No. 3, pp.4-16.
98. Lynch, Joanne and Leslie de Chernatony (2004), "The Power of emotion : Brandcommunication in business-to-business markets," *The Journal of Brand Management*, Vol.11, No. 5, pp.403-419.
99. Munoz, Tim and Kumar, Shailedra (2004), "Brand metrics : Gaugingand linking brands with business performance," *The Journal of Brand Management*, Vol.11, No. 5, pp.381-387.
100. Webster, Frederick E., Jr., and Keller, Kevin Lane (2004), "A roadmap for

branding in industrial markets," *The Journal of Brand Management*, Vol. 11, No. 5, pp.388-402.
101. 余田拓郎（2006）「Ｂ２Ｂブランディングのすすめ」『一橋ビジネスレビュー』季刊2006年SUM. 54巻1号 pp.70-83。
102. Johnston, Wesley. J. and J. E. Lewin（1996）, "Organizational Buying Behavior : Toward an Integrative Framework," *Journal of Business Research*, 35, pp.1-15.／p.1.
103. Robinson, P.J., C. W. Faris, and Y. Wind（1967）前掲／p.3.
104. Porter, Michael E.（1980）, *COMPETITIVE STRATEGY*, 土岐坤・中辻萬治・服部照夫訳（1982）『競争の戦略』ダイヤモンド社
105. Wernerfelt, B.（1984）, "A Resource-Based View of the Firm," *Strategic Management Journal*, Vol.5, No.2, pp.171-180.
106. Barney, J. B.（1986）, "Strategic Factor Markets : Expectations, Luck,and Business Strategy," *Management Science*, Vol.32, No.10, pp.1231-1241.
107. Copeland, Melvin Thomas,（1924）前掲／p.208.
108. Webster, F. E. Jr. and Y. Wind（1972）前掲／p.17.
109. Webster, F. E. Jr. and Y. Wind（1972）前掲／p.19.

**【序章・参考文献】**

Cyert, R. M., H. A. Simon and D. B. Trow（1956）, "Observation of a Business Decision," *Journal of Business*, 29, pp.237-248.

「カスタマー・エクイティ戦略」『Harvard Business Review』2001 第26巻10号（通巻157号）

「レビットのマーケティング」『Harvard Business Review』2001 第27巻11号（通巻158号）

「最強の営業力」『Harvard Business Review』2006 第31巻10号（通巻217号）

「戦略論の原点」『Harvard Business Review』2007 第32巻2号（通巻221号）

「『お客様主義』経営論」『Harvard Business Review』2007 第32巻10月号（通巻229号）

Kotler, Philip（1999）, *Kotler on Marketing : How to Create, Win, and Dominate Markets,* 木村達也（2000）『コトラーの戦略的マーケティング』ダイヤモンド社

Rossiter, John R. and Percy, Larry（1997）, *Advertising Communications & Promotion Management*（2nd ed.）, 青木幸弘・岸志津江・亀井昭宏（2000）『ブランド・コミュニケーション理論と実際』東急エージェンシー出版社

安部文彦（1991）『生活者志向のマーケティング』白桃書房
恩蔵直人（1995）『競争優位のブランド戦略』日本経済新聞社
清水公一（1996）『共生マーケティング戦略論』創成社
杉本徹雄編著（1997）『消費者理解のための心理学』福村出版
高嶋克義（2002）『現代商業学』有斐閣
沼上幹（2000）『わかりやすいマーケティング戦略』有斐閣
「営業を科学する」『一橋ビジネスレビュー』2006 54巻1号 東洋経済新報社
「売り続ける営業」『プレジデント』2005 4.4号（特別増大号）
三浦一（1981）『購買者行動論』千倉書房
和田充夫・恩蔵直人・三浦俊彦（1966）『マーケティング戦略［新版］』有斐閣

【序章・注釈】
注0－1：有機的組織構造
　　　　中井節夫は、「有機的組織構造は，高い複雑性，低い公式性，低い集権化，非公式，水平的コミュニケーション，高度の統合メカニズムとパワーの均等分布によって特徴づけられる組織構造である。」と定義している。中井節雄（1995）『人的資源開発館理論』同友館／p.27。
注0－2：ＥＤＩ
　　　　Electronic Data Interchange（電子データ交換）顧客が通信回線を通じて，部品メーカーの端末にデータを送り注文する方法。
注0－3：産業財，生産財，資本財，投資財の定義
　　①産業財：財を区別するときの1つの指標。産業活動に使用される生産財，建設財および資本財の3つを総称して用いられる。これに対されるのは，消費財であり，これは非耐久消費財と耐久消費財を合わせたものである。
　　②生産財：消費財の生産のために直接または間接に使用されるあらゆる経済財のこと。本源的生産要素（労働・土地），資本設備およびあらゆる種類の未完成品も含まれる。
　　③資本財：過去の労働の生産物で将来の生産のために使用される道具，機械，原料などの物的生産物の総称。労働，土地などの本源的生産要素に対し，生産された生産手段であり，1回または一定期間の使用ののちに減耗するので補充する必要がある。
　　④投資財：将来の生産のために使用される生産手段のことで，資本財とほぼ同義。

（金森久雄，荒憲治郎，森口親司（2005）『経済辞典』有斐閣）

注0－4：企業向け取引と消費者・生活者向け取引との違い

図表Z－01　企業向け取引と消費者・生活者向け取引との違い（1）

| 市場構造の差異 |||
|---|---|---|
| 次元（dimension） | ビジネス市場 | 消費者市場 |
| 需要の性質 | 派生的 | 直接的 |
| 需要の移り気性 | より大きい | より小さい |
| 需要の弾力性 | より少ない | より多い |
| 逆（reverse）弾力性 | より多い | より少ない |
| 顧客の性質 | より異質性 | より同質性 |
| 市場の断片化（fragmentation） | より大きい | より小さい |
| 市場の複雑性 | より大きい | より小さい |
| 市場サイズ | より大きな総価値 | より小さい総価値 |
| 営業担当者あたりの買い手の数 | 少ない | 多い |
| セグメントあたりの買い手の数 | 少ない | 多い |
| 買い手と売り手との相対サイズ | 類似的 | 売り手が非常に大きい |
| 地理的な集中 | ぶどうの房状 | 分散 |
| 購買行動の差異 |||
| 次元（dimension） | ビジネスマーケティング | 消費者マーケティング |
| 購買に影響するもの | 多い | 少ない |
| 購買サイクル | 長い | 短い |
| 取引額 | 高い | 低い |
| 購買プロセスの複雑性 | 複雑 | 単純 |
| 買い手と売り手との相互依存 | 高い | 低い |
| 購買の専門家の技術 | 高い | 低い |
| 関係の重要度 | 高い | 低い |
| 相互作用の程度 | 高い | 低い |
| 正式な手続き，作成された規制 | あるのが普通 | まれにしかない |

| マーケティングの実務上の差異 |||
|---|---|---|
| 次元（dimension） | ビジネスマーケティング | 消費者マーケティング |
| 販売プロセス | システム的な販売 | 商品販売 |
| 人的販売 | 広く使われている | 限定的 |
| 関係の活用 | 広く使われている | 限定的 |
| 販売促進の戦略 | 限定的，買い手企業別 | マスマーケット |
| ウェブとの統合 | より大きい | 限定的 |
| ブランド化 | 限定的 | 広く，洗練されている |
| 市場調査 | 限定的 | 広く行われる |
| セグメンテーション | 洗練されていない | 洗練されている |
| 競合先への意識 | 低い | 高い |
| 商品の複雑性 | より大きい | より少ない |

出所：Brennan, Canning and McDowell (2007), *Business-to-Business Marketing*, SAGE Publications Ltd／p.7．表1.2（一部修正を加えた）

図表Z-02　企業向け取引と消費者・生活者向け取引との違い (2)

|  | 生産財取引 | 消費財取引 |
|---|---|---|
| 購買目的 | 合目的性<br>（生産目的，業務目的） | 非目的性<br>（心理的な欲求もある） |
| 購買の継続 | 継続的・反復的 | 限定的<br>（ブランドやストアへのロイヤルティによる） |
| 相互依存 | あり | なし |
| 購買局面と販売局面 | 組織的 | 個人 |

出所：高嶋克義・南知恵子 (2006)『生産財マーケティング』有斐閣／pp.5-13。
　　　（筆者が表にまとめた）

図表Z-03　企業向け取引と消費者・生活者向け取引との違い (3)

|  | BtoB 市場 | BtoC 市場 |
|---|---|---|
| 顧客 | ・企業<br>・団体<br>・公共・行政 | ・個人<br>・家族 |
| 購買動機 | ・財やサービスを他の製品との製品シナジーを生み出すため、あるいは企業ニーズを満たすために購入 | ・財やサービスを気に入って購入する |

出所：Pacenti, Giulio Cesare (1998) *Business Marketing* Ⅱ Sole 24 ORE S. p. A, 高達秋良監訳 (2000)『B2Bマーケティング』ダイヤモンド社／p.26。

注0-5：Robinson, Faris and Wind (1967) のバイグリッド枠組み

図表Z-04　Robinson, Faris and Wind (1967) の購買プロセスとバイグリッド・フレムワーク

産業財購買状況のためにバイグリッド分析の枠組み

|  |  | バイクラス ||| 
|---|---|---|---|---|
|  |  | 新規購買 | 修正がある再購買 | そのままの再購買 |
| 購買のフェイズ | 1. 問題（ニーズ）と一般的解決の予期または認知 |  |  |  |
|  | 2. ニーズ項目の特徴と数量の決定 |  |  |  |
|  | 3. ニーズ項目の特徴と数量の記述 |  |  |  |
|  | 4. 能力のある売り手企業に関する情報収集と資格付与 |  |  |  |
|  | 5. 提案の入手と分析 |  |  |  |
|  | 6. 提案の評価と売り手企業の選定 |  |  |  |
|  | 7. 注文の手続きの選定 |  |  |  |
|  | 8. 成績のフィードバックと評価 |  |  |  |

購買の状況の目だった特徴

| 購買状況のタイプ（バイクラス） | 問題の新規性 | 情報の必要量 | 新たな対案の考慮 |
|---|---|---|---|
| 新規購買 | 高 | 最大 | 重要 |
| 修正がある再購買 | 中 | 中間 | 限られた |
| そのままの再購買 | 低 | 最小 | なし |

出所：Robinson, P.J., C.W.Faris, and Y.Wind (1967) *Industrial Buying and Creative Marketing,* Allyn & Bacon/p.14, p.25.

注 0 － 6 ：Webster and Wind（1972）の組織購買行動モデル

図表Z－05　Webster and Wind（1972）の組織購買行動モデル

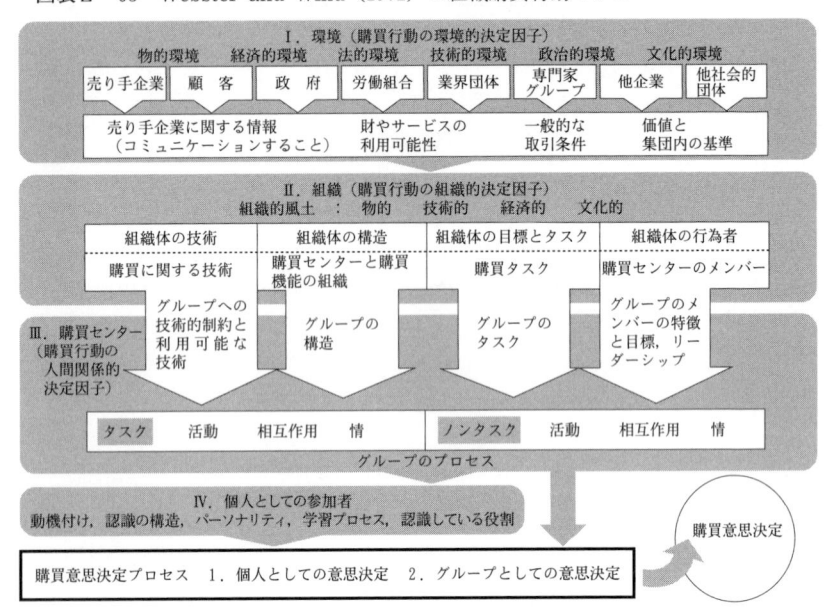

**I. 環境（購買行動の環境的決定因子）**
物的環境　経済的環境　法的環境　技術的環境　政治的環境　文化的環境

| 売り手企業 | 顧客 | 政府 | 労働組合 | 業界団体 | 専門家グループ | 他企業 | 他社会的団体 |

売り手企業に関する情報　　　財やサービスの　　　一般的な　　　価値と
（コミュニケーションすること）　利用可能性　　　取引条件　　　集団内の基準

**II. 組織（購買行動の組織的決定因子）**
組織的風土：　物的　技術的　経済的　文化的

| 組織体の技術 | 組織体の構造 | 組織体の目標とタスク | 組織体の行為者 |
| 購買に関する技術 | 購買センターと購買機能の組織 | 購買タスク | 購買センターのメンバー |

**III. 購買センター（購買行動の人間関係的決定因子）**

グループへの技術的制約と利用可能な技術　　グループの構造　　グループのタスク　　グループのメンバーの特徴と目標、リーダーシップ

| タスク | 活動 | 相互作用 | 情 | | ノンタスク | 活動 | 相互作用 | 情 |

グループのプロセス

**IV. 個人としての参加者**
動機付け，認識の構造，パーソナリティ，学習プロセス，認識している役割

購買意思決定

購買意思決定プロセス　1．個人としての意思決定　2．グループとしての意思決定

出所：Webster,F.E.Jr. and Y.Wind (1972), "A General Model for Understanding Organizational Buying Behavior," *Journal of Marketing*, 36 (April), pp. 12-19./p.15.

注０−７：Sheth（1973）の組織購買行動の統合モデル

図表Ｚ−06　Sheth（1973）の組織購買行動の統合モデル

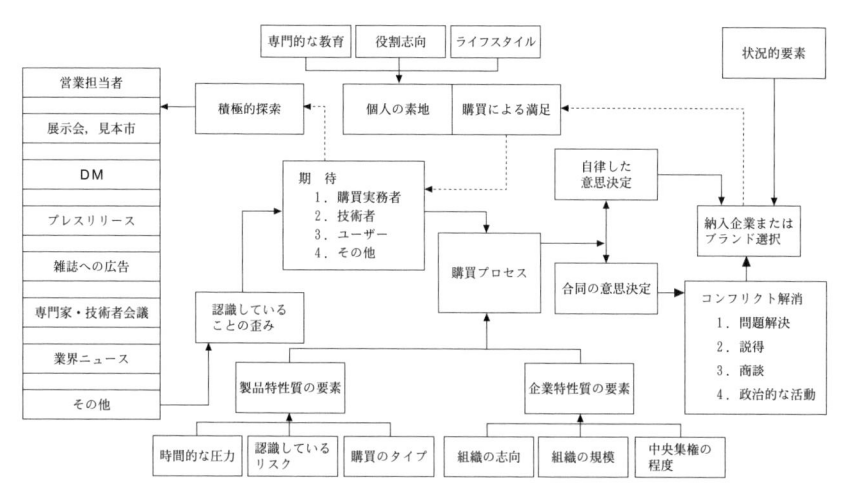

出所：Sheth,J.N.(1973), "A Model of Industrial Buyer Behavior," *Journal of Marketing*, 37（October), pp.50-56./p.51.

注０−８：図表Ｚ−07　購買センターの研究

| 研究者 | サイズ（参加者の人数） | すべきこと（役割の仕事） | 各段階での参加者 | 機能と個人の影響 | 異なる機能のかかわり合い度合 | かかわり合いの相関関係 | 垂直・横断的影響の特性 | コミュニケーションプロセス | グループ特性（システムの考え方） |
|---|---|---|---|---|---|---|---|---|---|
| Cyer et al（1956） | X | X | X | | | | | | |
| Strauss（1962） | | X | X | X | | | X | X | |
| Buckner（1967） | | | | X | | | | | |
| Weigand（1968） | | X | | X | | | | | |
| Scientific American（1969） | | | | X | | | | | |
| Martilla（1971） | | | | X | | X | | X | X |

（検証された購買特性）

| | | | | | | | | |
|---|---|---|---|---|---|---|---|---|
| Brand (1972) | | | X | X | | | | |
| McMillan (1973) | | X | | X | | | | |
| Kelly (1974) | | X | X | | | | | |
| Patchen (1974) | X | X | X | X | | X | | |
| Gronhaug (1975) | X | | | | | X | | |
| Hillier (1975) | X | X | | | | X | X | X |
| Perrigrew (1975) | X | X | X | | | X | X | |
| Calder (1976) | X | X | X | | | X | X | X |
| Grashof and Thomas (1976) | X | X | | X | | | | |
| Choffray (1977) | | X | X | X | X | X | | X |
| Gronhaug (1977) | | X | X | | | | | |
| Corey (1978) | | X | X | | | X | | |
| Spekman (1978) | X | X | X | | | X | X | X |
| Silk and Kalwani (1979) | | | X | | | | | |
| Fortin and Ritchie (1980) | | X | X | X | | X | | |

出所：Johnston, Wesley J. and Thomas V. Bonoma (1981), "The Buying Center: Structure and Interaction Patterns," *Journal of Marketing*, 45 (Summer), pp.143-156.／p.146.

# 第 一 章

【第一章・注釈】

注1－1：ベンチマーキング

　　　　世界の最良のものと比較することによって，そのギャップを埋め，現状を根本的に開拓するための経営手法。アメリカ・ゼロックス社によって初めに導入された。他組織のベスト・プラクティスを識別し，学習することが重要であるとしている。

　　　　　　　　　　　　　（金森久雄，荒憲治郎，森口親司（2005）『経済辞典』有斐閣）

注1－2：モジュールメーカー

　　　　米国の最終組立メーカーは，コスト低減を目的とした「欧米型モジュール化」を進めた。部品構造を一体化して低賃金の部品メーカーに発注する方式であった。日本では，最終組立メーカーと部品メーカーとによる共同開発体制の中で，共同してコストを削減するという「日本型モジュール化」を完成させた。

　　　　モジュール化の概念を構成する要素を段階的に整理するとつぎの6つになる。①部品の集積度を高める。⇒②"取り合い部"の設計を標準化する。⇒③部品本体の設計を標準化する。⇒④構造を一本化する。⇒⑤複数の部品機能を一体化する。⇒⑥機能を完結させる（中小企業総合研究機構研究部，2001 前掲／

pp.14−15.)。

# 第 二 章

【第二章・引用文献】
01. 村松劭（1998）『戦争学』文春新書／p.12。
02. Ansoff, H. Igor（1988）, *THE NEW CORPORATE STRATEGY*, 中村元一・黒田哲彦訳（1990）『最新戦略経営』産業能率大学出版部／p.132。
03. Ansoff, H. Igor（1988）前掲／p.137。
04. Ansoff, H. Igor（1988）前掲／p.141。
05. 今西伸二（1988）『事業部制の解明－企業成長と経営組織－』マネジメント社／p.5。
06. 森田道也（1991）『企業戦略論』新世社／p.14。
07. 森田道也（1991）前掲／p.16。
08. 森田道也（1991）前掲／p.16。
09. Ansof, H.Igor,（1965）, "*Corporate Strategy*", 広田寿亮訳（1969）『企業戦略論』産業能率大学出版部／p.139。
10. Ansoff, H.Igor（1965）, 前掲／p.139。
11. Ansoff, H.Igor（1965）, 前掲／p.137。
12. Ansoff, H.Igor（1965）, 前掲／p.138。
13. Ansoff, H.Igor（1965）, 前掲／p.138。
14. Andrews, K.R.（1971）, *Teh Concept of Corporate Strategy*, 山田一郎訳『経営戦略論』産業能率大学出版部
15. Hofer, C.W. and Schendel, D.（1978）, *Strategy Formulation:Analytical Concepts* 奥村昭博・他訳（1981）『ホファー／シェンデル　戦略策定』千倉書房
16. Abegglen, James C. 他（1977）『ポートフォリオ戦略』プレジデント社／pp.11-12。
17. Porter, Michael E.（1980）, *COMPETITIVE STRATEGY*, 土岐坤・中辻萬治・服部照夫訳（1982）『競争の戦略』ダイヤモンド社／pp.3-4。
18. Porter, Michael E.（1980）前掲／pp.18。
19. Wernerfelt, B.（1984）, "A Resource-Based View of the Firm," *Strategic Management Journal*, Vol.5，No.2，pp.171-180.
20. Wernerfelt, B.（1984）前掲／p.176。
21. Wernerfelt, B.（1984）前掲／p.179。
22. Barney, J.B.（1986a）, "Organizational culture：Can it be a source of sustained competitive advantage?," *Academy of Management Review*, 11（3）：

pp.656-665.
23. Barney, J.B. (1986b), "Strategic Factor Markets : Expectations, Luck, and Business Strategy," *Management Science*, Vol.32,No.10, pp1231-1241./p.1231.
24. Barney,Jay B. (2002), *GAINING AND SUSTAINING COMPETITVE ADVANTAGE*, 岡田正大訳 (2003)『企業戦略論【上】基本編』ダイヤモンド社/p.245。
25. Prahalad, C. K. and G. Hamel (1990), "The Core Competence of the Corporation," *Harvard Business Review*, 68 (3), pp.79-91./p.81.
26. Prahalad, C. K. and G. Hamel (1990) 前掲/p.91.
27. Barney, J. B. (1986a) 前掲/p.663.
28. Hamel,Gary and Prahalad,C.K. (1994), *COMPETING FOR FUTURE*, 一条和生訳 (1995)『コア・コンピタンス経営』日本経済新聞社/p.11。
29. Hamel, Gary and Prahalad, C.K. (1994) 前掲/p.34。
30. Hamel,Gary and Prahalad, C.K. (1994) 前掲/p.140。
31. Collis, David J. and Montgomery, Cynthia A. (1995) *Competing on Resource in the 1990s*, HBP ハーバード・ビジネス・レビュー編集部訳 (2001)「コア・コンピタンスを実現する経営資源再評価」『経営戦略論』ダイヤモンド社 pp.93-128./p.96。
32. Collis, David J. and Montgomery, Cynthia A. (1995) 前掲/p.97。
33. Collis, David J. and Montgomery, Cynthia A. (1995) 前掲/pp.100-111。
34. Stalk, George, Eveans, Philip and Shulman, Lawrence E. (1992) *Competing on Capabilities: The New Rules of Corporate Strategy*, HBP ハーバード・ビジネス・レビュー編集部訳 (2001)「ケイパビリティに基づく経営戦略」『経営戦略論』ダイヤモンド社 pp.13-54./p.28。
35. Stalk, George, Eveans, Philip and Shulman, Lawrence E. (1992) 前掲/pp.32-33。
36. Leonard-Barton, D. (1992), "Core Capabilities and Core Rigidities : A Paradox in Managing New Product Development," *Strategic Management Journal*, Vol.13 (Special Issue), pp.111-125./p.113.
37. Teece, D. J., and G. Pisano. (1994), "The dynamic capabilities of enterprises: an introduction," *Industrial and Corporate Change* 3 (3) : pp.537-556./p.537.
38. Teece, D. J., G. Pisano, and A. Shuen (1997), "Dynamic capabilities and strategic management," *Strategic Management Journal* 18 (7) : pp.509-533.

／p.509.
39. Teece, D. J., G. Pisano, and A. Shuen（1997）前掲／p.513.
40. Winter, S.（2003）, "Understanding Dynamic Capabilities," *Strategic Management Journal* 24（10）：pp.991-995.／p.995.
41. Barney, Jay B.（2002）, 前掲／p.245。
42. Grant, R. M.（1996）, "Toward a knowledge-based theory of the firm," *Strategic Management Journal,* 17（Winter）：pp.109-122.
43. Grant, R. M.（1996）, 前掲／p.109.
44. 中野郁次郎・紺野登（2003）「『知識ベース企業』で何が見えてくるか」『一橋ビジネスレビュー』AUT. 52巻3号東洋経済新聞社／p.104。
45. 神田善郎（2006）『購買革新のマネジメント』中央経済社／p.4。
46. アクセンチュア調達戦略グループ（2007）『強い調達』東洋経済新報社／p.9。
47. Porter, Michael E.（1980）, *COMPETITIVE STRATEGY,* 土岐坤・中辻萬治・服部照夫訳（1982）『競争の戦略』ダイヤモンド社
48. Wernerfelt, B.（1984）, "A Resource-Based View of the Firm," *Strategic Management Journal,* Vol.5, No.2, pp.171-180.
49. Clopton, C.W.（1984）, "Seller and buying firm factors affecting buyers negotiation behavior and outcomes," *Journal of Marketing Research,* Vol. 21, February, pp.39-53.
50. Perdue, B.C. and J.O.Summers（1991）, "Purchasing Agents' Use of Negotiation Strategies," *Journal of Marketing Research,* 28（May）, pp.175-189.
51. Perdue, B.C.（1992）, "Ten aggressive bargaining tactics of industrial buyers," *Journal of Business and Industrial Marketing,* 2（Spring）, pp.45-52.
52. Dabholkar, P.A., Johnston, W.J. and Cathey, A.S.（1994）, "The dynamics of long-term business-to-business exchange relationships," *Journal of the Academy of Marketing Science,* Vol. 22 No. 2, pp.130-145.
53. 余田拓郎（1997）「産業財における購買行動の類型」『マーケティング・ジャーナル』日本マーケティング協会 第17巻第2号 pp.51-56。
54. Campbell, N.C.G.（1985）, "An Interaction Approach to Organizational Buying Behavior," *Journal of Business Research,* 13, pp.35-48.
55. Campbell, N.C.G.（1985）前掲／p.37.
56. Perdue, B.C., R.L.Day and R.E.Michaels（1986）"Negotiation Styles of Industrial Buyers," *Industrial Marketing Management,* Vol.15, pp.171-176.
57. Frazier, G.L. B.J.Jaworski, A.K.Kohli and B.A.Weitz（1994）, "Buyer-Supplier

Relational Characteristics and Joint Decision Making," *Marketing Letters,* 5 (3), pp.259-270.
58. Frazier, G.L. B.J.Jaworski, A.K.Kohli and B.A.Weitz (1994) 前掲／p.263.
59. Frazier, G.L. B.J.Jaworski, A.K.Kohli and B.A.Weitz (1994) 前掲／p.263.
60. Frazier, G.L. B.J.Jaworski, A.K.Kohli and B.A.Weitz (1994) 前掲／p.266.
61. Frazier, G.L. B.J.Jaworski, A.K.Kohli and B.A.Weitz (1994) 前掲／p.268.
62. Håkansson,H. (1980), "Marketing Strategies in Industrial Markets：A Framework Applied to a Steel Producer," *European Journal of Marketing,* Vol.14, No.5-6, pp.365-377.
63. 高嶋克義（1998）『生産財の取引戦略』千倉書房／pp.11-13。
64. 高嶋克義（1998）前掲／p.11。

## 【第二章・参考文献】

Abegglen, James C. (1958), *THE JAPANESE FACTORY:Aapects of Its Social Organization,* 山岡洋一訳（2004）『日本の経営＜新訳版＞』日本経済新聞社

麻生幸（2005）「経営戦略論の発展」赤岡功・日置弘一郎編著『経営戦略と組織間提携の構図』中央経済社 pp.1-15。

Barney,Jay B. (2001),"Resource-based theories of competitive advantage：A ten-year retrospective on the resource-based view," *Journal of management,* 27, pp.643-650.

Diamondハーバードビジネスレビュー編（2001）『企業戦略論』ダイヤモンド社

Diamondハーバードビジネスレビュー編（2007）「戦略論の原点」『Harvard Business Review』第32巻第2号（通巻221号）ダイヤモンド社

原口俊道（1999）『経営管理と国際経営』同文舘出版

原口俊道（2007）『アジアの経営戦略と日系企業』学文社

Markides, Constantinos C. (2000), *ALL THE RIGHT MOVES,* 有賀裕子訳（2000）『戦略の原理』ダイヤモンド社

中村元一（1980）「J.S.クリンゲンの経営戦略論（上）」『経営論集』亜細亜大学第16巻第1号 pp.19-49。

奥村誠二郎（1977）「Liddell Hartの戦略理論と経営戦略への応用について（1）」『経営論集』亜細亜大学第13巻第1号 pp.3-27。

佐々木弘，加護野忠男，山田幸三編著（2003）『経営システムⅠ』放送大学教育振興会

德永善昭（1990）「経営戦略論の対象と研究方法」『経営論集』亜細亜大学第26巻第1・2号併合号 pp.237-251。

余田拓郎（2000）『カスタマー・リレーションの戦略理論』白桃社

唐海燕・原口俊道・黄一修（2006）『中日対照　経済のグローバル化と企業戦略』中国立信会計出版社

【第二章・注釈】

注2－1：有効性（effectiveness）

　　「企業の目的の達成度を意味する」（森田道也（1991）『企業戦略論』新世社／p.10。）

# 第 三 章

【第三章・引用文献】

01. 多川則子・吉田俊和（2002）「親密な人間関係が対人関係観に及ぼす影響」『対人社会心理学研究』第2号　pp.65-73.／p.65。
02. Bersheild, E., Snyder, M., & Omoto, A. M.（1989）"The relatoinship closeness inventory : Assessing the closeness of interpersonal relationship," *Journal of Personality and Social Psychology,* 57, pp.792-807.／p.792.
03. 松井豊（1990）「青年の恋愛行動の構造」『心理学評論』Vol.33, No.3, pp.355-370.／表2（p.363.）
04. 山中一英（1994）「対人関係の親密化過程における関係性の初期化分化現象に関する検討」『実験社会心理学研究』第34巻　第2号　pp.105-115.／Table 1（p.107.）
05. Rampel, J.K., Holmes, J.G., & Zanna, M.P.（1985）, "Trust in close Relationships," *Journal of Personality and Social Psychology,* 49, pp.95-112.／Table 1（p.102.）, Table 2（p.104.）
06. 多川則子・吉田俊和（2002）前掲／Table 2（p.69.）
07. Rampel, J.K., Holmes, J.G., & Zanna, M.P.（1985）前掲／p.101.
08. Bersheild, E., Snyder, M., & Omoto, A. M.（1989）前掲／p.792.
09. 多川則子・吉田俊和（2002）前掲／p.65。
10. 土田昭司（2001）「言語コミュニケーション」『対人行動の社会心理学』北大路書房／p.64。
11. 土田昭司（2001）前掲／p.64, p.66。
12. 真鍋誠司（2002）「企業間協調における信頼とパワーの効果」『組織科学』Vol.36 No.1　pp.80-94.／p.85。

## 【第三章・参考文献】

松尾太加志・中村知靖（2002）『誰も教えてくれなかった因子分析』北大路書房
山田剛史・村井潤一郎（2004）『よくわかる心理統計』ミネルヴァ書房
小野寺孝義・菱村豊（2005）『文科系学生のための新統計学』ナカニシヤ
足立浩平（2006）『多変量データ解析法－心理・教育・社会系のための入門－』ナカニシヤ
豊田秀樹（2006）『購買心理を読み解く統計学』東京書籍

## 【第三章・注釈】

注3－1：固有値
　　　「因子分析の初期解を出すときに，出てくる数値。この数値によって，因子の数を決定する（p.176.）」。また，別の表現をすると，固有値は「因子のなりやすさ（p.52.）」である。（山田剛史・村井潤一郎（2004）『よくわかる心理統計』ミネルヴァ書房）

注3－2：相関係数
　　　相関係数の値と関係の強さについて，1.0≧相関係数＞0.7の場合「強い相関がある」，0.7≧相関係数＞0.4の場合「中程度の相関がある」，0.4≧相関係数＞0.2の場合「弱い相関がある」，そして0.2≧相関係数＞0の場合「ほとんど相関なし」と言われている。（山田剛史・村井潤一郎（2004）前掲／p.55。）

注3－3：有意水準
　　　「帰無仮説を棄却し対立仮説を採択するかどうか決定するときに，どの程度低い確率の結果が示されたら無帰仮説を棄却するかという基準になるのが有意水準」である（山田剛史・村井潤一郎（2004）前掲／p.112.）。簡単言うと，相関係数の発生確率で，数値が小さいほど発生確率が高い。

注3－4：中心性
　　　「対象が自分にとってどれだけ重要でいつも意識にのぼりやすいかを，対象の中心性（centrality）」と呼ぶ（土田昭司2001「言語コミュニケーション」『対人行動の社会心理学』北大路書房／p.61。

注3－5：互恵規範
　　　「人に何かしてもらったら，そのお返しをするのが普通であり，（中略）多くの人々に共有されている規範で，（中略）この規範を互恵性（reciprocity：互酬性，返報性ともいう)の規範と名付けた。（中略）人々はこの規範にそって行動することが多い」（今野裕之（（1997））「対人関係の維持」堀洋道，山本眞理子，吉田富二雄編『新編　社会心理学』福村出版／p.134。）

注3－6：顧客信頼

顧客信頼は「営業マンへの個人信頼と企業信頼という二つの要素がある」とし，企業信頼を「新製品開発，物流，顧客サービスなどの企業能力への信頼を内容としている」田村正紀（1999）『機動営業力』日本経済新聞社／p.37，p.135。

注3－7：Adamsの衡平理論

　　　Adams（1962）は，不調和理論から2つの仮説を導き出し，(a)時間給で支払われる時において，同一の支払いが公平として理解された時よりも，その人への支払が不公正として理解された時のほうがその人の生産性はより高く，そして(b)その人が出来高ベースで支払われる時において，同一賃金が公平として理解される時よりも，その人への支払いが不公正として理解された時のほうがその人の生産性はより低い。この二つの仮説を実証した（Adams, S.（1965），"The Relationship of Worker Productivity to Cognitive Dissonance about Wage Inequities," *Journal of Applied Psychology,* Vol.46, No.3 , pp.161-164.／p.161.)。山岸俊男・神信人（2001）は，「交換を衡平とみなした交換当事者はその関係に満足するが，不衡平とみなした交換当事者は心理的緊張を感じ，その緊張を解消するように動機づけられる」と説明している。（山岸俊男・神信人（2001）「対人行動ルール」土田昭司編『対人行動の社会心理学』北大路書房／p.35。）

注3－8：自己概念との認知一貫性

　　　「人は『自分は常に絶対正しい』と思っている（中略）。そこで，自己概念との間に評価的に一貫しない対象があると認識した場合に，人はとても強いストレスを覚える」（土田昭司2001「言語コミュニケーション」『対人行動の社会心理学』北大路書房／p.65。）

# 第 四 章

【第四章・引用文献】

01. 中小企業総合研究機構（2001）『製造業における部品等発注システムの変化とその対応』中小企業総合研究機構研究部／p.113。
02. 中小企業総合研究機構（2001）前掲／p.112。
03. 素形材産業ビジョン策定委員会（2006）『素形材産業ビジョン』中小企業基盤整理機構／p.6。
04. 素形材産業ビジョン策定委員会（2006）前掲／pp.10-19。
05. 経済産業省（2006）平成17年工業統計速報
06. 素形材産業ビジョン策定委員会（2006）前掲／p.10。

07. ものづくり政策懇談会（2005）『ものづくり国家戦略ビジョン』／p.22。
08. 経済産業省（2004）『新産業創造戦略』
09. 中小企業政策審議会経営支援部会（2006）『モノ作りの国際競争力を担う中小企業の技術協力強化について』
10. 経済産業省（2004）『新経済成長戦略』
11. 素形材技術戦略策定会議（2000）『素形材技術戦略』素形材センター
12. 素形材産業ビジョン策定委員会（2006）前掲／p.41。
13. ダイカスト協会他（2007）「素形材産業の各業界ビジョン」『素形材』素形材センターVol.48 No.1
14. 中小企業政策審議会経営支援部会（2006）前掲／p.7。
15. 素形材技術戦略策定会議（2000）前掲／p.38。
16. 素形材技術戦略策定会議（2000）前掲／pp.38-42。
17. 経済産業省（2006a）『技術戦略マップ2006』／p.150。
18. Laseter, Timothy M.（1998）, *BALANCED SOURING* 日本ブーズ・アレン・アンド・ハミルトン訳（1999）『ストラテジックソーシング』ピアオン・エデュケーション／pp24-25。
19. Porter, Michael E.（1980）, *COMPETITIVE STRATEGY*, 土岐坤・中辻萬治・服部照夫訳（1982）『競争の戦略』ダイヤモンド社／p.391, p.393。
20. Collis, David J. and Montgomery, Cynthia A.（1998）, *CORPORATE STRATEGY : A Resource-Based Approach* 根来龍之・蛭田啓・久保亮一訳（2004）『資源ベースの経営戦略』東洋経済新報社／p49。
21. Hamel, Gary and Prahalad, C.K.（1994）, *COMPETING FOR FUTURE* 一条和生訳（1995）『コア・コンピタンス経営』日本経済新聞社／p.11。
22. 財団法人商工研究所『中小製造業の生き残り戦略』2001年／p.45。
23. 真鍋誠司（2002）「企業間協調においける信頼とパワーの効果」『組織科学』Vol.36 No.1 pp.80-94.／p.81。
24. 真鍋誠司（2002） 前掲／p.85。

## 第 五 章

【第五章・引用文献】
01. 田村正紀（1999）『起動営業力』日本経済新聞社／p.45-46。
02. 中井久史（1996）『1年でトップ営業マンになる』ダイヤモンド社／p.20。
03. 野村総合研究所コンサルティングセンター（2004）『戦略実践ノート』ダイヤモンド社／p.6。

04. グロービス・マネジメント・インスティチュート（2005）『MBAマーケティング』ダイヤモンド社／p.211。
05. 三宅壽雄（1997）『営業力をつける』日本経済新聞社／pp.104-105。
06. 田村正紀（1999）前掲／pp.87-88，p.132。
07. 田村正紀（1999）前掲／p.132。
08. 田村正紀（1999）前掲／p.88。
09. Duck, Kenneth W.（1991）*FRIEND, FOR LIFE*, 仁平義明監訳者『フレンズ：スキル社会の人間関係学』／p.21。
10. 遠矢幸子（1996）「友人関係の特性と展開」大坊郁夫・奥田秀宇編『親密な対人関係』誠信書房 pp.89-116.／p.99。
11. 多川則子・吉田俊和（2002）「親密な人間関係が対人関係観に及ぼす影響」『対人社会心理学研究』第2号 pp.65-73.／p.65。
12. Bersheild, E., Snyder, M., & Omoto, A. M.（1989）"The relatoinship closeness inventory：Assessing the closeness of interpersonal relationship," *Journal of Personality and Social Psychology,* 57, pp.792-807.／p.792.
13. 下斗米淳（1996）「「対人関係の親密化」の研究の展望：理論的枠組みの検討」『専修人文論集』第58号 pp.23-49.／p.39。
14. Rampel, J.K., Holmes, J.G., & Zanna, M.P.（1985）, "Trust in close Relatoinships," *Journal of Personality and Social Psychology,* 49, pp95.-112.／p.95.
15. 松井豊（2001）「親密な対人関係」土田昭司『対人行動の社会心理学』北大路書房 pp.93-107.／p.101。
16. Lewis, R. A.（1973）, "A longitudinal test of a developmental framework for premarital dyadic formation," *Journal of Marriage and Family,* 35, pp.16-25.
17. Murstein,B. I.（1977）,"The stimulus-value-role（SVR）theory of dyadic relationships," *Theory and practice in interpersonal attraction,* Academic Press
18. 松井豊（1993）「恋愛行動の段階と恋愛意識」『心理学研究』65（5）pp.335-342。
19. Duck, Kenneth W.（1991）前掲／pp.12-17。
20. Duck, Kenneth W.（1991）前掲／p.5。
21. Duck, Kenneth W.（1991）前掲／p.20。
22. 遠矢幸子（1996）前掲／p.90。
23. 真鍋誠司（2002）「企業間強調における信頼とパワーの効果」『組織科学』Vol.36 No.1 pp.80-94.／p.85。
24. 真鍋誠司（2002）前掲／p.85。
25. 神田善郎（2006）「購買革新のマネジメント』中央経済社／p.74。

26. 下斗米淳（1996）前掲／p.43。
27. 相川充（2000）『人づきあいの技術』サイエンス社／p.25。
28. 相川充（2000）前掲／p.23。
29. 齊藤勇（2000）『人間関係の心理学』誠信書房／p.50。
30. 相川充（2000）前掲／p.24。
31. 相川充（2000）前掲／p.23。
32. 友田不二男（1956）『カウンセリングの技術』誠信書房／pp.23-57。
33. 相川充（2000）前掲／pp.25-29。
34. 相川充（2000）前掲／p.30。
35. 相川充（2000）前掲／p.35。
36. 斉藤勇（2000）前掲／p.50。
37. 倉沢寿之・山根一郎（1997）「対人コミュニケーション」堀洋道，山本眞理子，吉田富二雄編『新編　社会心理学』福村出版　pp.148-169.／p.168。
38. Buss, Arnold H.（1986）*Social Behavior and Personality,* 大渕憲一監訳（1991）「対人行動とパーソナリティ」北大路書房／p.33。
39. 安藤清志（2001）「社会的自己」『対人行動の心理学』北大路書房／pp.15-16。
40. 安藤清志（2001）前掲／pp.15-16。
41. いすゞ自動車研修センター（1998）『営業活動の基本』（社内資料）／p.121。
42. いすゞ自動車研修センター（1998）前掲／p.31。
43. 池上友子（2001）「対人認知の基礎理論」土田昭司編著『対人行動の社会心理学』北大路書房／p.21。
44. Buss, Arnold H.（1986）前掲／p.31。
45. Buss, Arnold H.（1986）前掲／p.33。
46. 斉藤勇（2000）前掲／p.56。
47. 斉藤勇（2000）前掲／p.58。
48. 斉藤勇（2000）前掲／p.56。
49. 斉藤勇（2000）前掲／pp.30-32。
50. Bersheild, E., Snyder, M., & Omoto, A.M.（1989）前掲／p.792。
51. Porter, Michael E.（1980）*COMPETITIVE STRATEGY,* 土岐坤・中辻萬治・服部照夫訳（1982）『競争の戦略』ダイヤモンド社／p.155,156。
52. Pertersen, Glen S.（1997）*High Impact Sales Force Automation,* 監訳者永田守男（1998）『ＳＦＡ顧客志向の営業革新』東洋経済新報社／p.3。

## 【第五章・参考文献】

奥田秀宇(1997)『人をひきつける心』サイエンス社
大坊郁夫・奥田秀宇(1996)『親密な対人関係の科学』誠信書房
土田昭司・竹村和久(1996)『感情と行動・認知・生理』誠信書房
相川充・津村俊充(1996)『社会的スキルと対人関係』誠信書房
相川充(1996)『利益とコストの人間学』講談社
Rogers, Carl. R. (1942), *Counseling and Psychotherapy* 佐治守夫・友田不二男訳
　(1966)『ロージャズ全集2　カウンセリング』岩崎学術出版
友田不二男(1956)『カウンセリングの技術』誠信書房
山岸俊男(1998)『信頼の構造』東京大学出版会
堀洋道・山本眞理子・吉田富二雄編者『社会心理学』福村出版

### 《実用書》

和田創(1996)『「提案営業」成功の法則』日本実業出版社
佐伯康雄(1998)『お客様に喜ばれる「提案営業」のやり方』中経出版
宮崎新(1997)『生産財セールス成功の法則』日本実業出版社
原田透(1988)『新版・提案型セールスの技法』ダイヤモンド社
山口弘明(1988)『コンサルティング・セールスの実際』日本経済新聞社
黒川和夫(2000)『提案営業の要領と実務』同文舘出版

## 【第五章・注釈】

注5-1：人間関係の進展
図表Z-08　Duckの関係の各段階での必要な行動のスキル

| 段　階 | <要求されている行動> | <必要なスキル> |
|---|---|---|
| 惹きつけの段階 | ・相手への関心と好感の表明 | ・聴き上手のためのスキル<br>・ノンバーバルコミュニケーションによる自己伝達 |
| 関係初期の段階 | ・(態度の)類似性の相互の発見<br>・パーソナリティの相互判断<br>・適切な自己開示 | ・態度を開示するスキル<br>・相手のパーソナリティ評価<br>・パーソナリティ開示のタイミングを知るスキル<br>・開示する情報の深さとタイミング調整 |

| 関係深化の段階 | ・関係の進展の公示<br>・関係の深化を証明する行動<br>・関係の"経済学"の変化<br>・コミュニケーション・パターンの変化 | ・相互の役割を取り決めるスキル |
|---|---|---|
| 関係維持の段階 | 1）一般的方策<br>・関係の長期的公平さ<br>・葛藤と緊張の処理<br>2）個別的方策<br>・コミュニケーション<br>・一緒にいる | ・関係の全体的バランスの理解<br>・オープンでコントロールされた感情の表出スキル |

出所：Duck, Kenneth W.（1991）*FRIEND, FOR LIFE* の監訳者（仁平義明）の「監訳者まえがき」の「関係の各段階での必要な行動のスキル」(20)を抜粋した。

注5-2：単純接触効果

「単に接触する回数が多ければ，それだけ好感をもつという心理的効果である」（黒沢香（1997）「対人関係の形成」堀洋道・山本眞理子・吉田富二雄編者『社会心理学』福村出版／p.119。）

## 図表リスト

| 図表Ａ－01 | 本書の枠組み | 2 |

**【序章】**

| 図表０－01 | マーケティング名称の全体像 | 10 |
| 図表０－02 | 産業材とその購買方法 | 16 |

**【第一章】**

| 図表１－01 | 被面談調査企業 | 40 |
| 図表１－02 | 商品化プロセス | 42 |
| 図表１－03 | 受注活動から商品引渡しまでのフロー | 44 |
| 図表１－04 | 販売までの過程における量産型メーカーと受注生産型メーカー／建設業者との比較 | 45 |
| 図表１－05 | 主な納入企業選定方式 | 46 |
| 図表１－06 | 納入企業選定プロセス | 52 |
| 図表１－07 | 購買状況 | 58 |
| 図表１－08 | 購買センターと担当者 | 60 |
| 図表１－09 | 購買品別・部門別購買方法 | 62 |
| 図表１－10 | 建設業者の購買センター | 63 |
| 図表１－11 | 集中購買と分散購買の特徴 | 65 |
| 図表１－12 | 完全な入札方式（記載の事例）と見積合わせとの比較 | 78 |
| 図表１－13 | 納入企業選定における人間関係の親密度の影響について | 80 |

**【第二章】**

| 図表２－01 | 自動車メーカーの技術領域 | 92 |
| 図表２－02 | 製品化の過程と技術の内外製 | 93 |
| 図表２－03 | 技術の内外製と製造の内外製 | 94 |
| 図表２－04 | 審議体システム | 95 |
| 図表２－05 | 内外製の決定プロセス | 96 |
| 図表２－06 | 買い手企業と売り手企業との関係の分類 | 101 |
| 図表２－07 | 買い手企業の納入企業選定戦略 | 105 |

## 【第三章】

| 図表3−01 | 回答者が所属する企業の業種 | 111 |
|---|---|---|
| 図表3−02 | 購買担当での経験年数 | 111 |
| 図表3−03 | 回答者の所属部署 | 111 |
| 図表3−04 | 役職 | 111 |
| 図表3−05 | 商品・企業イメージに関するデータ | 112 |
| 図表3−06 | 買い手企業の売り手企業への認識と行動に関するデータ | 112 |
| 図表3−07 | 納入企業選定プロセスでの買い手企業の行動に関する質問の回答結果 | 114 |
| 図表3−08 | 納入企業選定プロセスにおける人間関係の親密度に関する因子分析 | 117 |
| 図表3−09 | 「人間関係の親密度」と「納入企業選定プロセスにおける買い手企業の売り手企業に対する行動や認識」との相関係数と有意水準 | 120 |
| 図表3−10 | 納入企業選定権限と企業・商品イメージとの相関関係 | 122 |
| 図表3−11 | 各因子と納入企業選定の段階の「相関係数の0.2以上のセル数／セルの全数」の比率（％） | 127 |

## 【第四章】

| 図表4−01 | 企業の強み抽出プロセス | 136 |
|---|---|---|
| 図表4−02 | QCD向上のためのロードマップ | 140 |
| 図表4−03 | 生産技術の研究開発状況 | 146 |
| 図表4−04 | 素形材企業が主体的に取り組むべき研究開発テーマ | 148 |
| 図表4−05 | 戦略的枠組み | 150 |

## 【第五章】

| 図表5−01 | 人間関係の親密化プロセスモデル | 167 |
|---|---|---|
| 図表5−02 | 買い手企業の層別 | 179 |
| 図表5−03 | 事例企業の概要 | 182 |
| 図表5−04 | 販売戦略と関連書類 | 184 |

## 【引用文献・参考文献・注釈】

| 図表Z−01 | 企業向け取引と消費者・生活者向け取引との違い（1） | 209 |
|---|---|---|
| 図表Z−02 | 企業向け取引と消費者・生活者向け取引との違い（2） | 210 |
| 図表Z−03 | 企業向け取引と消費者・生活者向け取引との違い（3） | 211 |

| | | |
|---|---|---|
| 図表Z-04 | Robinson, Faris and Wind (1967) の購買プロセスとバイグリッド・フレームワーク | 211 |
| 図表Z-05 | Webster and Wind (1972) の組織購買行動モデル | 212 |
| 図表Z-06 | Sheth (1973) の組織購買行動の統合モデル | 213 |
| 図表Z-07 | 購買センターの研究 | 213 |
| 図表Z-08 | Duckの関係の各段階での必要な行動のスキル | 225 |

# 索　引

## （ア行）

愛顧動機　12
相性の確認　173
アダムスの衡平理論　126, 127
Anderson & Chambersの
　報酬/測定モデル　21
意思決定者　24
意思決定ステージ　13
市場要求品質　41
一般管理客　180
一般競争入札　47
一般的側面　102
一般的問題解決能力　102
因子負荷　116
因子分析　116
インティマシーロックイン戦略　158
インフルエンザー　24
Webster and Windの
　組織購買行動モデル　19
営業活動　157
営業の本質　158
ABC分析　178
エクスペリアンス・カーブ　85
応募型指名競争入札　48
オーガニゼイショナル・
　マーケティング　11
思いつきの購買　28

## （カ行）

外部環境のポジショニング　86
価格の安定　69
加工材料・部品　17, 60
カスタマー・リレーション　14
可能客　178
川上産業　142
簡易な修正の伴った再購買　28
環境的規定要因　20
環境的決定因子　33
環境問題対応型　7
関係先固定化　4
官製談合　48
管理顧客　151
企業対企業マーケティング　11
企業の強み　133
企業文化　88
企業向けマーケティング　10
聴く機能　168
技術の内外製　93
QCD　71
QCD管理能力　103
共感話　166
業者依存型　100
業者攻撃型　100
競争環境の分析の枠組み　86
競争的購買行動　99
協調購買　73

索　引　231

協調的信頼　118
協同購買行動　99
業務上の人間関係　163
愚痴話　166
グリーン調達　7
繰り返されたゲームの枠組み　29
経営資源依存モデル　29
経営資源に基づいた視点　87
傾聴　168
傾聴の技　169
ケイパビリティ　88
系列納入企業　7
ゲートキーパー　24
原材料　17
コア・ケイパビリティ　88
コア・コンピタンス　88
コア・コンピタンス調達　7
好意の表明　172
攻撃的購買　99
口座を開く　43
交渉戦略　99
行動規範　126
行動の多様性　118
行動の予測可能　118
購買活動のミックス　28
購買企業主導型　100
購買基準　7
購買者　24
購買政策　7
購買センター　13,24
購買手続き　55
購買の必要性　53
購買フェイズ　18
攻略客　180

攻略顧客　151
顧客　178
顧客志向　159
顧客信頼　125
顧客単価　160
顧客内シェア　178
顧客の商品選定基準の棚卸　135
互恵規範　124,129
固定客　178
コミュニケーション量　116
コンフリクトの解消　13

（サ行）

再購買　18
最終商品組立メーカー　137
最重点攻略客　152, 180
指値方式　51
サポーティング産業　142
産業財　11
産業財購買行動　13
産業財マーケティング　11
シェア影響要因の分析　135
資源ベース企業　90
自己開示　166, 175
試作　42
市販部品メーカー　137
自慢話　166
指名競争入札　47
社会的交換　118
社会的交換理論　29, 125
修正の伴った再購買　18
集中購買　64
受注生産型メーカー　61
主敵の設定　136

Shethの組織購買行動の統合モデル　20
上手につくる　6
承認図メーカー　137
消費財　12
消費者購買行動　13
消費者市場　11
消費者向けマーケティング　10
商品化の可能性評価　42
商品選択基準　134
情報収集活動　55
職能横断型営業チーム　160
Johnston and Lewinの
　組織購買行動の統合モデル　22
新規業務での意思決定　23
新規購買　18
人的販売　12
親密化プロセスモデル　166
信頼尺度　109
信頼の要因　164
随意契約　51
ステッピング・ストーン　87
制限付一般競争入札　47
生産・販売一体化システム　5
生産技術　145
生産財マーケティング　11
生産試作　42
世間話　166
折衝付き競争入札　50
設備機器　15
戦術的意思決定　101
専門加工部品メーカー　137
専門組立部品メーカー　137
戦略　83
戦略グループ　86

戦略的意思決定　101
戦略的な新規業務　28
相関係数　118
操業補給品　17
素形材産業　142
素形材産業の技術　145
素形材産業の特徴　145
組織購買行動　12
組織購買行動包括モデル　18
組織的規定要因　20
組織的決定因子　33

〈タ行〉

ターゲット市場の設定　135
第一印象　172
対人関係的規定要因　20
対人魅力の要因　162
ダイナミック・ケイパビリティ　89
貸与図メーカー　137
第一次部品組立メーカー　137
第二次部品加工組立メーカー　137
多角化戦略　84
単純接触効果　170
単純な情報提供　166
知識資産　90
知識創造能力　90
知識ベース理論　89
中心性の理論　129
長期的な取引関係　4
提案営業　160
提案型営業　160
提案型競争入札　49
提案型総合評価方式　49
提案付き見積合せ　50

適応的側面　102
適応能力　102
動機づけモデル　22
特命方式　51
取引構造　8

　　　　（ナ行）
日常の低い優先購買　28
日本企業の文化　4
日本の製造業　3
日本のものづくりの特徴　4
人間関係的決定因子　33
人間関係の進展　162
人間関係の親密度　107
認識されるリスク　23
認知一貫性　127
納入企業選定プロセス　52
納入企業の正式決定　55

　　　　（ハ行）
バイクラス　18
判断を必要とする新規業務　28
販売志向　159
非営利組織マーケティング　10
ビジネス市場　11
ビジネスマーケティング　11
B2B　11
B2C　11
品質の確保　69
品質判断能力　100
複雑な修正の伴った再購買　28
付属機器　16
不特定客　178
ブランド理論　30

プロダクト・ポートフォリオ・
　マネジメント　86
プロダクト志向　158
プロポーザル入札　48
フロントオフィス　107
分業的開発体制　4
分散購買　64
ベター条件　54
ベンダーリスト　43
ベンチマーキング　41, 136
報酬/測定システム　22

　　　　（マ行）
マスト項目　153
マスト条件　54
見込み客　178
見積合せ　49
見積依頼先　53
見積依頼書　53
見積内容の比較検討　54
モジュール単価　44
モジュールメーカー　53, 139
ものづくり基盤技術　145
問題解決型　100

　　　　（ヤ行）
有意水準　118
有機的組織構造　4
有効性　84
ユーザー　24
友人関係　163
友人関係行動　109
優良な買い手企業　149
有力な協力企業　150

良いものをつくる　6

（ラ行）

量産型メーカー　60

量産試作　43
ロードマップ　136
Robinson, Faris and Windの
　バイグリッド枠組み　18

**著者紹介**

**黒川和夫**（くろかわ　かずお）

 1948年　東京生まれ
 1973年　早稲田大学大学院理工学研究科修士課程修了後，
    ものづくり系企業3社で勤務
 2006年　鹿児島国際大学大学院博士後期課程修了
 現　在　千葉大学大学院非常勤講師　博士（経済学）

**主要著書**

『提案営業の要領と実務』（同文舘出版，2000年）
『ビジネス・プレゼンテーションの要領と技術』（同文舘出版，2004年）
『販売促進の要領と技術』共著（同文舘出版，2004年）
『東アジアの産業と企業』共編著（五絃舎，2012年）


## 企業向けマーケティングと組織購買行動

2013年9月15日　第1版第1刷発行

著　者：黒川和夫
発行者：長谷　雅春
発行所：株式会社　五絃舎
   〒173-0025　東京都板橋区熊野町46-7-402
   TEL・FAX：03-3957-5587
組版：Office Five Strings
印刷・製本：モリモト印刷
Printed in Japan
ISBN978-4-86434-020-5
検印省略　Ⓒ　2013 Kazuo Kurokawa
落丁本・乱丁本はお取り替えいたします。
本書より無断転載を禁ず。